StGB

Leipziger Kommentar
Großkommentar

11., neubearbeitete Auflage

Herausgegeben von
Burkhard Jähnke, Heinrich Wilhelm Laufhütte und
Walter Odersky

48. Lieferung:
Titeleien der Bände 4 bis 8; §§ 185-200

Bearbeiter:
Eric Hilgendorf

2005
Walter de Gruyter · Berlin · New York

Um in der Erscheinungsweise nicht festgelegt zu sein und auf diese Weise Bedürfnissen der Praxis besser gerecht werden zu können, wird darauf verzichtet, die Bände durchgehend zu paginieren. Durch Verwendung der Randnummern sind Seitenzahlen – vor allem für das Zitieren – entbehrlich.
Die einzelnen Lieferungen werden in der Reihenfolge des Erscheinens durchnummeriert; die Folge wird also von derjenigen des Gesamtwerks abweichen. Sobald ein Band vollständig ist, werden jeweils Einbanddecken geliefert.

Der Verlag

Erscheinungsdatum: September 2005
ISBN 978-3-89949-190-6
eISBN 978-3-11-027765-4

Anweisung an den Buchbinder

Leipziger Kommentar, Großkommentar zum StGB, 11. Auflage
Band 4: §§ 80 bis 145d StGB

Band 4 besteht aus folgenden Teilen:

Bandtitelei für Band 4	(vorne in Lieferung 48)	Seite (I) – (VIII)
§§ 80–92b	(4. Lieferung)	Seite (1) – (128)
§§ 93–101a	(29. Lieferung)	Seite (1) – (153)
§§ 102–109k	(5. Lieferung)	Seite (1) – (92)
§§ 110–122	(12. Lieferung)	Seite (1) – (159)
§§ 123, 124	(40. Lieferung)	Seite (1) – (40)
§§ 125–141	(20. Lieferung)	Seite (1) – (440)
§§ 142, 143	(40. Lieferung)	Seite (1) – (150)
§§ 144–145d	(32. Lieferung)	Seite (1) – (60)

Die Bandtitelei befindet sich vorn eingeheftet in Lieferung 48.
Die 40. Lieferung muss zum Aufbinden auseinander genommen werden, und die Partien werden an den passenden Stellen eingebunden. Die 32. Lieferung muss auseinander genommen werden: §§ 144–145d gehören in Band 4, §§ 146–165 in Band 5.

DE GRUYTER RECHT · BERLIN

Anweisung an den Buchbinder

Leipziger Kommentar, Großkommentar zum StGB, 11. Auflage
Band 5: §§ 146 bis 222 StGB

Band 5 besteht aus folgenden Teilen:

Bandtitelei für Band 5	(vorne in Lieferung 48)	Seiten (I–VIII) mit Blatt (59/60)
§§ 146–165	(32. Lieferung)	Seite (61) – (221)
§§ 166–173	(46. Lieferung)	Seite (1) – (423)
§§ 174–184c	(19. Lieferung)	Seite (1) – (227)
§§ 185–200	(48. Lieferung)	Seite (1) – (104)
§§ 201–206	(35. Lieferung)	Seite (1) – (208)
§§ 211–219b	(44. Lieferung)	Seite (1) – (285)
§§ 220a–222	(31. Lieferung)	Seite (1) – (54)

Die Bandtitelei mit dem Blatt (59/60) befindet sich vorn eingeheftet in Lieferung 48. Die 32. Lieferung muss zum Aufbinden auseinander genommen werden: die Seiten (1) bis (60) mit den §§ 144–145d gehören in Band 4, die Seiten (61) bis (221) mit den §§ 146–165 in Band 5. Die 31. Lieferung muss zum Aufbinden auseinander genommen werden: die §§ 220a–222 gehören in Band 5, die §§ 234–238 in Band 6.

DE GRUYTER RECHT · BERLIN

Anweisung an den Buchbinder

Leipziger Kommentar, Großkommentar zum StGB, 11. Auflage
Band 6: §§ 223 bis 263a StGB

Band 6 besteht aus folgenden Teilen:

Bandtitelei für Band 6	(vorne in Lieferung 48)	Seite (I) – (VIII)
§§ 223–233	(37. Lieferung)	Seite (1) – (225)
§§ 234–238	(31. Lieferung)	Seite (1) – (90)
§§ 239–241a	(42. Lieferung)	Seite (1) – (167)
§§ 242–262	(15. Lieferung)	Seite (1) – (332)
§ 263	(33. Lieferung)	Seite (1) – (281)
§ 263a	(27. Lieferung)	Seite (1) – (51)

Die Bandtitelei befindet sich vorn eingeheftet in Lieferung 48.
Die 31. Lieferung muss zum Aufbinden auseinander genommen werden: die §§ 220a–222 gehören in Band 5, die §§ 234–238 in Band 6. Die 33. Lieferung muss zum Aufbinden auseinander genommen werden: § 263 gehört in Band 6, der Nachtrag zu §§ 264, 265, 265a in Band 7. Die 27. Lieferung muss zum Aufbinden auseinander genommen werden: § 263a gehört in Band 6, die §§ 266, 266a, b, 284–287 gehören in Band 7.

DE GRUYTER RECHT · BERLIN

Anweisung an den Buchbinder

Leipziger Kommentar, Großkommentar zum StGB, 11. Auflage
Band 7: §§ 264 bis 302 StGB

Band 7 besteht aus folgenden Teilen:

Bandtitelei für Band 7	(vorne in Lieferung 48)	Seite (I) – (VIII)
§§ 264–265b	(24. Lieferung)	Seite (1) – (224)
Nachtrag zu §§ 264, 265, 265a	(33. Lieferung)	Seite (1) – (12)
§§ 266, 266a, 266b	(27. Lieferung)	Seite (1–154) und (1–51)
§§ 267–282	(39. Lieferung)	Seite (1) – (187)
§§ 283–283d	(21. Lieferung)	Seite (1) – (268)
§§ 284–287	(27. Lieferung)	Seite (1) – (70)
§§ 288–302	(41. Lieferung)	Seite (1) – (193)

Die Bandtitelei befindet sich vorn eingeheftet in Lieferung 48.
Die 33. Lieferung muss zum Aufbinden auseinander genommen werden: § 263 gehört in Band 6, der Nachtrag zu §§ 264, 265, 265a in Band 7. Die 27. Lieferung muss zum Aufbinden auseinander genommen werden: § 263a gehört in Band 6, die §§ 266, 266a, 266b gehören in Band 7, und zwar hinter den Nachtrag zu §§ 264, 265, 265a, die §§ 284–287 gehören in Band 7.

DE GRUYTER RECHT · BERLIN

Anweisung an den Buchbinder

Leipziger Kommentar, Großkommentar zum StGB, 11. Auflage
Band 8: §§ 302a bis 335a StGB

Band 8 besteht aus folgenden Teilen:

Bandtitelei für Band 8	(vorne in Lieferung 48)	Seite (I) – (VIII)
§§ 302a–311b	(7. Lieferung)	Seite (1) – (132)
§ 311b	(Austauschseite)	Seite (133/134)
§§ 311c–314	(25. Lieferung)	Seite (1) – (38)
§§ 315–316c	(36. Lieferung)	Seite (1) – (472)
§§ 317–323c	(22. Lieferung)	Seite (1) – (283)
§§ 324–335a	(25. Lieferung)	Seite (1) – (507)

Die Bandtitelei befindet sich vorn eingeheftet in Lieferung 48.
Von der 7. Lieferung werden die Seiten 133–137 entfernt; statt dessen wird die Austauschseite (133/134), die der Lieferung 48 lose beigefügt ist, eingeheftet. Die 25. Lieferung muss zum Aufbinden auseinander genommen werden, und die Partien werden an den passenden Stellen eingebunden.

DE GRUYTER RECHT · BERLIN

Großkommentare der Praxis

Strafgesetzbuch

Leipziger Kommentar

Großkommentar

11., neu bearbeitete Auflage

herausgegeben von

Burkhard Jähnke
Heinrich Wilhelm Laufhütte
Walter Odersky

Vierter Band

§§ 80 bis 145d

Bearbeiter:

§§ 80–92b; 102–108d: Heinrich Wilhelm Laufhütte
§§ 93–101a: Ernst Träger
§§ 109–109k: Friedrich-Christian Schroeder
§§ 110–122; 125–137; 145: Eckhart von Bubnoff
§§ 123, 124; 143: Hans Lilie
§§ 138–141; 145a: Ernst-Walter Hanack
§ 142: Klaus Geppert
§ 145c: Hartmuth Horstkotte
§ 145d: Wolfgang Ruß

W DE G RECHT

De Gruyter Recht · Berlin

Erscheinungsdaten der Lieferungen:

§§ 80–92b	(4. Lieferung):	Oktober 1992
§§ 93–101a	(29. Lieferung):	Februar 1999
§§ 102–109k	(5. Lieferung):	Februar 1993
§§ 110–122	(12. Lieferung):	April 1994
§§ 123, 124; 142, 143	(40. Lieferung):	Dezember 2001
§§ 125–141	(20. Lieferung):	Dezember 1995
§§ 144–145d	(32. Lieferung):	März 2000

ISBN 3-89949-287-0

Bibliografische Information Der Deutschen Bibliothek

Die Deutsche Bibliothek verzeichnet diese Publikation in der Deutschen Nationalbibliografie; detaillierte bibliografische Daten sind im Internet über http://dnb.ddb.de abrufbar.

Datenkonvertierung/Satz: WERKSATZ Schmidt & Schulz GmbH, 06773 Gräfenhainichen
Druck: Druckerei H. Heenemann GmbH, 12103 Berlin
Bindearbeiten: Lüderitz & Bauer GmbH, 10963 Berlin
Printed in Germany

Verzeichnis der Bearbeiter der 11. Auflage

Dr. **Georg Bauer**, Oberstaatsanwalt beim Bundesgerichtshof, Leipzig (Nachtrag)

Dr. **Eckhart von Bubnoff**, Vorsitzender Richter am Oberlandesgericht Karlsruhe a.D.

Dr. **Karlhans Dippel**, Vorsitzender Richter am Oberlandesgericht Frankfurt a.D.

Dr. **Klaus Geppert**, Universitätsprofessor an der Freien Universität Berlin

Duscha Gmel, Richterin am Oberlandesgericht Dresden (Nachtrag)

Dr. **Günter Gribbohm**, Vorsitzender Richter am Bundesgerichtshof a.D., Karlsruhe

Joachim Häger, Richter am Bundesgerichtshof, Leipzig

Dr. **Ernst-Walter Hanack**, em. Universitätsprofessor an der Universität Mainz

Gerhard Herdegen, Vorsitzender Richter am Bundesgerichtshof a.D., Karlsruhe

Dr. Dr. **Eric Hilgendorf**, Universitätsprofessor an der Universität Würzburg

Dr. Dr. h.c. **Thomas Hillenkamp**, Universitätsprofessor an der Universität Heidelberg

Dr. **Günter Hirsch**, Präsident des Bundesgerichtshofes, Karlsruhe, Richter am Gerichtshof der Europäischen Gemeinschaften a.D., Luxemburg, Honorarprofessor an der Universität des Saarlandes

Dr. Dr. h.c. mult. **Hans Joachim Hirsch**, em. Universitätsprofessor an der Universität zu Köln

Dr. **Hartmuth Horstkotte**, Richter am Bundesgerichtshof a.D., Berlin, Honorarprofessor an der Freien Universität Berlin

Dr. **Burkhard Jähnke**, Vizepräsident des Bundesgerichtshofes i.R., Karlsruhe

Dr. Dr. h.c. mult. **Hans-Heinrich Jescheck**, em. Universitätsprofessor an der Universität Freiburg i. Br.

Dr. **Peter König**, Ministerialrat im Bayerischen Staatsministerium der Justiz, München, Vorsitzender Richter am Landgericht München a.D.

Perdita Kröger, Regierungsdirektorin im Bundesministerium der Justiz, Berlin

Annette Kuschel, Richterin am Landgericht Leipzig (Nachtrag)

Heinrich Wilhelm Laufhütte, Vorsitzender Richter am Bundesgerichtshof a.D., Berlin

Dr. **Hans Lilie**, Universitätsprofessor an der Martin-Luther-Universität Halle-Wittenberg, Richter am Landgericht Halle/Saale

Dr. **Walter Odersky**, Präsident des Bundesgerichtshofes i.R., Karlsruhe, Honorarprofessor an der Ludwig-Maximilians-Universität München

Dr. **Ruth Rissing-van Saan**, Vorsitzende Richterin am Bundesgerichtshof, Karlsruhe

Ellen Roggenbuck, Richterin am Bundesgerichtshof, Karlsruhe (Nachtrag)

Dr. Dr. h.c. mult. **Claus Roxin**, em. Universitätsprofessor an der Ludwig-Maximilians-Universität München

Dr. **Wolfgang Ruß**, Vorsitzender Richter am Bundesgerichtshof a.D., Karlsruhe

Dr. **Wilhelm Schmidt**, Oberstaatsanwalt beim Bundesgerichtshof, Leipzig

Dr. Dr. h.c. **Friedrich-Christian Schroeder**, Universitätsprofessor an der Universität Regensburg

Dr. **Bernd Schünemann**, Universitätsprofessor an der Ludwig-Maximilians-Universität München

Dr. **Christoph Sowada**, Universitätsprofessor an der Universität Rostock

Dr. **Günter Spendel**, em. Universitätsprofessor an der Universität Würzburg

Dr. **Joachim Steindorf**, Richter am Bundesgerichtshof a.D., Bad Kreuznach

Verzeichnis der Bearbeiter der 11. Auflage

Dr. Dr. h.c. mult. **Klaus Tiedemann**, em. Universitätsprofessor an der Universität Freiburg i. Br.

Dr. **Klaus Tolksdorf**, Vorsitzender Richter am Bundesgerichtshof, Karlsruhe, Honorarprofessor an der Westfälischen Wilhelms-Universität Münster

Ernst Träger, Richter am Bundesverfassungsgericht a.D., Karlsruhe

Hagen Wolff, Vorsitzender Richter am Oberlandesgericht Celle

Inhaltsübersicht

BESONDERER TEIL

ERSTER ABSCHNITT

Friedensverrat, Hochverrat und Gefährdung des demokratischen Rechtsstaates

ZWEITER ABSCHNITT

Landesverrat und Gefährdung der äußeren Sicherheit

DRITTER ABSCHNITT

Straftaten gegen ausländische Staaten

VIERTER ABSCHNITT

Straftaten gegen Verfassungsorgane sowie bei Wahlen und Abstimmungen

FÜNFTER ABSCHNITT

Straftaten gegen die Landesverteidigung

SECHSTER ABSCHNITT

Widerstand gegen die Staatsgewalt

SIEBENTER ABSCHNITT

Straftaten gegen die öffentliche Ordnung

Großkommentare der Praxis

W DE G RECHT

Strafgesetzbuch

Leipziger Kommentar

Großkommentar

11., neu bearbeitete Auflage

herausgegeben von

Burkhard Jähnke
Heinrich Wilhelm Laufhütte
Walter Odersky

Fünfter Band

§§ 146 bis 222

Bearbeiter:

§§ 146–165: Wolfgang Ruß
§§ 166–173: Karlhans Dippel
§§ 174–184c: Heinrich Wilhelm Laufhütte
§§ 185–200: Eric Hilgendorf
§§ 201–205: Bernd Schünemann
§ 206: Ernst Träger
§§ 211–217: Burkhard Jähnke
§§ 218–219b: Perdita Kröger
§§ 220a–222: Burkhard Jähnke

W DE G RECHT

De Gruyter Recht · Berlin

Erscheinungsdaten der Lieferungen:

§§ 146–165	(32. Lieferung):	März 2000
§§ 166–173	(46. Lieferung):	Dezember 2003
§§ 174–184c	(19. Lieferung):	November 1994
§§ 185–200	(48. Lieferung):	September 2005
§§ 201–206	(35. Lieferung):	Dezember 2000
§§ 211–219b	(44. Lieferung):	August 2002
§§ 220a–222	(31. Lieferung):	Dezember 1999

ISBN 3-89949-288-9

Bibliografische Information Der Deutschen Bibliothek

Die Deutsche Bibliothek verzeichnet diese Publikation in der Deutschen Nationalbibliografie; detaillierte bibliografische Daten sind im Internet über http://dnb.ddb.de abrufbar.

Datenkonvertierung/Satz: WERKSATZ Schmidt & Schulz GmbH, 06773 Gräfenhainichen
Druck: Druckerei H. Heenemann GmbH, 12103 Berlin
Bindearbeiten: Lüderitz & Bauer GmbH, 10963 Berlin
Printed in Germany

Verzeichnis der Bearbeiter der 11. Auflage

Dr. **Georg Bauer**, Oberstaatsanwalt beim Bundesgerichtshof, Leipzig (Nachtrag)

Dr. **Eckhart von Bubnoff**, Vorsitzender Richter am Oberlandesgericht Karlsruhe a.D.

Dr. **Karlhans Dippel**, Vorsitzender Richter am Oberlandesgericht Frankfurt a.D.

Dr. **Klaus Geppert**, Universitätsprofessor an der Freien Universität Berlin

Duscha Gmel, Richterin am Oberlandesgericht Dresden (Nachtrag)

Dr. **Günter Gribbohm**, Vorsitzender Richter am Bundesgerichtshof a.D., Karlsruhe

Joachim Häger, Richter am Bundesgerichtshof, Leipzig

Dr. **Ernst-Walter Hanack**, em. Universitätsprofessor an der Universität Mainz

Gerhard Herdegen, Vorsitzender Richter am Bundesgerichtshof a.D., Karlsruhe

Dr. Dr. **Eric Hilgendorf**, Universitätsprofessor an der Universität Würzburg

Dr. Dr. h.c. **Thomas Hillenkamp**, Universitätsprofessor an der Universität Heidelberg

Dr. **Günter Hirsch**, Präsident des Bundesgerichtshofes, Karlsruhe, Richter am Gerichtshof der Europäischen Gemeinschaften a.D., Luxemburg, Honorarprofessor an der Universität des Saarlandes

Dr. Dr. h.c. mult. **Hans Joachim Hirsch**, em. Universitätsprofessor an der Universität zu Köln

Dr. **Hartmuth Horstkotte**, Richter am Bundesgerichtshof a.D., Berlin, Honorarprofessor an der Freien Universität Berlin

Dr. **Burkhard Jähnke**, Vizepräsident des Bundesgerichtshofes i.R., Karlsruhe

Dr. Dr. h.c. mult. **Hans-Heinrich Jescheck**, em. Universitätsprofessor an der Universität Freiburg i. Br.

Dr. **Peter König**, Ministerialrat im Bayerischen Staatsministerium der Justiz, München, Vorsitzender Richter am Landgericht München a.D.

Perdita Kröger, Regierungsdirektorin im Bundesministerium der Justiz, Berlin

Annette Kuschel, Richterin am Landgericht Leipzig (Nachtrag)

Heinrich Wilhelm Laufhütte, Vorsitzender Richter am Bundesgerichtshof a.D., Berlin

Dr. **Hans Lilie**, Universitätsprofessor an der Martin-Luther-Universität Halle-Wittenberg, Richter am Landgericht Halle/Saale

Dr. **Walter Odersky**, Präsident des Bundesgerichtshofes i.R., Karlsruhe, Honorarprofessor an der Ludwig-Maximilians-Universität München

Dr. **Ruth Rissing-van Saan**, Vorsitzende Richterin am Bundesgerichtshof, Karlsruhe

Ellen Roggenbuck, Richterin am Bundesgerichtshof, Karlsruhe (Nachtrag)

Dr. Dr. h.c. mult. **Claus Roxin**, em. Universitätsprofessor an der Ludwig-Maximilians-Universität München

Dr. **Wolfgang Ruß**, Vorsitzender Richter am Bundesgerichtshof a.D., Karlsruhe

Dr. **Wilhelm Schmidt**, Oberstaatsanwalt beim Bundesgerichtshof, Leipzig

Dr. Dr. h.c. **Friedrich-Christian Schroeder**, Universitätsprofessor an der Universität Regensburg

Dr. **Bernd Schünemann**, Universitätsprofessor an der Ludwig-Maximilians-Universität München

Dr. **Christoph Sowada**, Universitätsprofessor an der Universität Rostock

Dr. **Günter Spendel**, em. Universitätsprofessor an der Universität Würzburg

Dr. **Joachim Steindorf**, Richter am Bundesgerichtshof a.D., Bad Kreuznach

Verzeichnis der Bearbeiter der 11. Auflage

Dr. Dr. h.c. mult. **Klaus Tiedemann**, em. Universitätsprofessor an der Universität Freiburg i. Br.

Dr. **Klaus Tolksdorf**, Vorsitzender Richter am Bundesgerichtshof, Karlsruhe, Honorarprofessor an der Westfälischen Wilhelms-Universität Münster

Ernst Träger, Richter am Bundesverfassungsgericht a.D., Karlsruhe

Hagen Wolff, Vorsitzender Richter am Oberlandesgericht Celle

Inhaltsübersicht

BESONDERER TEIL

Großkommentare der Praxis

RECHT

Strafgesetzbuch

Leipziger Kommentar

Großkommentar

11., neu bearbeitete Auflage

herausgegeben von

Burkhard Jähnke
Heinrich Wilhelm Laufhütte
Walter Odersky

Sechster Band

§§ 223 bis 263a

Bearbeiter:

§§ 223, 224: Hans Lilie
§§ 225–233: Hans Joachim Hirsch
§§ 234–238: Günter Gribbohm
§§ 239–239c; 241, 241a: Ernst Träger/Wilhelm Schluckebier
§ 240: Ernst Träger/Gerhard Altvater
§§ 242–248c: Wolfgang Ruß
§§ 249–256: Gerhard Herdegen
§§ 257–262: Wolfgang Ruß
§§ 263, 263a: Klaus Tiedemann

RECHT

De Gruyter Recht · Berlin

Erscheinungsdaten der Lieferungen:

§§ 223–233	(37. Lieferung):	Mai 2001
§§ 234–238	(31. Lieferung):	Oktober 1999
§§ 239–241a	(42. Lieferung):	März 2002
§§ 242–262	(15. Lieferung):	September 1994
§ 263	(33. Lieferung):	Juli 2000
§ 263a	(27. Lieferung):	Juli 1998

ISBN 3-89949-289-7

Bibliografische Information Der Deutschen Bibliothek

Die Deutsche Bibliothek verzeichnet diese Publikation in der Deutschen Nationalbibliografie; detaillierte bibliografische Daten sind im Internet über http://dnb.ddb.de abrufbar.

Datenkonvertierung/Satz: WERKSATZ Schmidt & Schulz GmbH, 06773 Gräfenhainichen
Druck: Druckerei H. Heenemann GmbH, 12103 Berlin
Bindearbeiten: Lüderitz & Bauer GmbH, 10963 Berlin
Printed in Germany

Verzeichnis der Bearbeiter der 11. Auflage

Dr. **Georg Bauer**, Oberstaatsanwalt beim Bundesgerichtshof, Leipzig (Nachtrag)

Dr. **Eckhart von Bubnoff**, Vorsitzender Richter am Oberlandesgericht Karlsruhe a.D.

Dr. **Karlhans Dippel**, Vorsitzender Richter am Oberlandesgericht Frankfurt a.D.

Dr. **Klaus Geppert**, Universitätsprofessor an der Freien Universität Berlin

Duscha Gmel, Richterin am Oberlandesgericht Dresden (Nachtrag)

Dr. **Günter Gribbohm**, Vorsitzender Richter am Bundesgerichtshof a.D., Karlsruhe

Joachim Häger, Richter am Bundesgerichtshof, Leipzig

Dr. **Ernst-Walter Hanack**, em. Universitätsprofessor an der Universität Mainz

Gerhard Herdegen, Vorsitzender Richter am Bundesgerichtshof a.D., Karlsruhe

Dr. Dr. **Eric Hilgendorf**, Universitätsprofessor an der Universität Würzburg

Dr. Dr. h.c. **Thomas Hillenkamp**, Universitätsprofessor an der Universität Heidelberg

Dr. **Günter Hirsch**, Präsident des Bundesgerichtshofes, Karlsruhe, Richter am Gerichtshof der Europäischen Gemeinschaften a.D., Luxemburg, Honorarprofessor an der Universität des Saarlandes

Dr. Dr. h.c. mult. **Hans Joachim Hirsch**, em. Universitätsprofessor an der Universität zu Köln

Dr. **Hartmuth Horstkotte**, Richter am Bundesgerichtshof a.D., Berlin, Honorarprofessor an der Freien Universität Berlin

Dr. **Burkhard Jähnke**, Vizepräsident des Bundesgerichtshofes i.R., Karlsruhe

Dr. Dr. h.c. mult. **Hans-Heinrich Jescheck**, em. Universitätsprofessor an der Universität Freiburg i. Br.

Dr. **Peter König**, Ministerialrat im Bayerischen Staatsministerium der Justiz, München, Vorsitzender Richter am Landgericht München a.D.

Perdita Kröger, Regierungsdirektorin im Bundesministerium der Justiz, Berlin

Annette Kuschel, Richterin am Landgericht Leipzig (Nachtrag)

Heinrich Wilhelm Laufhütte, Vorsitzender Richter am Bundesgerichtshof a.D., Berlin

Dr. **Hans Lilie**, Universitätsprofessor an der Martin-Luther-Universität Halle-Wittenberg, Richter am Landgericht Halle/Saale

Dr. **Walter Odersky**, Präsident des Bundesgerichtshofes i.R., Karlsruhe, Honorarprofessor an der Ludwig-Maximilians-Universität München

Dr. **Ruth Rissing-van Saan**, Vorsitzende Richterin am Bundesgerichtshof, Karlsruhe

Ellen Roggenbuck, Richterin am Bundesgerichtshof, Karlsruhe (Nachtrag)

Dr. Dr. h.c. mult. **Claus Roxin**, em. Universitätsprofessor an der Ludwig-Maximilians-Universität München

Dr. **Wolfgang Ruß**, Vorsitzender Richter am Bundesgerichtshof a.D., Karlsruhe

Dr. **Wilhelm Schmidt**, Oberstaatsanwalt beim Bundesgerichtshof, Leipzig

Dr. Dr. h.c. **Friedrich-Christian Schroeder**, Universitätsprofessor an der Universität Regensburg

Dr. **Bernd Schünemann**, Universitätsprofessor an der Ludwig-Maximilians-Universität München

Dr. **Christoph Sowada**, Universitätsprofessor an der Universität Rostock

Dr. **Günter Spendel**, em. Universitätsprofessor an der Universität Würzburg

Dr. **Joachim Steindorf**, Richter am Bundesgerichtshof a.D., Bad Kreuznach

Verzeichnis der Bearbeiter der 11. Auflage

Dr. Dr. h.c. mult. **Klaus Tiedemann**, em. Universitätsprofessor an der Universität Freiburg i. Br.

Dr. **Klaus Tolksdorf**, Vorsitzender Richter am Bundesgerichtshof, Karlsruhe, Honorarprofessor an der Westfälischen Wilhelms-Universität Münster

Ernst Träger, Richter am Bundesverfassungsgericht a.D., Karlsruhe

Hagen Wolff, Vorsitzender Richter am Oberlandesgericht Celle

Inhaltsübersicht

Großkommentare der Praxis

W
DE
G
RECHT

Strafgesetzbuch

Leipziger Kommentar

Großkommentar

11., neu bearbeitete Auflage

herausgegeben von

Burkhard Jähnke
Heinrich Wilhelm Laufhütte
Walter Odersky

Siebenter Band

§§ 264 bis 302

Bearbeiter:

§§ 264–265b: Klaus Tiedemann
Nachtrag §§ 264, 265, 265a: Klaus Tiedemann
§ 266: Bernd Schünemann
§§ 266a–282: Günter Gribbohm
§§ 283–283d: Klaus Tiedemann
§§ 284–287: Eckhart von Bubnoff
§§ 288–297: Bernd Schünemann
§§ 298–302: Klaus Tiedemann

W DE G RECHT

De Gruyter Recht · Berlin

Erscheinungsdaten der Lieferungen:

§§ 264–265b	(24. Lieferung):	Juli 1997
Nachtrag §§ 264–265a	(33. Lieferung):	Juli 2000
§§ 266, 266a, 266b	(27. Lieferung):	Juli 1998
§§ 267–282	(39. Lieferung):	Mai 2001
§§ 283–283d	(21. Lieferung):	Dezember 1995
§§ 284–287	(27. Lieferung):	Juli 1998
§§ 288–302	(41. Lieferung):	Februar 2002

ISBN 3-89949-290-0

Bibliografische Information Der Deutschen Bibliothek

Die Deutsche Bibliothek verzeichnet diese Publikation in der Deutschen Nationalbibliografie; detaillierte bibliografische Daten sind im Internet über http://dnb.ddb.de abrufbar.

Datenkonvertierung/Satz: WERKSATZ Schmidt & Schulz GmbH, 06773 Gräfenhainichen
Druck: Druckerei H. Heenemann GmbH, 12103 Berlin
Bindearbeiten: Lüderitz & Bauer GmbH, 10963 Berlin
Printed in Germany

Verzeichnis der Bearbeiter der 11. Auflage

Dr. **Georg Bauer**, Oberstaatsanwalt beim Bundesgerichtshof, Leipzig (Nachtrag)

Dr. **Eckhart von Bubnoff**, Vorsitzender Richter am Oberlandesgericht Karlsruhe a.D.

Dr. **Karlhans Dippel**, Vorsitzender Richter am Oberlandesgericht Frankfurt a.D.

Dr. **Klaus Geppert**, Universitätsprofessor an der Freien Universität Berlin

Duscha Gmel, Richterin am Oberlandesgericht Dresden (Nachtrag)

Dr. **Günter Gribbohm**, Vorsitzender Richter am Bundesgerichtshof a.D., Karlsruhe

Joachim Häger, Richter am Bundesgerichtshof, Leipzig

Dr. **Ernst-Walter Hanack**, em. Universitätsprofessor an der Universität Mainz

Gerhard Herdegen, Vorsitzender Richter am Bundesgerichtshof a.D., Karlsruhe

Dr. Dr. **Eric Hilgendorf**, Universitätsprofessor an der Universität Würzburg

Dr. Dr. h.c. **Thomas Hillenkamp**, Universitätsprofessor an der Universität Heidelberg

Dr. **Günter Hirsch**, Präsident des Bundesgerichtshofes, Karlsruhe, Richter am Gerichtshof der Europäischen Gemeinschaften a.D., Luxemburg, Honorarprofessor an der Universität des Saarlandes

Dr. Dr. h.c. mult. **Hans Joachim Hirsch**, em. Universitätsprofessor an der Universität zu Köln

Dr. **Hartmuth Horstkotte**, Richter am Bundesgerichtshof a.D., Berlin, Honorarprofessor an der Freien Universität Berlin

Dr. **Burkhard Jähnke**, Vizepräsident des Bundesgerichtshofes i.R., Karlsruhe

Dr. Dr. h.c. mult. **Hans-Heinrich Jescheck**, em. Universitätsprofessor an der Universität Freiburg i. Br.

Dr. **Peter König**, Ministerialrat im Bayerischen Staatsministerium der Justiz, München, Vorsitzender Richter am Landgericht München a.D.

Perdita Kröger, Regierungsdirektorin im Bundesministerium der Justiz, Berlin

Annette Kuschel, Richterin am Landgericht Leipzig (Nachtrag)

Heinrich Wilhelm Laufhütte, Vorsitzender Richter am Bundesgerichtshof a.D., Berlin

Dr. **Hans Lilie**, Universitätsprofessor an der Martin-Luther-Universität Halle-Wittenberg, Richter am Landgericht Halle/Saale

Dr. **Walter Odersky**, Präsident des Bundesgerichtshofes i.R., Karlsruhe, Honorarprofessor an der Ludwig-Maximilians-Universität München

Dr. **Ruth Rissing-van Saan**, Vorsitzende Richterin am Bundesgerichtshof, Karlsruhe

Ellen Roggenbuck, Richterin am Bundesgerichtshof, Karlsruhe (Nachtrag)

Dr. Dr. h.c. mult. **Claus Roxin**, em. Universitätsprofessor an der Ludwig-Maximilians-Universität München

Dr. **Wolfgang Ruß**, Vorsitzender Richter am Bundesgerichtshof a.D., Karlsruhe

Dr. **Wilhelm Schmidt**, Oberstaatsanwalt beim Bundesgerichtshof, Leipzig

Dr. Dr. h.c. **Friedrich-Christian Schroeder**, Universitätsprofessor an der Universität Regensburg

Dr. **Bernd Schünemann**, Universitätsprofessor an der Ludwig-Maximilians-Universität München

Dr. **Christoph Sowada**, Universitätsprofessor an der Universität Rostock

Dr. **Günter Spendel**, em. Universitätsprofessor an der Universität Würzburg

Dr. **Joachim Steindorf**, Richter am Bundesgerichtshof a.D., Bad Kreuznach

Verzeichnis der Bearbeiter der 11. Auflage

Dr. Dr. h.c. mult. **Klaus Tiedemann**, em. Universitätsprofessor an der Universität Freiburg i. Br.

Dr. **Klaus Tolksdorf**, Vorsitzender Richter am Bundesgerichtshof, Karlsruhe, Honorarprofessor an der Westfälischen Wilhelms-Universität Münster

Ernst Träger, Richter am Bundesverfassungsgericht a.D., Karlsruhe

Hagen Wolff, Vorsitzender Richter am Oberlandesgericht Celle

Inhaltsübersicht

BESONDERER TEIL

Großkommentare der Praxis

RECHT

Strafgesetzbuch

Leipziger Kommentar

Großkommentar

11., neu bearbeitete Auflage

herausgegeben von

Burkhard Jähnke
Heinrich Wilhelm Laufhütte
Walter Odersky

Achter Band

§§ 302a bis 335a

Bearbeiter:

§§ 302a–303: Hagen Wolff
§§ 303a, 303b: Klaus Tolksdorf
§§ 303c–311b: Hagen Wolff
§§ 311c, 311d: Joachim Steindorf
§§ 311e–314: Hagen Wolff
§§ 315–316; 316b, c: Peter König
§ 316a: Christoph Sowada
§§ 317–323: Hagen Wolff
§§ 323a–c: Günter Spendel
§§ 324–330d: Joachim Steindorf
§§ 331–335a: Hans-Heinrich Jescheck

W DE G RECHT

De Gruyter Recht · Berlin

Erscheinungsdaten der Lieferungen:

§§ 302a–311c	(7. Lieferung):	Februar 1993
§§ 311c–314	(25. Lieferung):	Juli 1997
§§ 315–316c	(36. Lieferung):	Dezember 2000
§§ 317–323c	(22. Lieferung):	Juni 1996
§§ 324–335a	(25. Lieferung):	Juli 1997

ISBN 3-89949-291-9

Bibliografische Information Der Deutschen Bibliothek

Die Deutsche Bibliothek verzeichnet diese Publikation in der Deutschen Nationalbibliografie; detaillierte bibliografische Daten sind im Internet über http://dnb.ddb.de abrufbar.

Datenkonvertierung/Satz: WERKSATZ Schmidt & Schulz GmbH, 06773 Gräfenhainichen
Druck: Druckerei H. Heenemann GmbH, 12103 Berlin
Bindearbeiten: Lüderitz & Bauer GmbH, 10963 Berlin
Printed in Germany

Verzeichnis der Bearbeiter der 11. Auflage

Dr. **Georg Bauer**, Oberstaatsanwalt beim Bundesgerichtshof, Leipzig (Nachtrag)

Dr. **Eckhart von Bubnoff**, Vorsitzender Richter am Oberlandesgericht Karlsruhe a.D.

Dr. **Karlhans Dippel**, Vorsitzender Richter am Oberlandesgericht Frankfurt a.D.

Dr. **Klaus Geppert**, Universitätsprofessor an der Freien Universität Berlin

Duscha Gmel, Richterin am Oberlandesgericht Dresden (Nachtrag)

Dr. **Günter Gribbohm**, Vorsitzender Richter am Bundesgerichtshof a.D., Karlsruhe

Joachim Häger, Richter am Bundesgerichtshof, Leipzig

Dr. **Ernst-Walter Hanack**, em. Universitätsprofessor an der Universität Mainz

Gerhard Herdegen, Vorsitzender Richter am Bundesgerichtshof a.D., Karlsruhe

Dr. Dr. **Eric Hilgendorf**, Universitätsprofessor an der Universität Würzburg

Dr. Dr. h.c. **Thomas Hillenkamp**, Universitätsprofessor an der Universität Heidelberg

Dr. **Günter Hirsch**, Präsident des Bundesgerichtshofes, Karlsruhe, Richter am Gerichtshof der Europäischen Gemeinschaften a.D., Luxemburg, Honorarprofessor an der Universität des Saarlandes

Dr. Dr. h.c. mult. **Hans Joachim Hirsch**, em. Universitätsprofessor an der Universität zu Köln

Dr. **Hartmuth Horstkotte**, Richter am Bundesgerichtshof a.D., Berlin, Honorarprofessor an der Freien Universität Berlin

Dr. **Burkhard Jähnke**, Vizepräsident des Bundesgerichtshofes i.R., Karlsruhe

Dr. Dr. h.c. mult. **Hans-Heinrich Jescheck**, em. Universitätsprofessor an der Universität Freiburg i. Br.

Dr. **Peter König**, Ministerialrat im Bayerischen Staatsministerium der Justiz, München, Vorsitzender Richter am Landgericht München a.D.

Perdita Kröger, Regierungsdirektorin im Bundesministerium der Justiz, Berlin

Annette Kuschel, Richterin am Landgericht Leipzig (Nachtrag)

Heinrich Wilhelm Laufhütte, Vorsitzender Richter am Bundesgerichtshof a.D., Berlin

Dr. **Hans Lilie**, Universitätsprofessor an der Martin-Luther-Universität Halle-Wittenberg, Richter am Landgericht Halle/Saale

Dr. **Walter Odersky**, Präsident des Bundesgerichtshofes i.R., Karlsruhe, Honorarprofessor an der Ludwig-Maximilians-Universität München

Dr. **Ruth Rissing-van Saan**, Vorsitzende Richterin am Bundesgerichtshof, Karlsruhe

Ellen Roggenbuck, Richterin am Bundesgerichtshof, Karlsruhe (Nachtrag)

Dr. Dr. h.c. mult. **Claus Roxin**, em. Universitätsprofessor an der Ludwig-Maximilians-Universität München

Dr. **Wolfgang Ruß**, Vorsitzender Richter am Bundesgerichtshof a.D., Karlsruhe

Dr. **Wilhelm Schmidt**, Oberstaatsanwalt beim Bundesgerichtshof, Leipzig

Dr. Dr. h.c. **Friedrich-Christian Schroeder**, Universitätsprofessor an der Universität Regensburg

Dr. **Bernd Schünemann**, Universitätsprofessor an der Ludwig-Maximilians-Universität München

Dr. **Christoph Sowada**, Universitätsprofessor an der Universität Rostock

Dr. **Günter Spendel**, em. Universitätsprofessor an der Universität Würzburg

Dr. **Joachim Steindorf**, Richter am Bundesgerichtshof a.D., Bad Kreuznach

Verzeichnis der Bearbeiter der 11. Auflage

Dr. Dr. h.c. mult. **Klaus Tiedemann**, em. Universitätsprofessor an der Universität Freiburg i. Br.

Dr. **Klaus Tolksdorf**, Vorsitzender Richter am Bundesgerichtshof, Karlsruhe, Honorarprofessor an der Westfälischen Wilhelms-Universität Münster

Ernst Träger, Richter am Bundesverfassungsgericht a.D., Karlsruhe

Hagen Wolff, Vorsitzender Richter am Oberlandesgericht Celle

Inhaltsübersicht *

BESONDERER TEIL

* Die Bezeichnungen der Abschnitte entsprechen der Einteilung des StGB zum jeweiligen Zeitpunkt der Kommentierung zwischen Februar 1993 und Dezember 2000.

sich genommen und der Polizei vorgetäuscht hat, der Transporter sei von Unbekannten überfallen und ausgeraubt worden, hat der BGH natürliche Handlungseinheit angenommen, denn die Strafanzeige habe, wie von vorneherein vom Täter beabsichtigt, der Verdeckung des Diebstahl gedient (BGH b. Holtz MDR **1994** 129; vgl. auch BGH 1 StR 553/82 v. 30. 11. 1982).

VIII. Recht des Einigungsvertrages. Nach § 229 StGB-DDR wurde mit Freiheits- 24
strafe bis zu zwei Jahren oder mit Verurteilung auf Bewährung, Geldstrafe oder mit öffentlichem Tadel bestraft, wer gegenüber einem staatlichen Organ der Rechtspflege oder Sicherheitsorgan die Begehung einer Straftat vortäuschte. Die Vorschrift fand Anwendung, wenn unwahre Behauptungen über tatsächliche Vorgänge vorgebracht bzw. wahre Tatsachen entstellt oder unterdrückt wurden und dadurch bei den genannten Organen ein Irrtum erregt oder unterhalten wurde. Wurde die Täuschung über die Person eines an der Straftat Beteiligten vorgenommen, um den Verdacht vom wahren Täter abzuwenden, fand § 229 keine Anwendung, doch konnte eine Bestrafung wegen falscher Anschuldigung (§ 228 StGB-DDR) oder Begünstigung (§ 233 StGB-DDR) bei Vorliegen der Voraussetzungen erfolgen. Um tatbestandsmäßig zu sein, mußte die Vortäuschung gegenüber den in § 229 StGB-DDR ausdrücklich genannten Stellen erfolgen. Wurde sie gegenüber einem anderen staatlichen Organ vorgenommen, war sie dann strafbar, wenn der Täter in Kenntnis der Tatsache gehandelt hat, daß dieses Organ seine Mitteilung an eine der in der Strafvorschrift genannten Stellen weiterleitet. Nach der inneren Tatseite war einfacher Vorsatz erforderlich: Erfüllte die Vortäuschung zugleich den Tatbestand des § 217 a StGB-DDR (Androhung von Gewaltakten und Vortäuschung einer Gemeingefahr), so ging diese Vorschrift vor.

ACHTER ABSCHNITT

Geld- und Wertzeichenfälschung

Vorbemerkungen

Schrifttum

Bartholme Geld-, Wertzeichenfälschung und verwandte Delikte, JA **1993** 197; *Dreher/Kanein* Der gesetzliche Schutz der Münzen und Medaillen (1975); *Dittrich* Der Entwurf des Gesetzes zur Einführung des Euro, NJW **1998** 1269; *Fögen* Geld und Währungsrecht (1969); *Gerland* Die Geldfälschungsdelikte des deutschen Strafgesetzbuches, Diss. Straßburg 1901; *Hefendehl* Zur Vorverlagerung des Rechtsgutsschutzes am Beispiel der Geldfälschungstatbestände, JR **1996** 356; *Kienapfel* Probleme des strafrechtlichen Geldbegriffs, ÖJZ **1986** 423; *Kohler* Münzverbrechen, VDB **III** 203; *Mann* Das Recht des Geldes (1960); *Mebesius/Kreußel* Die Bekämpfung der Falschgeldkriminalität, BKA-Schriftenreihe Bd. 48 (1979); *Nußbaum* Das Geld (1925); *Prost* Straf- und währungsrechtliche Aspekte des Geldwesens, Lange-Festschrift S. 419; *Schlüchter* Zur teleologischen Reduktion im Rahmen des Territorialitätsprinzips, Oehler-Festschrift S. 307; *Schmiedl-Neuburg* Die Falschgelddelikte (1968); *Wessels* Zur Reform der Geldfälschungsdelikte und zum Inverkehrbringen von Falschgeld, Bockelmann-Festschrift S. 669; *Zielinski* Geld- und Wertzeichenfälschung nach dem Entwurf eines Einführungsgesetzes zum Strafgesetzbuch, JZ **1973** 193.

I. Entstehungsgeschichte

1 Der **achte Abschnitt** des Strafgesetzbuchs für das Deutsche Reich vom 15. Mai 1871, der die Überschrift „Münzverbrechen und Münzvergehen“ hatte (die ungenau war, weil er Geldfälschungsstraftaten schlechthin betraf und dem Papiergeld gewisse geldvertretende Wertpapiere gleichgestellt waren), galt fast unverändert bis zum 31. Dezember 1974. Durch Art. 19 Nr. 59 des Einführungsgesetzes zum Strafgesetzbuch vom 2. März 1974 (BGBl. I S. 469) ist der achte Abschnitt völlig neu gefaßt und unter die Überschrift „Geld- und Wertzeichenfälschung“ gestellt worden, die den erweiterten Regelungsbereich kennzeichnet: Zu den Geldfälschungsstraftaten ist in Zusammenfassung verstreuter Bestimmungen die Wertzeichenfälschung unter weitgehender Parallelisierung des tatbestandlichen Aufbaus und der im Vorfeld des Fälschungsaktes liegenden, mit Strafe bedrohten Verhaltensweisen hinzugekommen. Die Vorschriften des früheren Rechts, die für Dogmatik und Praxis von herausragender Bedeutung waren, lauteten:

§ 146 Falschmünzerei. Münzverfälschung

(1) Wer inländisches oder ausländisches Metallgeld oder Papiergeld nachmacht, um das nachgemachte Geld als echtes zu gebrauchen oder sonst in Verkehr zu bringen, oder wer in gleicher Absicht echtem Gelde durch Veränderung an demselben den Schein des höheren Wertes oder verrufenem Gelde durch Veränderung an demselben das Ansehen eines noch geltenden gibt, wird mit Zuchthaus nicht unter zwei Jahren bestraft; auch ist Polizeiaufsicht zulässig.

(2) Sind mildernde Umstände vorhanden, so tritt Gefängnisstrafe ein.

RG GA **54** [1907] 80). Das Zulassen der Wegnahme genügt dazu (vgl. RGSt. **59** 214, 216f.)

5. Mit **Verwahren** ist die Ausübung der tatsächlichen Herrschaftsgewalt im Sinne des strafrechtlichen Gewahrsamsbegriffs gemeint. **12**

IV. Subjektiv ist **Vorsatz** hinsichtlich des objektiven Tatbestands erforderlich; bedingter Vorsatz genügt (*Dreher/Tröndle* Rdn. 8; *Lackner* Rdn. 3). — Darüber hinaus muß der Täter zur Vorbereitung entweder eines bestimmten Unternehmens nach § 310b Abs. 1 oder § 311a Abs. 2 oder einer Straftat nach § 311 Abs. 1, sofern sie durch Sprengstoff begangen werden soll, handeln. Mit anderen Worten: Es muß dem Täter (im Sinne von **Absicht**) darauf ankommen, ein Explosions- oder Strahlungsverbrechen zu fördern[5]. — Wer die Tat, die gefördert werden soll, ausführt, ob der Täter selbst oder ein Dritter, ist unerheblich; ebenso, ob der Dritte gutgläubig ist oder in den Plan eingeweiht, ob er schuldfähig ist oder nicht. Der Dritte, der die geplante Tat ausführen soll, braucht nicht derjenige zu sein, dem der Täter einen Tatgegenstand verschafft oder überläßt. Schließlich ist ohne Bedeutung, ob der Täter mit seinem Tun das geplante Verbrechen tatsächlich fördert (*Dreher/Tröndle* Rdn. 8; a. M. *Horn* SK Rdn. 3). Fehlt dem Täter die Förderungsabsicht, so kommt Beihilfe zu dem geplanten Verbrechen oder auch zu § 311b in Betracht (vgl. *Lackner* Rdn. 3). **13**

Streitig ist, in welchem Umfang das geplante Verbrechen bereits konkretisiert sein muß. Das Gesetz spricht in § 311b Abs. 1 Nr. 1 von einem **bestimmten** Unternehmen nach § 310b Abs. 1 oder § 311a Abs. 2, dagegen in § 311b Abs. 1 Nr. 2 lediglich von einer Straftat nach § 311 Abs. 1. Das besagt jedoch nicht, daß es bei § 311b Abs. 1 Nr. 2 auf die Vorbereitung einer bestimmten Straftat nicht ankommt. Vielmehr sind bei § 311b Abs. 1 Nr. 1 und Nr. 2 insoweit keine Unterschiede zu machen[6]. Dafür spricht neben den Gesetzesmaterialien, die die Absicht einer Differenzierung nicht erkennen lassen (vgl. Begr. z. E 1962 — BT-Drucks. IV/650 S. 504), die Gesetzesfassung: „zur Vorbereitung einer Straftat" legt ein auf eine bestimmte Straftat zielgerichtetes Handeln nahe. Außerdem erscheint der Strafrahmen des § 311b unangemessen, wenn bereits derart weit im Vorfeld des Explosionsverbrechens liegende Handlungen von der Bestimmung erfaßt würden (vgl. auch *Herzberg* JR **1977** 469, 471). Es fehlt im übrigen nicht an einer Ahndungsmöglichkeit, weil ergänzend §§ 40ff SprengG (Gesetz über explosionsgefährliche Stoffe in der Fassung vom 17. April 1986 — BGBl. I S. 577 —, zuletzt geändert durch Gesetz vom 28. Juni 1990 — BGBl. I S. 1221 —) eingreifen (vgl. KG NStZ **1989** 369). — Das geplante Verbrechen ist dann ausreichend bestimmt, wenn es sich in § 310b Abs. 1, § 311a Abs. 2 oder § 311 Abs. 1 einordnen läßt und hinsichtlich Tatziel, Tatzeit und Tatmodalitäten in den Grundzügen festliegt, wobei der nötige Grad der Konkretisierung von dem Plan des Täters beeinflußt sein kann[7]. Sind Angriffsziel nach dem Plan des Täters **14**

---

5 Vorsatz lassen auch insoweit ausreichen BayObLGSt. **1973** 117 m. zust. Anm. *Fuhrmann* JR **1974** 475; *Sch/Schröder/Cramer* Rdn. 7 und *Cramer* NJW **1964** 1835, 1838; *Sack* Rdn. 15; wie hier *Dreher/Tröndle* Rdn. 8; *Horn* SK Rdn. 2, 6, 11; *Lackner* Rdn. 3; *Maurach/Schroeder/Maiwald* BT § 52 II 4.

6 BGH NJW **1977** 540 m. Anm. *Herzberg* JR **1977** 468; KG NStZ **1989** 369; *Dreher/Tröndle* Rdn. 8; *Horn* SK Rdn. 11; *Lackner* Rdn. 3; *Sch/Schröder/Cramer* Rdn. 7; *Maurach/Schroeder/Maiwald* BT § 52 II 4; *Otto* BT S. 365; a. M. BayObLGSt. **1973** 117 m. zust. Anm. *Fuhrmann* JR **1974** 475; abweichend auch Rechtsprechung und Lehre zum Sprengstoffgesetz in der alten Fassung, vgl. RG Recht **1926** Nr. 150 u. *Stenglein* Strafr. Nebengesetze § 7 SprengstoffG Anm. 7, 9.

7 BGH bei *Holtz* MDR **1978** 803, 805; *Dreher/Tröndle* Rdn. 8; *Horn* SK Rdn. 7, 11; *Lackner* Rdn. 3; *Sch/Schröder/Cramer* Rdn. 1, 7; vgl. auch *Bohnert* JuS **1983** 942, 943.

viele, aber nicht bestimmte und auch nicht bestimmbare Menschen, genügt zur Konkretisierung des Tatortes irgendein bewohnter Ort (BGH, Beschl. v. 17. Januar 1978 — 5 StR 787/77).

15 V. **Teilnahme** an den Vorbereitungshandlungen nach § 311 b ist möglich, auch in der Form der Beihilfe, weil es sich bei § 311 b auch insoweit um selbständige Delikte handelt, als Unterstützungshandlungen unter Strafe gestellt sind (*Dreher/Tröndle* Rdn. 9; *Sch/Schröder/Cramer* Rdn. 8; *Sack* Rdn. 16).

16 **VI.** In **Absatz 2** ist der Strafrahmen für minder schwere Fälle herabgesetzt. Ein minder schwerer Fall wird meist vorliegen, wenn für das vorbereitete Verbrechen § 311 Abs. 2, 2. Alternative gelten würde.

17 **VII.** Zur **tätigen Reue** vgl. § 311 c, zur **Führungsaufsicht** § 321, zur **Einziehung** § 322. — Zur Geltung des § 311 b für Auslandstaten vgl. § 6 Nr. 2.

18 **VIII. Konkurrenzen.** Tateinheit ist möglich mit § 83; § 242; § 259; aber auch mit § 30 in Verbindung mit § 310 b Abs. 1, § 311 a Abs. 2, § 311 Abs. 1 (*Dreher/Tröndle* Rdn. 11; aA *Lackner* Rdn. 5). Wird das vom Täter im Sinne von § 311 b vorbereitete Explosions- oder Strahlungsverbrechen unter seiner Beteiligung in die Tat umgesetzt, so tritt § 311 b gegenüber §§ 310 b, 311 a oder 311 zurück (vgl. RGSt. **58** 296, 298); ebenso geht § 316 c Abs. 3 dem § 311 b vor. — Vgl. im übrigen die ergänzenden Straf- und Bußgeldvorschriften des AtomG und des SprengG, denen § 311 b vorgeht (vgl. BayObLGSt. **1973** 117).

19 **IX. Recht des Einigungsvertrages** vgl. bei § 311 Rdn. 14 ff.

§ 311 c

Tätige Reue

(1) Das Gericht kann die in § 310 b Abs. 1 und § 311 a Abs. 2 angedrohte Strafe nach seinem Ermessen mildern (§ 49 Abs. 2), wenn der Täter freiwillig die weitere Ausführung der Tat aufgibt oder sonst die Gefahr abwendet.

(2) Das Gericht kann die in den folgenden Vorschriften angedrohte Strafe nach seinem Ermessen mildern (§ 49 Abs. 2) oder von der Strafe nach diesen Vorschriften absehen, wenn der Täter

1. in den Fällen des § 311 a Abs. 1 freiwillig die weitere Ausführung der Tat aufgibt oder sonst die Gefahr abwendet oder
2. in den Fällen des § 310 b Abs. 2, des § 311 Abs. 1 bis 4 und des § 311 a Abs. 4 freiwillig die Gefahr abwendet, bevor ein erheblicher Schaden entsteht.

(3) Nach den folgenden Vorschriften wird nicht bestraft, wer

1. in den Fällen des § 310 b Abs. 4 und des § 311 Abs. 5 freiwillig die Gefahr abwendet, bevor ein erheblicher Schaden entsteht, oder
2. in den Fällen des § 310 b freiwillig die weitere Ausführung der Tat aufgibt oder sonst die Gefahr abwendet.

(4) Wird ohne Zutun des Täters die Gefahr abgewendet, so genügt sein freiwilliges und ernsthaftes Bemühen, dieses Ziel zu erreichen.

Hinweis

Die 48. Lieferung enthält die Kommentierung der §§ 185–200 StGB. Dieser vorangestellt sind die Titeleien der Bände 4 bis 8, die jeweils mit rosa Trennblättern voneinander abgegrenzt werden. Die rosa Trennblätter enthalten Hinweise für den Bezieher bzw. den Buchbinder, die helfen sollen, die richtige Reihenfolge beim Aufbinden einzuhalten.

1. rosa Trennblatt
Titelei Band 4: §§ 80 bis 145d StGB
2. rosa Trennblatt
Titelei Band 5: §§ 146 bis 222 StGB mit Blatt (59/60)
3. rosa Trennblatt
Titelei Band 6: §§ 223 bis 263a StGB
4. rosa Trennblatt
Titelei Band 7: §§ 264 bis 302 StGB
5. rosa Trennblatt
Titelei Band 8: §§ 302a bis 335a StGB
6. rosa Trennblatt
Kommentierung der §§ 185 bis 200 StGB

Zudem ist der 48. Lieferung lose beigelegt die Austauschseite (133/134), die in Band 8 eingeheftet wird.

Dem 1. rosa Trennblatt folgt die Titelei für Band 4 mit den Seiten (I) bis (VIII).

Der Verlag

Hinweis

Dem 2. rosa Trennblatt folgt die Titelei für Band 5 mit den Seiten (I) bis (VIII) sowie dem Blatt (59/60).

Der Verlag

Hinweis

Dem 3. rosa Trennblatt folgt die Titelei für Band 6 mit den Seiten (I) bis (VIII).

Der Verlag

Hinweis

Dem 4. rosa Trennblatt folgt die Titelei für Band 7 mit den Seiten (I) bis (VIII).

Der Verlag

Hinweis

Dem 5. rosa Trennblatt folgt die Titelei für Band 8 mit den Seiten (I) bis (VIII).

Der Verlag

Hinweis

Dem 6. rosa Trennblatt folgt die Kommentierung der §§ 185–200 StGB.

Der Verlag

VIERZEHNTER ABSCHNITT

Beleidigung

Vorbemerkungen

Schrifttum

Amelung Die Ehre als Kommunikationsvoraussetzung (2002); *Androulakis* Die Sammelbeleidigung (1970); *Arzt* Der strafrechtliche Ehrenschutz – Theorie und praktische Bedeutung, JuS **1982** 717; *Bemmann* Ehrverletzung und Strafbedürftigkeit, Festschrift für E. A. Wolff (1998) 33; *Binding* Die Ehre und ihre Verletzbarkeit (1892); *Coing* Ehrenschutz und Presserecht (1960); *von der Decken* Meinungsfreiheit und Recht der persönlichen Ehre, NJW **1983** 1400; *Graf zu Dohna* Unzucht und Beleidigung, DStR 8 34; *Ehrhardt* Kunstfreiheit und Strafrecht (1989); *Engelhard* Die Ehre als Rechtsgut im Strafrecht (1921); *Engisch* Beleidigende Äußerungen über dritte Personen im engsten Kreise, GA **1957** 326; *ders.* Bemerkungen über Normativität und Faktizität im Ehrbegriff, Festschrift für Richard Lange (1976) 401; *Gallas* Der Schutz der Persönlichkeit im Entwurf eines Strafgesetzbuchs, ZStW **75** (1963) 16; *Geppert* Straftaten gegen die Ehre, Jura **1983** 530, 580; *ders.* Wahrnehmung berechtigter Interessen, Jura **1985** 25; *Gillen* Das Verhältnis von Ehren- und Privatsphärenschutz im Strafrecht (1999); *Gössel* Der Schutz der Ehre, Gedächtnisschrift für Ellen Schlüchter (2002) 295; *Hansen* Ein harter Wahlkampf, JuS **1974** 104; *Haß* Zur Frage der sogenannten Sexualbeleidigung, SchlHA **1975** 123; *Herdegen* Lexikon des Rechts, 2. Aufl. 1996, 90; *Hilgendorf* Die missbrauchte Menschenwürde, Jahrbuch für Recht und Ethik **7** (1999) 137; *Hirsch* Ehre und Beleidigung (1967); *Ignor* Der Straftatbestand der Beleidigung (1995); *Jakobs* Die Aufgabe des strafrechtlichen Ehrenschutzes, Festschrift für Hans-Heinrich Jescheck (1985) 627; *Kaufmann* Zur Frage der Beleidigung von Kollektivpersönlichkeiten, ZStW **72** (1960) 418; *Kern* Die Äußerungsdelikte (1919); *ders.* Die Beleidigung, Festgabe für Frank Bd. II (1930) 335; *Krug* Ehre und Beleidigungsfähigkeit von Verbänden (1965); *Leipold* Zur Beweislast beim Schutz der Ehre und des Persönlichkeitsrechts, Festschrift für Heinrich Hubmann (1985) 271; *Liepmann* Die Beleidigung, VDB Bd. **IV** (1906) 217; *Otto* Persönlichkeitsschutz durch strafrechtlichen Schutz der Ehre, Festschrift für Erich Schwinge (1973) 71; *ders.* Ehrenschutz in der politischen Auseinandersetzung, JR **1983** 1; *ders.* Strafrechtlicher Ehrenschutz und Kunstfreiheit der Literatur, NJW **1986** 1206; *Praml* Beleidigungsdelikte bei anwaltlicher Interessenvertretung, NJW **1976** 1967; *Ritze* Die „Sexualbeleidigung" nach § 185 StGB und das Verfassungsgebot „nulla poena sine lege", JZ **1980** 91; *Schlosser* Zur Beweislast im System des zivilrechtlichen Ehrenschutzes, JZ **1963** 309; *Schmitt Glaeser* Meinungsfreiheit und Ehrenschutz, JZ **1983** 95; *Schwinge* Ehrenschutz im politischen Bereich, MDR **1973** 801; *Tenckhoff* Die Bedeutung des Ehrbegriffs für die Systematik der Beleidigungstatbestände (1974); *ders.* Grundfälle zum Beleidigungsrecht, JuS **1988** 199; *Tettinger* Der Schutz der persönlichen Ehre im freien Meinungskampf, JZ **1983** 317; *Wagner* Beleidigung eines Kollektivs oder Sammelbeleidigung?, JuS **1978** 674; *Weber* Das Recht der freien Meinungsäußerung im Lichte von §§ 192, 193 RStGB, JW **1927** 2671; *Wenzel* Das Recht der Wort- und Bildberichterstattung, 5. Aufl. 2004; *Wolff* Ehre und Beleidigung, ZStW **81** (1969) 886; *Würtenberger* Karikatur und Satire aus strafrechtlicher Sicht, NJW **1982** 610; *ders.* Satire und Karikatur in der Rechtsprechung, NJW **1983** 1144; *Zippelius* Meinungsfreiheit und Persönlichkeitsrecht, Festschrift für Heinrich Hubmann (1985) 511.

Übersicht

I. Die Ehre

1 **1.** Das Wort **„Beleidigung“** wird im 14. Abschnitt des StGB in einem doppelten Sinne verwendet. In der Abschnittsüberschrift, in § 194, § 199 und § 200 bezeichnet es einen Gattungsbegriff, der die Beleidigung im engeren Sinne (§ 185), die üble Nachrede (§§ 186, 188 Abs. 1), die Verleumdung (§§ 187, 188 Abs. 2) und die Verunglimpfung (§ 189) umfasst. In § 192 und § 193 bezeichnet das Wort „Beleidigung“ nur jene Fälle, auf die § 185 Anwendung findet. Das sind beleidigende Werturteile und Wertungsexzesse gegenüber dem Betroffenen selbst oder gegenüber einem Dritten und die Behauptung ehrenrühriger Tatsachen gegenüber dem Betroffenen. Mit „Ehrverletzung“ ist der gesetzliche Begriff der „Beleidigung“ nicht völlig deckungsgleich. Die Kreditgefährdung (§ 187 dritte Variante) ist ein Vermögensgefährdungsdelikt. Nach Meinung vieler schützt § 189 nicht die Ehre des Verstorbenen, sondern ein anderes Rechtsgut (vgl. § 189 Rdn. 1). Sieht man davon ab, so ist es in Rechtsprechung und Schrifttum fast unstreitig, dass die Straftaten, die der Begriff der Beleidigung in seinem allgemeineren Sinne umfasst, sich gegen die **„Ehre“** richten. Sie, nur sie, ist das Rechtsgut, das geschützt werden soll, der aus ihr fließende **Achtungsanspruch** das Angriffs-(Handlungs-)objekt.[1] Aber die Einigkeit in dieser Grundfrage besagt nicht viel. Auf die Frage, was unter der Ehre zu verstehen sei, „dem subtilsten, mit den hölzernen Handschuhen des Strafrechts am schwersten zu erfassenden … Rechtsgut unseres Strafrechtssystems“ (*Maurach* BT[5] § 17 I 1), gibt eine Fülle von Entscheidungen und Theorien unterschiedliche Antworten.[2] Hier kann nur eine grobe Skizze geboten werden. Die Darstellungen von *Hirsch*, *Tenckhoff*, *Ignor* und *Amelung* geben einen vorzüglichen Überblick.

2 **2. Die Ehre als Aspekt der Personwürde.** Der Begriff der Ehre weist nicht nur „nach seinem ursprünglichen Sinn“, sondern auch im heutigen Sprachgebrauch „einen personalen Bezug“ auf (*Sch/Schröder/Lenckner*[26] 1). Sie darf aber nicht mit der **Personwürde** oder Personalität gleichgesetzt werden. Die Ehre ist nur *ein* Aspekt der

---

[1] In Auswahl: BGHSt. **1** 288, 289; **11** 67, 70; **16** 58, 62; BGH NStZ **1984** 216; **1986** 453, 454; RGSt. **40** 416; **71** 159, 160; RG JW **1932** 1742 Nr. 22; *Geppert* Jura **1983** 531 ff; *Hirsch* Ehre und Beleidigung, S. 32, 145; *Rudolphi* SK 1 und 5; *Sch/Schröder/Lenckner*[26] 1; *Tenckhoff* Bedeutung des Ehrbegriffs, S. 15, 19, 91, 181.

[2] In Auswahl: BGHSt. **1** 288, 289; **11** 67, 71; BGH NStZ **1986** 453, 454; RG GA Bd. **38** (1890) 434; RG JW **1932** 1742 Nr. 22; RG HRR **1933** 348; RG DR **1943** 189; BayObLGSt. **1980** 32; **1983** 32, 34; **1986** 91, 92; *Engelhard* JW **1932** 1742, 1743; *Engisch* Lange-Festschrift, S. 402, 416; *Geppert* Jura **1983** 531 ff; *Hirsch* S. 1 ff, 45 ff; *Lackner/Kühl*[25] 1; *Otto* Schwinge-Festschrift, S. 73 ff; *Rudolphi* SK 1 bis 5a; *Sch/Schröder/Lenckner*[26] 1; *Tenckhoff* Bedeutung des Ehrbegriffs, S. 35 ff.

Personwürde (*Hirsch* Ehre und Beleidigung, S. 59), *ein* Attribut der Persönlichkeit, *ein* Teil ihrer „ideellen Sphäre" (vgl. BGHSt. **36**, 145; BGHZ **35** 363, 368; *Lackner/Kühl*[25] 1). Setzte man die Ehre mit der Personwürde gleich, verlöre sie ihren spezifischen Sinngehalt. Sie würde zu einem Gattungsbegriff, der auch andere personale Güter und Interessen umfasste (vgl. BGHZ **26** 349; **30** 7; **35** 363; *Stoll* Jura **1979** 576, 577), mit der Folge, dass die Abgrenzungsproblematik des allgemeinen Persönlichkeitsrechts auf der Ebene des Tatbestands eine ausschlaggebende Bedeutung erlangte (vgl. *Hubmann* Das Persönlichkeitsrecht, 2. Aufl., S. 160). Von **Tatbestandsbestimmtheit** könnte keine Rede mehr sein (*Hirsch* Ehre und Beleidigung, S. 60). Auf der das Beleidigungsrecht auflösenden Gleichsetzung von Missachtungen der Ehre und anderen Missachtungen „der Person als Person" (*Otto* Schwinge-Festschrift, S. 75) beruht die fortdauernde Neigung, der „Beleidigung" eine **„Lückenbüßerfunktion"** einzuräumen. Sie wird zum Auffangtatbestand für im Übrigen nicht tatbestandsmäßig vertypte Handlungen gemacht, durch die der Handelnde keineswegs zum Ausdruck bringt, dass sein „Opfer" nicht im Vollbesitz der Ehre ist, durch die er aber dessen Persönlichkeit in einer Weise tangiert, dass Strafbedürfnisse hervorgerufen werden. Die „Beleidigung" fungierte lange Zeit insbesondere als „kleines Sexualdelikt" (*Arzt* JuS **1982** 725): Sexualbezogene Handlungen, die unterhalb der Schwelle der eigentlichen Sexualdelikte liegen, wurden nach § 185 StGB bestraft. Darauf ist zurückzukommen (vgl. § 185 Rdn. 28 bis 31).

In der **Umgangssprache** hat das Wort „Ehre" viele Bedeutungen. Das belegen die **3** Wörterbücher, in denen von Achtung, Anerkennung, Ansehen, Ruf, Rang, Status, Würde, Geltung, innerem Wert, Sittlichkeit, Ehrgefühl, Auszeichnung, Ehrung, Verdienst, Ruhm, zeremoniellem Aufwand, Lobpreisung die Rede ist. Diese Bedeutungen streuen noch breiter als die Gleichsetzung der Ehre mit der Personwürde (vgl. Rdn. 2). Für den Bereich des Rechts, jedenfalls für den Bereich des Strafrechts, hat der Siegeszug des **Gleichheitssatzes** entscheidend dazu beigetragen, die „Ehre" von den „Ehren" und „Ehrungen" abzulösen. Stand, Beruf, Gruppenzugehörigkeit und Gruppenstatus, Geschlecht, Alter, religiöses Bekenntnis und wirtschaftliche Verhältnisse, körperliche und geistige Vorzüge, besondere Fähigkeiten und Leistungen sind für die Ehre weitgehend zu Adiaphora geworden. Eine auf egalité ausgerichtete Rechtsordnung muss aus dem Begriff der Ehre Merkmale entfernen, die ein Element der Ungleichheit enthalten. Dem tragen Aussagen Rechnung, die insbesondere von *Binding* und *Hirsch* formuliert worden sind: „Die Ehre ist ganz einerlei Art. Beim Höchsten wie beim Geringsten … bestimmt sie sich nach denselben Faktoren" (*Binding* Lb. BT 1. Bd., 2. Aufl., S. 137). „Aus der Tatsache, dass die Ehre in der Personalität wurzelt, erklärt sich auch, … dass die Obergrenze des Rechtsguts mit dem Vorliegen der notwendigen Geltungsvoraussetzungen – dem Fehlen von Geltungsmängeln – erreicht und nicht noch darüber hinaus durch besondere Leistungen steigerungsfähig ist … Hervorragende Staatsmänner, Gelehrte und Geistliche haben kein Deut mehr Ehre als ein gewöhnlich Sterblicher. Sie haben höchstens größere Verdienste, mehr Ruhm und Ansehen" (*Hirsch* Ehre und Beleidigung, S. 55, 57). *Binding* definiert: „Ehre ist der Wert, der einem Menschen als solchem und auf Grund seiner Handlungsweise, also kraft der Erfüllung seiner sittlichen und rechtlichen Pflichten, also seiner sittlichen und rechtlichen Unversehrtheit zukommt" (aaO S. 136). Die Makellosigkeit dieses Werts kann nur der Träger der Ehre selbst durch „ehrlose" Handlungen antasten. Von anderen kann er verlangen, dass sie ihn „nicht nach Maß nicht vorhandener Unehre", sondern „als Ehrenmann" behandeln. Nicht Minderung der Ehre macht das **Wesen der Beleidigung** aus, „sondern der Versuch, Ehre in Unehre zu verkehren". Angriffsobjekt ist die „Achtungswürdigkeit", denn „Ehre erzeugt einen Rechtsanspruch auf

Achtung ihres Daseins" (*Binding* aaO S. 141). Im Prinzip nicht anders äußert sich *Hirsch* (Ehre und Beleidigung): „Bei der Ehre geht es um den (nur) **negativ** quantifizierbaren Status, ohne Mängel an personalem Geltungswert zu sein" (S. 72). „Die Ehre betrifft lediglich … den spezifischen Wertstatus des Fehlens geltungswertmindernder Umstände. **Ehre haben** heißt: frei sein von personalen Geltungswertmängeln. Aus diesem Aspekt der Person fließt der Anspruch, jede unverdiente Äußerung, dass der Geltungswert gemindert sei, zu unterlassen" (S. 59). Angriffsobjekt der Beleidigung ist der *verdiente* Achtungsanspruch (S. 29). Achtung kann nur nach dem Maß vorhandener Ehre gefordert werden (*Hirsch* ZStW **90** [1978] 978, 982).

4 **3. Normativer und faktischer Ehrbegriff.** Die Terminologie „normativer vs. faktischer Ehrbegriff" ist missverständlich: Alle Rechtsbegriffe beruhen auf wertungsgeleiteten Definitionen, also Festsetzungen des sprachlichen Sinns eines Begriffs, und sind insofern „normativ". Um der Unterscheidung von „normativem" und „faktischem" Ehrbegriff einen Sinn zu geben, ist darauf abzustellen, wie Inhalt und Umfang der geschützten Ehre ermittelt werden sollen: Rein normative Ehrtheorien stützen sich ausschließlich auf die Auslegung einer Norm (hier: die Menschenwürde gem. Art. 1 Abs. 1 GG), während faktische Ehrtheorien auf empirisch überprüfbare Sachverhalte wie den guten Ruf oder die Selbsteinschätzung des Betroffenen abstellen. Diese idealtypische Unterscheidung wird aber weder von den Vertretern der normativen Ehrtheorien noch von denen der faktischen Ehrtheorien durchgehalten: Der Ehrenschutz betrifft nur *einen* Aspekt der Menschenwürde, den Anspruch auf (minimale) Achtung (dazu *Hilgendorf* Die missbrauchte Menschenwürde, S. 148f), doch gehen die von §§ 185ff sanktionierten Achtungsansprüche teilweise deutlich über das hinaus, was sich aus der Menschenwürde in einem nicht bloß assoziativ verstandenen Sinn des Wortes *herleiten* lässt. Deshalb ist es auch für Vertreter normativer Ehrtheorien nicht ausreichend, sich ausschließlich auf eine Interpretation von Art. 1 Abs. 1 GG zu stützen. Die §§ 185ff selbst sind im Hinblick auf Inhalt und Umfang der geschützten Ehre kaum ergiebig. Deshalb sind auch die Vertreter der normativen Theorien in erheblichem Maße gezwungen, zur Bestimmung von „Ehre" auf nicht-normative Quellen zu rekurrieren. Die Vertreter der faktischen Ehrtheorien dagegen müssen aus der Vielzahl empirisch vorfindbarer Ehransprüche die strafrechtlich schutzwürdigen auswählen, wobei den (normativen) Vorgaben des Grundgesetzes, vor allem Art. 1 Abs. 1 GG, besondere Bedeutung zukommt. Außerdem wird auch nach Ansicht der Vertreter „faktischer" Ehrtheorien nur die „verdiente" Ehre geschützt (vgl. unten Rdn. 6). Im Ergebnis führt das dazu, dass der Unterschied zwischen „normativen" und „faktischen" Ansätzen zur Bestimmung von „Ehre" weitaus geringer ist, als oft angenommen wird.

5 Für die dem **normativen** Ehrbegriff zugrunde liegende Theorie[3] ist das Rechtsgut der Beleidigungstatbestände der dem Menschen auf Grund seiner Personwürde zukommende Geltungswert, die sog. „innere" Ehre, ein Wert, der **nicht steigerungsfähig** ist, aber durch **Ehrmängel** gemindert werden kann. Angriffsobjekt beleidigender Erklärungen ist der aus der inneren Ehre abgeleitete, in seinem Umfang vom Maß der vorhandenen Ehre abhängige, verdiente Achtungsanspruch. Eine **Beleidigung** ist eine lokutionäre (sprachliche) oder illokutionäre (in Form einer Tätigkeit zum Ausdruck kommende) Äußerung, die den verdienten Achtungsanspruch verletzt: eine Kundgabe

[3] Vgl. dazu *Engisch* Lange-Festschrift, S. 401, 412ff; *Hirsch* Ehre und Beleidigung, S. 3, 29f, 50; *Otto* Schwinge-Festschrift, S. 73, 76ff; *Rudolphi* SK 1 bis 5; *Tenckhoff* Bedeutung des Ehrbegriffs, S. 35ff, 181; *ders.* JuS **1988** 199, 201ff.

von Nichtachtung, Geringschätzung oder Missachtung (das ist die auch in der Rechtsprechung – losgelöst von der Frage des Ehrbegriffs – gebrauchte Formel, vgl. BGHSt. **1** 288, 289; **16** 58, 63; BGH NStZ **1984** 216; RGSt. **40** 416; **71** 159, 160; BayObLGSt. **1976** 88, 89; **1980** 32; **1983** 32, 34).

Die sog. **faktischen** Ehrtheorien werden in ihren monistischen Fassungen kaum mehr vertreten. In ihrer dualistischen Ausformung besagen sie: Die Ehre besteht zum einen aus dem **Ruf**, der Wertschätzung (Geltung) im Urteil der Mitmenschen, dem gesellschaftlichen Ansehen – sog. „äußere" oder „objektivierte Ehre" –, und zum anderen aus dem **Ehrgefühl**. Nach *Hirsch* Ehre und Beleidigung (S. 14 Anm. 2), der sich auf *Liepmann* (VDB Bd. IV [1906] S. 228, 239ff, 246) bezieht, handelt es sich dabei „um die (inaktuelle ebenso wie aktuelle) Vorstellung vom eigenen ehrrelevanten Wert, die Selbsteinschätzung und ihre Verknüpfung mit dem seelischen Bereich" – sog. „subjektive Ehre" als Gegenstand der gegenüber dem Betroffenen selbst begangenen Beleidigung.[4] Diese landläufige Darstellung bedarf allerdings der Ergänzung. Nach maßgebenden Vertretern der Theorie des „doppelgesichtigen Rechtsguts" (vgl. *Maurach* BT[5] § 17 III A) sind Ruf und „das Gefühl der eigenen Geltung" (*Liepmann* VDB Bd. IV [1906] S. 228) nur Reflexe, Wirkungen der Ehre (*Graf zu Dohna* DStR 8 S. 35; *Liepmann* aaO). Gleichwohl wird ihnen die Funktion des Schutzobjekts eingeräumt, die ihnen jedoch ohne normative Begrenzung keinesfalls zuerkannt werden darf: Der Lump kann den Ruf eines Ehrenmannes haben, eine Verbrecherclique kann weit über den Kreis der Genossen hinaus in hohem Ansehen stehen, das Ehrgefühl ist unentrinnbar den „Techniken des Selbstbetrugs" (*Allport* Persönlichkeit, 2. Aufl., S. 173) ausgesetzt. Es wird aber dem Empfinden des Betroffenen nur insoweit rechtliche Bedeutung beigemessen, als er „*begründete* Achtung vor sich selbst" haben darf; der gute Ruf findet „nur dort" Verteidigung, „wo er es verdient" (*Graf zu Dohna* DStR 8 36f; vgl. auch *Liepmann* VDB Bd. IV (1906) S. 240, 245f und *Maurach* BT[5] § 17 I 3b: Der Richter, nicht der Verletzte entscheidet darüber, ob eine Äußerung den subjektiven Geltungsanspruch verletzt. Das Beleidigungsstrafrecht kennt keinen „Affektwert" der Ehre.). Damit wird auch für die faktische Ehrtheorie die Frage entscheidend, wie der **personale** Geltungswert (die „innere Ehre") zu umschreiben und die Kategorie der Geltungsmängel zu bestimmen ist. 6

Auf diese Gesichtspunkte kommt es letzten Endes auch für die sog. **normativ-faktische** Ehrauffassung an, die wie folgt differenziert: Die „innere Ehre" (korrekter: der verdiente Achtungsanspruch) ist das Angriffsobjekt der einfachen Beleidigung (§ 185 StGB), weil nur ihr Tatbestand verwirklicht wird, wenn ehrenrührige Tatsachenbehauptungen lediglich gegenüber dem Betroffenen abgegeben werden oder die Missachtung nicht in Tatsachenbehauptungen geäußert wird. Der gute Ruf ist Gegenstand der üblen Nachrede und der Verleumdung. Aber die Einsicht, dass man nicht die tatsächliche Geltung in der Meinung anderer schützen, die Ehre nicht „zu einer bloßen Ehrattrappe veräußerlichen" kann (*Hirsch* Ehre und Beleidigung, S. 17), hat längst dazu geführt, dass auch der „faktische" Bestandteil des normativ-faktischen Ehrbegriffs eine wertbestimmende Begrenzung erfährt: Jedermann kann nur verlangen, dass er (auch was den guten Ruf betrifft) entsprechend seiner inneren Ehre behandelt werde. Dieser „normativ-faktische" Ehrbegriff wird, mit unterschiedlichen Gewichtungen im Detail, seit langem von der Rechtsprechung vertreten (BGHSt. **1** 288, 289; **11** 67, 70 f; **36** 145, 150; OLG Düsseldorf NJW **1989** 3030; **2001** 3562, 3563; vgl. auch 7

[4] *Engisch* Lange-Festschrift, S. 406ff; *Liepmann* VDB Bd. IV (1906) S. 228, 245; *Sch/Schröder/Lenckner*[26] 1; *Tenckhoff* Bedeutung des Ehrbegriffs, S. 54ff.

BVerfGE **75** 369; *Tröndle/Fischer*[52] 4). In der Leitentscheidung BGHSt. **11**, 67, 70f heißt es: „Angriffsobjekt der Beleidigung ist die dem Menschen als Träger geistiger und sittlicher Werte zukommende innere Ehre, außerdem seine darauf beruhende Geltung, sein guter Ruf innerhalb der mitmenschlichen Gesellschaft. Wesentliche Grundlage der inneren Ehre und damit Kern der Ehrenhaftigkeit des Menschen ist die ihm unverlierbar von Geburt an zuteil gewordene Personenwürde, zu deren Unantastbarkeit sich das Grundgesetz der Bundesrepublik in Artikel 1 bekennt und deren Achtung und Schutz es ausdrücklich aller staatlichen Gewalt zur Pflicht macht. Aus der inneren Ehre fließt der durch § 185 StGB strafbewehrte Rechtsanspruch eines jeden, dass weder seine innere Ehre noch sein guter äußerer Ruf geringschätzig beurteilt oder gar völlig missachtet, dass er vielmehr entsprechend seiner inneren Ehre behandelt werde."

8 Der Rechtsprechung wurde attestiert, sie nähere sich in neuen Entscheidungen dem rein „normativen" Ehrverständnis an (*Zaczyk* NK 7). In der Tat lässt sich (auch infolge der Unschärfe der zugrunde gelegten Terminologie, vgl. oben Rdn. 4) schon die Leitentscheidung BGHSt. **11** 67 als „normativ" einstufen (*Ignor* Beleidigung, S. 95). Wichtiger ist, dass die Rechtsprechung die Ehre **dualistisch** konzipiert: sie umfasst zum einen den aus der Menschenwürde abzuleitenden Achtungsanspruch, zum anderen den (verdienten) „guten Ruf" jedes Menschen.

9 **4. Personaler und sozialer Geltungswert. Ehrmängel.** Die Aussage, dass die Ehre „Attribut des Menschen" sei, „das er auf Grund seines Personseins" besitze, wie die Umschreibung der Ehre als „Aspekt der Personwürde" und die Explikation „Ehre haben heißt: frei sein von personalen Geltungswertmängeln" (*Hirsch* Ehre und Beleidigung, S. 50, 59, 90), soll nicht nur die Zurückweisung faktischer oder normativ-faktischer Ehrbegriffe (vgl. Rdn. 6 und 7) implizieren. Sie enthält auch eine Absage an alle Auffassungen, die als ehrrelevant den **sozialen** Geltungswert und den sozialen Geltungsanspruch anerkennen. Diese Auffassungen weisen inhaltliche Unterschiede auf. *Liepmann* (VDB Bd. IV [1906] S. 227, 232, 246) definiert die Ehre geradezu als „den Inbegriff derjenigen Eigenschaften, die zur Erfüllung der spezifischen Aufgaben des Menschen unentbehrlich sind". *Frank* (I Vor § 185) sieht im ethischen und sozialen Wert der Person die beiden Ehraspekte und sagt vom zweiten Aspekt, es handele sich um den Wert, „den eine Person nach der Seite ihrer Eigenschaften und Leistungen zur Erfüllung ihrer spezifischen sozialen Aufgaben hat". Infolgedessen kann eine Beleidigung auch dadurch begangen werden, dass der Täter einem anderen zu Unrecht nachsagt, er habe nicht die Eigenschaften (Fähigkeiten), die von ihm als Träger dieser oder jener sozialen Rolle gefordert werden, oder er habe Eigenschaften, die er als Träger dieser oder jener Rolle nicht haben dürfte, schließlich auch dadurch, dass ihm zu Unrecht Leistungsmängel (Nichterfüllung oder Schlechterfüllung) vorgeworfen werden (vgl. *Liepmann* aaO S. 233; *Frank* aaO).

10 Eine **moderne** Version der Theorie des sozialen Geltungsanspruchs begreift die Ehre aus der Besonderheit des Menschen, dessen Konstitution „eigentlich ein Sich-Konstituieren" sei (*Wolff* ZStW **81** [1969] 896, ihm folgend und weiterentwickelnd *Zaczyk* NK 1). Ehre als „das die Selbständigkeit der Person ermöglichende **Anerkennungsverhältnis**" (*Wolff* aaO 901) soll bewirken, dass jeder mit anderen Gemeinschaft haben kann, indem er als Person respektiert wird und ihm „in bestimmtem Rahmen Möglichkeiten gesichert werden, sich in der Gesellschaft personal zu entfalten". Schutz für die Ehre gewähre das Recht dadurch, dass es den Anspruch der Person, als Person geachtet und nach ihren auf die Gemeinschaft bezogenen Werken eingeschätzt zu werden, sanktioniere (*Otto* Schwinge-Festschrift, S. 81f). In diesen Werken mani-

festiere sich das wahre Wesen der Person. Sie müsse deshalb auch in ihnen gewürdigt werden (*Otto* aaO S. 78). Infolgedessen sei Wertmaßstab nicht nur der Personenwertstand, sondern auch das individuelle Verhalten der Person unter sozial-ethischen Gesichtspunkten. Dieser Wertmaßstab führe zu unterschiedlichen sozialen Geltungsansprüchen. Die Missachtung des verdienten sozialen Geltungsanspruchs sei Ehrverletzung. Sie stelle der Sache nach „eine Verletzung jenes Anerkennungsverhältnisses dar, das zugleich die Selbständigkeit und Verbundenheit des einzelnen in der Rechtsgesellschaft garantiere". Mit der Sanktionierung des sozialen Geltungsanspruchs schütze das Recht die Möglichkeit menschlichen Zusammenlebens. Das Fundament einer Gesellschaft müsse schwer erschüttert werden, wenn dieser Schutz nicht mehr gewährleistet sei (*Otto* aaO S. 80ff; *ders.* NJW **1986** 1206, 1210). Die These, Ehre lasse sich definieren „als das die Selbständigkeit ermöglichende Anerkennungsverhältnis", das die Entfaltung des Ichs als „eine Leistung der Freiheit" im „personalen Verhältnis des wechselseitigen Aufeinanderbezogenseins" sicherstellen soll (*Wolff* aaO 898ff), ist nicht nur von *Otto* aufgegriffen worden (vgl. *Rudolphi* SK 5; *Sch/Schröder/Lenckner*[26] 1). Die Rechtsprechung hat den sozialen Wert als Aspekt der Ehre stets anerkannt. Sie versteht ihn in dem von *Frank* und *Liepmann* formulierten Sinne (Rdn. 9), spricht vom „sozialen Achtungsanspruch" aber auch in Fällen, in denen „der Anspruch der Person, als Person geachtet zu werden" (*Otto* Schwinge-Festschrift, S. 82), nicht respektiert worden ist. Auch in der Literatur werden der soziale Geltungswert und der daraus abgeleitete soziale Geltungsanspruch weitgehend anerkannt.[5]

Die Stellungnahme zum **sozialen Geltungswert** kann nicht erschöpfend sein. Fest- **11**
zuhalten ist zunächst: Ob man den „Wert der Person als Person", den „Personenwertstand" (*Otto* Schwinge-Festschrift, S. 82), den „spezifischen Wert des Menschen als Menschen" (*Liepmann* VDB Bd. IV [1906] S. 225 und 227), den „unverlierbaren" oder „angeborenen Menschenwert" (*Tenckhoff* Bedeutung des Ehrbegriffs, S. 42ff, 175ff) als besonderen Aspekt der Ehre oder als Teil des sozialen Geltungswerts begreift, ist gleichgültig. Wer diesen unterschiedlich bezeichneten Wert und den aus ihm abgeleiteten Geltungsanspruch in vollem Umfange für ehrrelevant ansieht, vertritt die Auffassung, dass sich das Rechtsgut der Ehre über den ganzen Bereich der Personalität erstrecke und infolgedessen in allen Fällen, in denen die Formel „Mißachtung der **Persönlichkeit**" gebraucht werden kann, ein (auch) gegen die „Ehre" gerichtetes Delikt vorliege, gleichgültig, ob der Angriff des Täters gegen den physischen oder ideellen Persönlichkeitsbereich gerichtet war (vgl. BGHSt. **9** 17, 18; **11** 67, 71; **16** 58, 60; BGH NStZ **1987** 21, 22; **1988** 69; BayObLGSt. **1957** 200, 201; **1962** 41, 42). Diese Auffassung gibt die Ehre als konturiertes Rechtsgut preis (*Hirsch* ZStW **90** [1978] 978, 985; Rdn. 2).

Das gilt auch für die Theorie, welche die Ehre als ein die Selbständigkeit der Per- **12**
son ermöglichendes **Anerkennungsverhältnis** begreift (Rdn. 10). Wie keine Theorie vor ihr hat sie in feinsinnigen Überlegungen die funktionelle Bedeutung des rechtlichen Schutzes der Ehre für Existenz und Entfaltung der Persönlichkeit im Bezogensein auf andere und für das Zusammenleben, für das humane Milieu einer Gesellschaft erfasst. Der Gedanke des Anerkennungsverhältnisses sollte die Interpretation vor allem dort beeinflussen, wo es in verfassungsrechtlichen Abwägungen um die Lösung des

[5] In Auswahl und ohne die in Rdn. 9 und 10 bereits Genannten: RGRspr. **1** 28, 29; RG GA Bd. **38** (1890) 434, 435; RG JW **1932** 1742 Nr. 22 m. Anm. *Engelhard*; RG HRR **1933** 348; RG DR **1943** 189; BGHSt. **6** 186, 190 f; BGH NStZ **1986** 453, 454; **1988** 69; *Geppert* Jura **1983** 532; *Lackner/Kühl*[25] 1.

Konflikts von **Meinungsfreiheit** und „Recht der persönlichen Ehre“ geht. Aber eine über die Gleichsetzung von Ehre und Persönlichkeit (Personalität), Ehrverletzung und Persönlichkeitsverletzung hinausführende Konturierung des Rechtsguts der Beleidigungstatbestände ist der Theorie des Anerkennungsverhältnisses nicht gelungen. Auch sie streut breit, zu breit. Die Unbestimmtheit der Begriffe („unmittelbares Anerkennungsverhältnis“, Verletzung eines „personalen Verhältnisses wechselseitigen Aufeinanderbezogenseins“, „Mißachtung, die den Angegriffenen in ein neues und schlechteres Verhältnis bringt“ – vgl. *Wolff* ZStW **81** [1969] 900ff) stellt ihre Eignung zu einer dem Erfordernis der **Tatbestandsbestimmtheit** genügenden Präzisierung zumindest in Frage.

13 Für den Aspekt des **sozialen** Geltungswerts, der nach Erörterung des „angeborenen Menschenwerts“ (Rdn. 11) und des „unmittelbaren Anerkennungsverhältnisses“ (Rdn. 10 und 12) noch zur Diskussion steht, sind die **Eigenschaften**, Fähigkeiten, **Leistungen** und Werke des Menschen als Träger sozialer Rollen, als eines Subjekts, das Pflichten zu erfüllen, Aufgaben zu bewältigen, Gemeinschaft zu gestalten hat, konstitutiv. Für das Alltagsverständnis und für die „faktische“ Ehrauffassung ist die erfolgreiche Bewältigung einer sozialen Rolle deshalb Teil der Ehre. Wie hält es aber die Theorie des personalen Geltungswerts mit dem Tun und Lassen der Person? Da für sie die Ehre „ganz einerlei Art ist“, nur *einen* Aspekt der Personwürde darstellt, der mit Verdienst, Ruhm, Ansehen (anders z. B. BGHSt. **16** 58, 60), gesellschaftlicher Geltung (anders z. B. RG JW **1932** 1742 Nr. 22), Zuordnung von Rechten (anders aber BGHSt. **7** 130; **16** 58, 60; BayObLGSt. **1957** 202; OLG Koblenz NJW **1955** 602), Eigenschaften, Fähigkeiten, Vorzügen, Leistungen und Werken nicht gleichgesetzt werden darf (Rdn. 3, 4, 5), erlangt der Gesichtspunkt der **Pflichterfüllung** ausschlaggebende Bedeutung. Es tangiert die Ehre, mindert sie, wenn durch vorwerfbare Verstöße gegen ethische Pflichten die „sittliche Integrität“ nicht gewahrt wird (*Hirsch* Ehre und Beleidigung, S. 30, 56, 72, 79, 90). Diese Integrität steht mit dem Gesamtbereich der (individual- und sozial-)ethischen Anforderungen in Korrelation. Soziale Rollen mit spezifischen Pflichten bleiben also auch für die Theorie des personalen Geltungswerts nicht außer Ansatz. Sie (oder der „Stand“) verleihen zwar keine höhere Ehre. Aber sie können besondere Anforderungen stellen, deren schuldhafte Nichterfüllung für Ehre und Achtungsanspruch des Rollenträgers nicht gleichgültig ist. „Je verantwortlicher ein Amt, je exponierter die soziale Position, desto differenzierter sind die ehrrelevanten Pflichten“ (*Hirsch* Ehre und Beleidigung, S. 74).

14 Daraus folgt: Auch für den **personalen** Ehrbegriff (die Theorie des personalen Geltungswerts) ist das (nicht nur geringfügige) Versagen bei einer sozialen Aufgabe oder in einer **sozialen Rolle** für die Ehre von Bedeutung, wenn darin eine negative und vorwerfbare Qualität (Eigenschaft, Eigenart), Einstellung oder Motivation (Rücksichtslosigkeit, Schlamperei, Bestechlichkeit, Inhumanität, Parteilichkeit, Pfuscherei) zum Ausdruck kommt. Auch für diesen Begriff ist die mangelnde Eignung für eine soziale Rolle (oder Aufgabe) ein den personalen Geltungswert mindernder Mangel, wenn sie **vorwerfbar** ist, weil die Rolle (wie der Rollenträger erkannte oder erkennen konnte) trotz mangelnder Qualifikation übernommen oder beibehalten wurde oder weil nicht alles geschah, was hätte geschehen können, um den Rollenerwartungen gerecht zu werden. Ein sich auf den sozialen Wert (im Sinne des Verständnisses von *Liepmann* und *Frank* – Rdn. 9) beziehender Vorwurf ist also nicht stets, aber doch dann herabsetzend, wenn dem Ehrträger zu Unrecht nachgesagt wird, er habe gegen eine rollen-(aufgaben-)spezifische Pflicht verstoßen, die nicht nur Bagatellcharakter hat. Der Verdacht schuldhaften Verhaltens wird mit den auf eine Pflichtwidrigkeit hindeutenden

Fakten oder mit der ein vorwerfbares Handeln (Unterlassen) indizierenden Wertung konkludent erklärt (*Hirsch* Ehre und Beleidigung, S. 80). Wer den Betroffenen von einem Vorwurf freistellt, wird nicht versäumen, es zu sagen. Es ergibt sich also für die Theorien des personalen und des sozialen Geltungswerts eine Kongruenz der Ergebnisse auf dem in praxi wichtigen Bereich des nach ethischen Maßstäben bewerteten Verhaltens.

Diese **Maßstäbe** sollen der Individual- und der Sozialethik und der allgemeinen sittlichen Ordnung (*Hirsch* Ehre und Beleidigung, S. 54, 74) entnommen werden. Dabei ist einzuräumen, dass jenseits des Rechts, das einen wesentlichen Teil des sozialethischen Normenkomplexes bildet, die Frage nach der geltenden Moral nur für einen schmalen Kernbereich eindeutig beantwortet werden kann. Wechselnde Bedingungen, Anforderungen und Deutungen des menschlichen Daseins bewirken, dass ständig neue Werte in das Wertbewusstsein treten und andere ausscheiden. Die Situationsethik bietet nichts prinzipiell Neues. Situationen schreiben dem Menschen nicht vor, wie er in ihnen zu handeln hat. Sie verlangen, dass er ihrer Einmaligkeit in einem differenzierten Wertbewusstsein, das die sich kreuzenden Interessen und Tendenzen erfasst und wägt, gerecht wird (vgl. *Schmitt Glaeser* JZ **1983** 100). Ein die Ehre berührender Tadel trifft ihn nur, wenn er die aus der Situation erwachsende Aufforderung zur tätigen Stellungnahme vorwerfbar nicht aufnimmt, sich bewusst der Situation, die seinen Einsatz gebietet, entzieht oder im Rahmen der Situationsbewältigung schuldhaft falsch handelt und der Pflichtverstoß nicht nur Bagatellcharakter hat. Nach allen in Betracht kommenden ethischen Maßstäben geht es um den einzelnen Menschen und das ihm Vorwerfbare (**aA** *Otto* Schwinge-Festschrift, S. 77ff). **15**

Für die Theorien des sozialen und des personalen Geltungswerts ergibt sich also eine weitgehende Kongruenz der Ergebnisse für das nach **ethischen** Maßstäben (Rdn. 15) bewertete **Verhalten** (Rdn. 14): Äußerungen, in denen dem Betroffenen unverdientermaßen nachgesagt wird, er habe in einer sozialen Rolle oder als ein in einer Situation (Lebenslage) Geforderter schuldhaft nicht so gehandelt, wie Recht oder Sozialmoral es gebieten, oder Äußerungen, in denen zu Unrecht behauptet wird, er habe sich vorwerfbar eine soziale Rolle, eine soziale Funktion oder eine soziale Aufgabe angemaßt, für die er sich nicht eignet, richten sich gegen die Ehre, wenn der nachgesagte Pflichtenverstoß soviel Gewicht hat, dass er die sittliche Integrität des Gemeinten in Frage stellt. Die sich aus ethischer Bewertung ergebenden, nicht nur geringfügigen und vorwerfbaren Pflichtenverstöße im gesamten sozialen Feld (insbesondere im beruflichen und politischen Bereich und innerhalb institutionalisierter Beziehungen) bilden nach jeder der beiden Theorien Geltungs-(Ehr-)mängel (vgl. *Hirsch* Ehre und Beleidigung, S. 78ff). Dagegen beleidigt nicht, wer einem anderen zu Unrecht (politische, wissenschaftliche, caritative oder andere für die Gemeinschaft nützliche) **Verdienste abspricht**, die zwar für sein gesellschaftliches Prestige, für sein Selbstwertgefühl oder für die Chance weiterer Entfaltung nicht gleichgültig sind, aber seine sittliche Integrität nicht berühren. „Eine große Ehre nicht haben, heißt nicht Unehre haben" (*Binding* Lb. BT, 1. Bd., 2. Aufl., S. 145). **16**

Die Theorie des **personalen** Geltungswerts begnügt sich allerdings nicht mit der Gleichung „Geltungsmangel = vorwerfbare, die sittliche Integrität tangierende Pflichtverletzung". Nach Ansicht maßgebender Vertreter dieser Theorie gibt es personale Mängel per se, unabhängig von sozialen Bezügen, wenn auch nicht unabhängig von den Wertungen unseres Kulturkreises. Es handelt sich um **elementare menschliche Unzulänglichkeiten**, geistige oder körperliche Gebrechen, die verhindern, dass volle Personalität entsteht oder fortbesteht (*Herdegen* Voraufl. Vorbem. 17; *Hirsch* Ehre **17** und Beleidigung, S. 82ff). Das Fehlen eines essentiellen Moments intakter Personalität soll bei geistigen Defekten (Geisteskrankheit, Schwachsinn, depravierender Sucht) in der Regel, bei körperlichen Schäden nur ausnahmsweise zu bejahen sein. In den alltäglichen Beleidigungen, den – wie *Köstlin* treffend formuliert hat – „gangbaren Münzen der Verachtung" (das Zitat findet sich bei *Liepmann* VDB Bd. IV [1906] S. 277), also in Schimpfworten wie „Trottel", „Idiot", „blöde Gans", „Esel", „dummer Hund", werden Minderungen des personalen Geltungswerts durch elementare Unzulänglichkeiten zum Ausdruck gebracht. Der „Volksgeist", erhaben über akademische Analysen des Ehrbegriffs, weiß, dass in der Zuweisung von Borniertheit eine Missachtung liegen kann, die eines moralisierenden Elements nicht bedarf, um tatbestandsmäßig zu sein.

18 Die **Theorie des personalen Geltungswerts** lässt sich wie folgt **zusammenfassen**: „Die Ehre, die jedermann zukommt, kann durch andere nicht gemindert werden. Jedermann ist in ihrem Vollbesitz, es sei denn, dass er sie durch nicht nur geringfügige Verstöße gegen ethische oder rechtliche Pflichten selbst geschmälert hat oder dass ihm wegen elementarer menschlicher Unzulänglichkeit der volle personale Geltungswert nicht zugesprochen werden kann. In dem Maß, in dem Ehre vorhanden ist, haben die Mitmenschen sie zu respektieren. Beleidigendes Handeln kommt in Betracht, wenn sie in herabsetzenden Äußerungen den verdienten Achtungsanspruch verletzen." (*Herdegen* Voraufl. Vorbem. 17).

19 Die Diskussion um den Ehrbegriff wurde in jüngster Zeit wesentlich bereichert durch *Amelung*, der in seiner Schrift „Die Ehre als Kommunikationsvoraussetzung" (2002) unter deutlicher Abgrenzung zum „normativen" Ehrbegriff für ein „wirklichkeitshaltigeres", funktional orientiertes Ehrverständnis plädiert, in dessen Mittelpunkt die **Kommunikationsfähigkeit** steht. Ehre ist für ihn „die Fähigkeit eines Menschen, sich so zu verhalten, dass er den normativen Erwartungen gerecht wird, denen er gerecht werden muss, um als ebenbürtiger Partner von Kommunikationen akzeptiert zu werden" (aaO S. 23). Ehrenmängel werden nach dieser Konzeption durch Defizite gebildet, die Kommunikation erschweren oder verhindern, z. B. durch die Missachtung ethischer Normen oder intellektuelle oder physische Defizite (aaO S. 22). Die Diskussion dieser originellen, prägnant formulierten Theorie steht noch am Beginn. Kritische Einwände könnten sich aus der Schwierigkeit ergeben, Ehre von dem bloßen Vorspiegeln ehrenhafter Gesinnung zu unterscheiden: die „Fähigkeit" zu kommunikationserleichterndem Verhalten besitzen gerade (nach traditionellem Verständnis „unehrenhafte") Betrüger und Blender in hohem Maße. Die scharfe Trennung von Menschenwürde und Ehre und der alleinige Rekurs auf Kommunikationsfähigkeit führen dazu, dass Behinderte eine verringerte Ehre besitzen sollen (aaO S. 50), Koma-Patienten und andere Kommunikationsunfähige gar keine (wohl aber Menschenwürde, aaO S. 53). Diese Ergebnisse sind nur schwer mit dem herkömmlichen Verständnis von „Ehre" in Recht und Gesellschaft zu vereinbaren, so dass die Gefahr besteht, das sich die Strafrechtsdogmatik zu weit von den gesellschaftlichen Basiswertungen entfernt.[6]

20 **5. Eigene Stellungnahme.** Zu Recht wurde in jüngerer Zeit darauf hingeweisen, dass die Kontroverse um den Ehrbegriff nicht nur an den unterschiedlichen rechtlichen und gesellschaftlichen Ansätzen der Theorien leidet, sondern auch an einer

[6] Dies gilt auch für den Versuch von *Jakobs*, Ehre mit informeller Sozialkontrolle und der Garantie zutreffender Information in Verbindung zu bringen (Festschrift Jescheck I 627). Ehre ist nach *Jakobs* die „zugunsten einer Person angebrachte Zurechnung als verdienstlich" (aaO 639). Ablehnend *Rudolphi* SK 5a; *Zaczyk* NK 6, beide mwN.

außerordentlich uneinheitlichen Terminologie (*Regge* MK 17). Um wieder festen Grund zu gewinnen, können folgende Überlegungen hilfreich sein: Strafrecht dient dem Schutz bestimmter individueller und gesellschaftlicher Interessen. Derartige Interessen sind zunächst vorrechtlicher Natur. Greift die Rechtsordnung sie auf und stellt sie unter rechtlichen Schutz, so werden die vorrechtlichen Interessen zu Rechtsgütern. Dieser Begründungszusammenhang gilt auch für die Ehrdelikte. Die Ansprüche auf Achtung, die dem Einzelnen nach den Maßstäben der Sozialmoral und der unterschiedlichen Gruppenmoralen zugebilligt werden, sind vielfältig und miteinander nicht selten unvereinbar. Das gilt gerade in einer pluralistischen, durch gruppenspezifischen Wertewandel und Immigration gekennzeichneten Gesellschaft. Aus dem weiten Spektrum der gesellschaftlichen Ehrkonzepte greift die Rechtsordnung bestimmte Vorstellungen heraus und stellt sie unter ihren Schutz. Das deutsche Beleidigungsstrafrecht zeichnet sich dadurch aus, dass sein Schutzbereich durch die Tatbestandsumschreibungen der §§ 185ff nur sehr ungenau festgelegt ist. Dies ist damit zu erklären, dass der Gesetzgeber des Jahres 1871 noch von relativ homogenen gesellschaftlichen Ehrvorstellungen ausgehen konnte. Heute hat sich die Situation gründlich gewandelt. Es ist deshalb erforderlich, mit Blick auf die gesellschaftliche Wirklichkeit den Schutzbereich genauer zu bestimmen. Dies kann nicht allein durch (echte oder vermeintliche) begriffliche Deduktionen aus Leitwerten wie der „Menschenwürde“ geschehen, sondern es bedarf der empirischen Herausarbeitung der verschiedenen Ehrvorstellungen, der Klärung ihrer Implikationen und schließlich der Entscheidung über Umfang und Reichweite des strafrechtlichen Schutzes in diesem heiklen, von tiefgreifenden weltanschaulichen und kulturellen Differenzen durchzogenen Bereich.

Die Definition der strafrechtlich zu schützenden Ehre steht zunächst unter den **21**
Vorgaben des Grundgesetzes, insbesondere des grundrechtlichen Schutzes der Menschenwürde (Art. 1 GG). Entnimmt man der Menschenwürde ein Recht auf „minimale Achtung“ (vgl. oben Rdn. 4), so ergibt sich ein Kernbereich der auch strafrechtlich zu schützenden Ehre, der als **personaler Geltungswert** bezeichnet werden kann. Dieser Kernbereich ist vor allem dann betroffen, wenn ein anderer Mensch als prinzipiell minderwertig ausgegrenzt und verächtlich gemacht wird. Der personale Geltungswert ist, den Vorgaben des Grundgesetzes entsprechend, bei allen Menschen gleich. Dagegen ist der Begriff des **sozialen Geltungswerts** wesentlich weiter. Er beruht auf der jeweils herrschenden Sozialmoral und ist deshalb historisch wie gesellschaftlich wandelbar. Ihm entsprechen jene Ansprüche auf soziale Achtung, die im gesellschaftlichen Miteinander als Voraussetzung für ein Leben in der Gemeinschaft gefordert werden. Nicht alle derartigen Achtungsansprüche werden mit den Mitteln des Strafrechts geschützt. Besonders deutlich wird dies bei den Regeln einfacher Höflichkeit, deren Verletzung nicht rechtlich, sondern bloß gesellschaftlich sanktioniert wird. Auch die besonderen Ehrvorstellungen bestimmter kultureller oder ethnischer Gruppen, z. B. von in Deutschland lebenden, aber nach wie vor traditionalistisch orientierten Türken, sind nicht ohne weiteres strafrechtlich geschützt. Die Zuordnung zum strafrechtlich relevanten Bereich kann davon abhängig gemacht werden, welche Regeln der Achtung als unverzichtbar und welche Verletzungshandlungen demgemäß als unerträglich erscheinen. Maßstab ist auch hier die vorherrschende Sozialmoral, die freilich durch eine reichhaltige, inzwischen weit über 100 Jahre zurückreichende Judikatur ergänzt und gestützt wird. Der damit umrissene realwissenschaftlich orientierte Ansatz kombiniert die Lehren vom personalen und vom sozialen Geltungswert und führt im Ergebnis zu einem Ehrverständnis, wie es auch von der Rechtsprechung vertreten wird. Man kann diese Konzeption als **dualistisch** oder auch „normativ-faktisch“ kennzeichnen (vgl. die Nachweise oben Rdn. 7).

22 Im Zusammenhang mit der eben skizzierten dualistischen Ehrkonzeption werden zwei **Sonderprobleme** diskutiert. (1.) In der Literatur wird vertreten, eine sich aus der Menschenwürde herleitende Ehre sei gar nicht verletzbar (*Gössel/Dölling* BT I² § 29 Rdn. 13; *Rudolphi* SK 5; *Wolff* ZStW **81** [1969] 889f; *Zaczyk* NK 5), so dass die Legitimität des Beleidigungsstrafrechts überhaupt in Frage gestellt wäre, wenn man mit der Rechtsprechung des BGH Ehrenschutz und Menschenwürde miteinander verknüpft. Dieser Kritik, die erst recht für rein normative Ehrkonzeptionen gilt, kann folgendes entgegengehalten werden: Genauso wie die Menschenwürde selbst verletzt werden kann (vgl. nur die Übersicht einschlägiger Fälle bei *Kunig* in *von Münch/Kunig* GG-Kommentar, Bd. I⁵, Art. 1 Rdn. 36), kann auch die Ehre als ein Teilaspekt der Menschenwürde verletzt werden. Es ist verfehlt, die (hier gegebene) Möglichkeit einer Rechtsgutsverletzung mit der (bei der Menschenwürde nicht gegebenen) Möglichkeit eines Rechtsgutsentzugs zu konfundieren (so aber *Gössel/Dölling* BT I² § 29 Rdn. 13). Die Folter nimmt dem Opfer nicht seine Würde, aber verletzt sie (**aA** offenbar *Gössel/Dölling* aaO). Ebenso nimmt die Beleidigung dem Opfer nicht seine Ehre, aber verletzt sie. Das Missverständnis rührt wohl daher, dass man Menschenwürde und Ehre lediglich als Werte konzipiert und die daraus herleitbaren (und unzweifelhaft einer Verletzung fähigen) Rechte bzw. Ansprüche z. B. auf Achtung vernachlässigt. Das Problem lässt sich vermeiden, wenn man die Menschenwürde von vornherein als Ensemble subjektiver Rechte konzipiert, von denen eines das Recht auf (minimale) Achtung ist (vgl. oben Rdn. 4). (2.) Ein zweiter Vorwurf, der dem dualistischen Ehrverständis der Rechtsprechung gemacht wird, geht dahin, es würden darin zwei (heterogene) Rechtsgüter zu Unrecht zusammengeführt (*Gössel/Dölling* BT I² § 29 Rdn. 6). Nach der hier entwickelten Konzeption ist die Ehre, verstanden als Recht auf Achtung, durchaus ein einheitliches Rechtsgut, dass sich allerdings aus zwei Quellen speist: zum einem aus dem minimalen Achtungsanspruch, den jeder Mensch kraft seiner Personenwürde besitzt, und zum anderen aus jenen Ansprüchen auf Achtung, die gesellschaftlich als unverzichtbar eingestuft werden (oben Rdn. 21).

23 Die Bedeutung der verschiedenen Theorien zu Inhalt und Herleitung von strafrechtlich geschützter Ehre sollte nicht überschätzt werden, zumal sich die Theorien in ihren Ergebnissen sehr ähneln (*Tröndle/Fischer*⁵² 3; vgl. auch *Rengier* BT II⁶ § 28 Rdn. 3: Auswirkungen der Kontroverse seien „nicht immer leicht auszumachen"). Grund hierfür ist, dass sämtliche bisher vorgebrachten Ehrbegriffe es dem Rechtsanwender in hohem Maße gestatten, das eigene Rechtsgefühl und rechtspolitische Vorverständnis zur Geltung zu bringen. Die Wertungsoffenheit des Beleidigungsstrafrechts und sein enger Bezug zur (sich wandelnden) Sozialmoral sind nicht nur wegen des Bestimmtheitsgrundsatzes im Strafrecht problematisch, sondern auch mit Blick auf die Vorhersagbarkeit und Nachprüfbarkeit der Judikatur. Die reichhaltige Kasuistik vermag nur in Grenzen Abhilfe zu schaffen, da auch sie selbst im Lichte der sich wandelnden Ehrvorstellungen kontinuierlich neu bewertet wird. Die Herausarbeitung eines modernen, präzis formulierten und sozialwissenschaftlich informierten Konzepts des strafrechtlichen Ehrenschutzes bleibt daher ein Desiderat der rechtswissenschaftlichen Arbeit.

II. Die Träger der Ehre

24 **1. Jeder Mensch** hat kraft seines Personseins personale Würde und Ehre als einen Aspekt dieser Würde (Rdn. 2). Infolgedessen sind alle lebenden Menschen beleidigungsfähig, auch Kinder und Geisteskranke (BGHSt. **1** 288; **7** 129, 132; **23** 3; RGSt.

10 372; **27** 368; **67** 110; **70** 246; **73** 116 und 249; **75** 179; RG JW **1935** 526 Nr. 27; *Lackner/Kühl*[25] 2). **Kinder** besitzen Personalität und Geltungswert entsprechend ihrer Altersstufe. Wer einem Kind etwas zumutet, ansinnt, vorwirft, was für ein Kind kein ihm anzulastendes pflichtwidriges Verhalten darstellt, beleidigt es nicht (*Rudolphi* SK 6). Auch derjenige beleidigt ein Kind nicht, der es in ein von Dritten nicht wahrgenommenes Geschehen einbezieht, dessen Sinn es nicht versteht (a. A. wohl RGSt. **60** 34). Wer im Vollbesitz seiner Ehre **geisteskrank** wird, kann in seinem durch die Krankheit geschmälerten, aber auch in seinem für die Vergangenheit fortbestehenden ungeschmälerten Achtungsanspruch verletzt werden (*Welzel* S. 305). Sexualbezogene Handlungen gegen Kinder und Geisteskranke erfüllen nicht ohne weiteres (auch) den Tatbestand der Beleidigung. Er wird vielmehr in aller Regel nicht verwirklicht, weil der Täter entweder einen Geltungsmangel nicht behauptet oder dem Opfer das Verständnis für das Geschehen fehlt. Diese Betrachtungsweise kann zu einer Strafbarkeitslücke bei sexualbezogenen Handlungen führen (vgl. § 184f StGB). „Der Typus des Sexualdelikts ist etwas anderes als Ehrverletzung" (*Graf zu Dohna* DStR 8 41; vgl. auch *Hirsch* Ehre und Beleidigung, S. 61 ff). Zur Frage, ob der Verstorbene noch Ehre hat, vgl. die Anmerkungen zu § 189. Aus § 194 Abs. 3 und Abs. 4 ist zu folgern, dass in den Ehrenschutz Behörden, sonstige Stellen, die Aufgaben der öffentlichen Verwaltung wahrnehmen, Behörden von Kirchen und anderen Religionsgesellschaften des öffentlichen Rechts und politische Körperschaften einbezogen werden. Dabei ist zu berücksichtigen, dass die gegen einzelne Mitglieder, ja sogar die gegen alle Mitglieder gerichtete Beleidigung, nicht ohne weiteres eine Beleidigung der Behörde oder der Körperschaft ist und dass andererseits der Tatbestand der Behörden- oder Körperschaftsbeleidigung das Betroffensein eines jeden Mitglieds nicht erfordert (RGSt. **4** 45; **7** 285; **7** 382; **7** 404; **41** 170; **47** 63; RG JW **1913** 943 und **1914** 369).

2. Die Frage, ob auch **Personengemeinschaften** beleidigt werden können, gehört zu 25
den umstrittensten des Beleidigungsrechts. In RGSt. **70** 140ff gab das Reichsgericht seine restriktive Ansicht auf und bejahte die Beleidigungsfähigkeit von „Personenmehrheiten, die das Recht anerkennt und die mit staatlicher Billigung der Erfüllung öffentlicher Aufgaben zu dienen bestimmt sind". Der Bundesgerichtshof ist noch einen Schritt weitergegangen. In BGHSt. **6** 186ff hat er ausgesprochen, jede Personengemeinschaft, die eine rechtlich anerkannte soziale Funktion erfüllt und einen einheitlichen Willen bilden kann, genieße ohne Rücksicht auf ihren rechtlichen Status Ehrenschutz. Inzwischen ist dieser Schutz z. B. einer „Bank als Kapitalgesellschaft" (OLG Köln NJW **1979** 1723), der „Mannheimer Polizei" (OLG Frankfurt NJW **1977** 1353; vgl. auch BGH StV **1982** 222: Die Entscheidung verneint eine Beleidigung der Nürnberger Polizei aus tatsächlichen, nicht aus rechtlichen Gründen), einer gemeinnützigen Wohnungsbaugesellschaft (BayObLG StV **1982** 576) zuteil geworden. Das Echo auf diese Rechtsprechung ist sehr unterschiedlich.[7] Gegen die passive Beleidigungsfähigkeit von Personengemeinschaften lässt sich vorbringen, dass die von der Rechtsprechung angegebenen Voraussetzungen für die Zuerkennung von „Kollektivehre" kaum eindeutige Ergebnisse zulassen. Die Fähigkeit, einen einheitlichen Willen zu bilden, kann – in der einen oder anderen Form – jede Personengruppierung haben, auch eine Skatrunde, ein Kegelclub oder ein Gesangsverein. Das Erfordernis

---

[7] Zustimmung äußern z. B. *Bruns* NJW **1955** 689; *Geppert* Jura **1983** 537; *Sch/Schröder/Lenckner*[26] 3. Vorbehalte hat z. B. *Arzt* JuS **1982** 718. Ablehnend z. B. *Hirsch* Ehre und Beleidigung, S. 113 ff; *Kaufmann* ZStW **72** (1960) 423 ff; *Krug* S. 203 ff; *Rudolphi* SK 9; *Wagner* JuS **1978** 675 f; *Welzel* S. 306.

der „rechtlich anerkannten Funktion“ eliminiert, was sich ohnehin versteht: Kollektivgebilde, die vom Recht missbilligte Zwecke verfolgen (*Hirsch* Ehre und Beleidigung, S. 106). Die Formeln der Judikatur lassen die Tatbestandsgrenzen weitgehend offen. Sie werden den Anforderungen kaum gerecht, die an die Bestimmtheit der Verbotsmaterie zu stellen sind. Ein weiterer Einwand wird aus dem **Ehrbegriff** selbst gewonnen. Für die Theorie des personalen Geltungswerts (vgl. Rdn. 2, 9) ist die Ehre Attribut des Menschen und Aspekt der Personwürde. Die **„Kollektivehre“** ist eine Erscheinung anderer Art. Sie steht in funktionellem Zusammenhang mit (geschäftlichem) Ansehen, (Firmen-)Ruf, lauterem Wettbewerb, Abwehr von Diskreditierung. Infolgedessen geht es um eine (in § 194 Abs. 3 und Abs. 4 nicht gelöste, nicht einmal aufgeworfene) Frage nach dem Ob und dem Inwieweit einer **Gleichstellung** (vgl. *Hirsch* Ehre und Beleidigung, S. 119ff).

26 Für die Theorie des sozialen Geltungswerts (Rdn. 9ff) ergeben sich dagegen vom Ehrbegriff her keine prinzipiellen Bedenken gegen eine Parallelisierung von Individuum und Personengemeinschaft. Allerdings sind die Einzelheiten auch bei Vertretern dieser Theorie nicht unumstritten (vgl. *Frank* II 4; *Liepmann* VDB Bd. IV [1906] S. 350ff). Die **zivilrechtliche** Judikatur, die Handelsgesellschaften (Kapital- und Personengesellschaften), rechtsfähigen und nichtrechtsfähigen Vereinen (Gewerkschaften, Religions- und Weltanschauungsgemeinschaften) Kollektivehre zubilligt (vgl. BGHZ **78** 24, 26: Ehrenschutz, soweit der „soziale Geltungsanspruch“ einer Kommanditgesellschaft in ihrem Aufgabenbereich betroffen wird; BGHZ **78** 274, 278; BGH NJW **1971** 1655; **1974** 1762; OLG Stuttgart NJW **1976** 628: Ehrenschutz, soweit der Geschäftszweck ihn erfordert), kann im Rahmen des geltenden Strafrechts nicht ohne weiteres rezipiert werden. In dieser Judikatur wird ein Ansehen, Ruf und soziale Geltung, Kreditwürdigkeit und Entfaltungsmöglichkeit umfassender Ehrbegriff zugrunde gelegt (vgl. insbesondere BGHZ **78** 24, 26; OLG Stuttgart aaO 630).

27 Nach dem hier vertretenen Ansatz, der mit der Rechtsprechung personalen und sozialen Geltungswert kombiniert, ist die Beleidigungsfähigkeit von Personengemeinschaften anzuerkennen. Derartige Gemeinschaften sind zwar als solche nicht Träger von (individueller) Würde, wohl aber können sie schutzwürdiges soziales Ansehen genießen, dessen vorsätzliche Verletzung strafrechtlich sanktionierbar ist. Der Gesetzgeber hat diese Möglichkeit in § 194 Abs. 3 und Abs. 4 gesetzlich festgeschrieben (BVerfGE **93** 266, 291; NJW **2000** 3421; krit. *Tröndle/Fischer*[52] 14). Voraussetzung ist, dass die Personengemeinschaft eine anerkannte soziale Funktion erfüllt, einen einheitlichen Willen bilden kann und in ihrer Existenz nicht vom Wechsel ihrer Mitglieder abhängt (h. M., vgl. nur *Lackner/Kühl*[25] 5). Die Rechtsprechung dehnt den Schutz von Personengemeinschaften allerdings teilweise bedenklich weit aus: z. B. auf die Bundeswehr (BGHSt. **36** 88 mit Anm. *Arzt* JZ **1989** 1367; Frankfurt NJW **1989** 1367; zu Recht krit. *Giehring* StV **1992** 194; zusf. *Dau* NJW **1988**, 2650) und auf Parteien und ihre Untergliederungen (Düsseldorf MDR **1979** 692). *Wessels/Hettinger* BT I[28] Rdn. 468 sprechen von „Rechtsfortbildung in malam partem“. Dagegen wurde die Beleidigungsfähigkeit der Polizei im Ganzen abgelehnt (BayObLG NJW **1990** 1742; OLG Düsseldorf StraFo **2003** 316).

28 3. Von der „Kollektivbeleidigung“ (Rdn. 25ff) hebt sich die **Beleidigung unter einer Kollektivbezeichnung** dadurch ab, dass sie nicht die „Ehre“ einer Personenmehrheit angreift, sondern sich gegen die individuelle Ehre (eines Einzelnen, mehrerer oder vieler) richtet (*Rengier* BT II[6] § 28 Rdn. 13). Die Beleidigung unter einer Kollektivbezeichnung wirft stets die Frage auf, wer alles von der Äußerung des Täters betroffen wird. Sie stellt sich nicht, wenn der Täter verbaliter ein Kollektivurteil fällt, das sich nach den situativen Umständen seiner Erklärung oder nach dem Kontext eindeutig nur auf eine bestimmte Person (oder mehrere bestimmte Personen) bezieht (vgl. *Geppert* Jura **1983** 540; *Liepmann* VDB Bd. IV [1906] S. 348). Sieht man von dieser Fallgestaltung ab, dann tritt die Beleidigung unter einer Sammelbezeichnung in folgenden zwei Formen in Erscheinung. Für jede gilt: Eine Art kollektiver Verbundenheit mehrerer Betroffener wird nicht hergestellt. Jeder von ihnen kann nur Strafantrag für sich selbst stellen, weil die Tat sich (auch) gegen ihn persönlich richtet.

a) Die eine Fallgruppe zeichnet sich dadurch aus, dass der Täter seine Äußerung dem Wortlaut nach zwar auf **einen** einzelnen oder **mehrere einzelne** bezieht, jedoch den oder die Gemeinten nicht individuell benennt, sondern nur eine Eigenschaft angibt, die eine weitere Konkretisierung nicht ermöglicht: die Zugehörigkeit zu einem Kollektivgebilde (z. B. einer Behörde, einem Gericht, einem Spruchkörper, einem Regierungsorgan, einer Firmenleitung). Er spricht z. B. von „einem Bundesminister", von „einem Mann der Chefetage". Weil die Bezeichnung, die der Täter gebraucht, auf alle zutrifft, die dem Kollektivgebilde angehören, werden sie alle von der Äußerung betroffen (vgl. die Fallgestaltungen, die Gegenstand der Entscheidungen BGHSt. **14** 48, **19** 235 und RGSt. **23** 246, **52** 159 waren). Der Täter braucht die breite Streuung seiner beleidigenden Äußerung nicht zu beabsichtigen. Es genügt, dass er damit rechnet (BGHSt. **14** 48, 50; **19** 235, 236). Für die Verwirklichung des äußeren Tatbestands gibt es jedoch eine nicht übersteigbare Schranke: Die Sammelbezeichnung muss einen verhältnismäßig kleinen, in bezug auf die Individualität seiner Mitglieder ohne weiteres deutlich **überschaubaren** Personenkreis umfassen. Richtet sich eine Verdächtigung gegen einen Einzelnen (oder gegen mehrere Einzelne) aus einem großen Personenkreis, dann verliert sie sich in der Vielzahl derer, die ihm angehören (BGHSt. **19** 235, 238; KG JR **1978** 423; OLG Düsseldorf MDR **1981** 868; *Geppert* Jura **1983** 539; *Rudolphi* SK 12; *Sch/Schröder/Lenckner*[26] 7b). Für das herabsetzende Werturteil gilt nichts anderes. 29

b) In die zweite Fallgruppe gehören beleidigende Äußerungen, in denen der Täter eine Begrenzung auf einen Einzelnen oder auf mehrere Einzelne nicht vornimmt. Er fällt ein Kollektivurteil und bezieht verbaliter **alle** ein, die der von ihm genannten Personengruppe angehören. Ob sie „von Rechts wegen" alle gemeint sind, hängt nicht nur vom Wortlaut der Äußerung ab. Die kollektive Bezeichnung muss einen Personenkreis erfassen, der sich deutlich aus der Allgemeinheit heraushebt. Wer alles ihm zuzurechnen ist, darf nicht zweifelhaft sein. Aber diese in der Rechtsprechung (BGHSt. **2** 38, 39; **11** 207, 208; RGSt. **68** 120, 124; KG JR **1978** 423) und in der Literatur (vgl. *Geppert* Jura **1983** 538; *Rudolphi* SK 13) verwendeten Formulierungen sind sehr vage (*Arzt* JuS **1982** 719; *Geppert* aaO). Sie hindern nicht, dass die Beleidigung unter einer Kollektivbezeichnung zur Beleidigung einer nicht überschaubaren Personengruppe wird, ohne dass die von der Rechtsprechung aufgestellten Voraussetzungen einer „Kollektivbeleidigung" (vgl. Rdn. 25, 27) Beachtung finden. Diese Ausuferung ist nicht leicht zu durchschauen, weil das Strafantragsrecht den zum Kollektivgebilde gehörenden Einzelnen verbleibt, sie als Beleidigte fungieren. Folgende Überlegungen sind der zu weit gehenden Rechtsprechung (vgl. insbesondere BGHSt. **11** 207; BGHZ **75** 160; RGRspr. **1** 292; RG JW **1932** 3113 Nr. 67) entgegenzusetzen: **Kollektivurteile** (es mag sich um Tatsachenbehauptungen oder Wertungen handeln) übertreiben und stereotypisieren. Doch „höchstens der Vorsatz eines nicht ernst zu nehmenden Fanatikers umfasst … alle", die sich der von ihm genannten Personenmehrheit zuordnen lassen, „ohne Ausnahme" (*Liepmann* VDB Bd. IV [1906] S. 349). Aber zunächst und primär geht es nicht um den Vorsatz, sondern um den objektiven Äußerungswert der 30 pauschalen Verdächtigung oder Herabsetzung. Sie ist ein **Durchschnittsurteil**, eine Verallgemeinerung, bei welcher die individuelle **Ausnahme** stets **miterklärt** ist, wenn die Kollektivbezeichnung eine nicht überschaubare Personenmenge umfasst und infolgedessen eine konkrete Beziehung der Nachrede oder des Werturteils des Täters auf **bestimmte** Personen und nur auf sie nicht erkennbar ist. Es erübrigt sich, dass der Täter ausdrücklich sagt, er mache Ausnahmen (a. A. BayObLG NJW **1953** 554, 555), weil seine Äußerung ohnehin nicht anders zu verstehen ist. Er bezieht sich auf ein Abstraktum. Es bleibt offen, wer von denen, die diesem Abstraktum möglicherweise zugeordnet werden können, zu den „Schafen" und wer zu den „Böcken" gehört. Infolgedessen ist **keiner** von ihnen beleidigt (BayObLG aaO; BayObLGSt. **1958** 34, 35; *Liepmann* VDB Bd. IV [1906] S. 349; *Wagner* JuS **1978** 678; *Welzel* S. 308).

31 Die gegenteilige Auffassung besagt: Wenn der Täter nicht ausdrücklich erklärt, dass er nicht alle meine, auf welche die Kollektivbezeichnung zutrifft, folge aus der Unmöglichkeit der Abgrenzung, dass die beleidigende Äußerung auf jeden bezogen werden kann, auf den die Bezeichnung passt (*Bockelmann* NJW **1953** 554, 555 unter Berufung auf RGRspr. **1** 292; RGSt. **33** 46; **45** 138). Es wird also ein Formerfordernis aufgestellt und von seiner Beachtung die dem Täter günstige Auslegung abhängig gemacht. Aber im Strafrecht muss der Grundsatz gelten: „Dubia in meliorem partem interpretari debent." Das nur auf ein Abstraktum sich beziehende Pauschalurteil klassifiziert nicht, jedenfalls nicht erschöpfend, sondern gibt dem Zweifel Raum, was dem Täter zum Vorteil gereichen muss. Eine umfassende Klassifikation nimmt er lediglich dann vor, wenn seine Etikettierung die Beziehung seiner Äußerung auf bestimmte Personen und nur auf sie erkennbar macht. Das wird nur dort der Fall sein, wo die Kollektivbezeichnung eine kleine, **überschaubare** Personenmehrheit umschreibt. Es zeigt sich eine bis zur Kongruenz gehende strukturelle Nähe der beiden Fallgruppen der Beleidigung unter einer Kollektivbezeichnung (*Arzt* JuS **1982** 719; **aA** OLG Düsseldorf MDR **1981** 868): Die Frage der Individualisierbarkeit (der erkennbaren Beziehung der Äußerung des Täters auf *bestimmte* Personen) ist in beiden Gruppen von ausschlaggebender Bedeutung. Zum **subjektiven** Tatbestand ist noch zu bemerken: Der Täter braucht zwar die Personen, auf die seine Äußerung sich bezieht, weder zu kennen, noch sie sich vorzustellen (RG JW **1928** 806 Nr. 26). Er muss aber wollen oder doch damit rechnen (*Welzel* S. 68), dass seine Behauptung oder herabsetzende Wertung (auch) auf diejenigen Personen bezogen wird, auf die sie nach den für den objektiven Tatbestand geltenden Maßstäben zu beziehen ist (vgl. BGHSt. **14** 48, 50; RGSt. **68** 120, 123). Das kann auch eine Person oder eine bestimmte Anzahl von Personen sein, wenn der Täter sie durch Zusätze zur (im Übrigen abstrakten) Kollektivbezeichnung individualisiert hat (vgl. BayObLGSt. **1958** 34, 36).

32 Die Rechtsprechung hat, wie schon angedeutet (Rdn. 30), in vielen Fällen der Eigenart des **Pauschal-(Durchschnitts-)urteils** und dem Erfordernis, dass die beleidigende Äußerung eine erkennbare Beziehung auf **bestimmte** Personen aufweisen muss, nicht Rechnung getragen. Sie hat eine Beleidigung unter einer Kollektivbezeichnung z. B. bejaht bei herabsetzenden Äußerungen über „das Richtertum Preußens" (RGRspr. **1** 292), über „die Großgrundbesitzer der Provinz Ostpreußen" (RGSt. **33** 46), über „die deutschen Ärzte" (RG JW **1932** 3113 Nr. 67), über „die in Deutschland lebenden Juden, die Opfer der nationalsozialistischen Verfolgungsmaßnahmen waren" (BGHSt. **11** 207, 208; vgl. auch BGHSt. **13** 32, 38; **16** 49, 57; **17** 28, 35; **32** 1, 9; BGH NJW **1952** 1183, 1184; noch weitergehend BGHZ **75** 160ff), über „die Beamten der Schutz- und Kriminalpolizei" (OLG Düsseldorf MDR **1981** 868), über „die Spitze der Großbanken" (OLG Hamm DB **1980** 1250). In einigen dieser Entscheidungen hält die Judikatur nur noch scheinbar daran fest, dass die Beleidigung ein gegen den **Einzelnen** gerichtetes Delikt ist. Die Kritik an ihr (vgl. *Sch/Schröder/Lenckner*[26] 7) ist berechtigt. Die Möglichkeit einer sicheren Zuordnung zu der vom Täter genannten Personenmehrheit ist von der Rechtsprechung z.B. verneint worden bei herabsetzenden Äußerungen über „die an der Entnazifizierung Beteiligten" (BGHSt. **2** 38, 39), über „die Akademiker", über „die Protestanten" (BGHSt. **11** 207, 209), über Justizangehörige („Robenknechte in Moabit und Tegel"; KG JR **1978** 423). Diesen Entscheidungen ist jedenfalls im Ergebnis zuzustimmen.

4. Familienehre? Die Beleidigung ist grundsätzlich ein gegen den Einzelnen gerichtetes Delikt. Das folgt daraus, dass die Ehre in ihrem Kernbereich Teil der Personwürde, Attribut des Menschen ist. „Ehrenschutz", der unter Einbeziehung von Ansehen, sozialer Geltung und anderen Werten Kollektivgebilden zuteil werden soll, kann nur unter besonderen Voraussetzungen gewährt werden (Rdn. 27). Der Gesetzgeber hat bisher eine „Familienehre" als strafrechtlich geschütztes Rechtsgut nicht anerkannt. Er sollte es auch in der Zukunft nicht tun. Die strafwürdigen Fälle lassen sich als Beleidigungen unter einer Kollektivbezeichnung erfassen (BayObLGSt. **1957** 201 = MDR **1958** 264; *Welzel* MDR **1951** 502). Der Bundesgerichtshof hat die Beleidigungsfähigkeit der Familie verneint (BGH NJW **1951** 531 = JZ **1951** 520 mit Anm. *Mezger* = MDR **1951** 500 mit Anm. *Welzel*). Der erkennende Senat hat später auf Anfrage erklärt, dass er an seiner Auffassung festhalte, weil der Kreis der Familie nicht klar abgrenzbar sei und ihr die einheitliche Willensbildung fehle (BGHSt. **6** 186, 192). Es ist also auf Gesichtspunkte abgestellt worden, die auch sonst für die Frage, ob Personengemeinschaften als solche beleidigt werden können, nach der Judikatur von ausschlaggebender Bedeutung sind (Rdn. 25, 27). Die Literatur hat sich nach und nach auf die Seite der Rechtsprechung gestellt, vor allem mit der Erwägung, dass die Familie kein korporativer Verband sei, der als Subjekt mit einheitlicher Willensbildung am sozialen Leben teilnehme.[8] Die Kehrseite der „Familienehre" wäre, das sollte man nicht übersehen, die Familienunehre, eine Art Sippenhaftung (*Hirsch* Ehre und Beleidigung, S. 99). Aus Überlegungen, die auf den konkreten Familienzusammenhang abstellen, „der die selbständige Familienehre als eine soziale Wirklichkeit" erscheinen lasse, wenn er „in fester Organisation eine unerschütterliche Einheit mit ursprünglich bewegender und formender Kraft offenbart" (so LK[8] III 1 der Vorbemerkungen), oder die den „existentiellen Charakter" der Familie betonen (*Kaufmann* ZStW **72** [1960] 441), lassen sich ebenso wenig brauchbare rechtliche Kriterien gewinnen wie aus der in „völkischer Zeit" getroffenen Feststellung, dass „der Schimpf, den ein Mitglied erleidet, die Gemeinschaft trifft" (RGSt. **70** 97). Ein Jahr später hat das Reichsgericht allerdings nüchtern bemerkt, dass es eine den Mitgliedern einer Familie als Mehrheit zustehende Familienehre stets abgelehnt habe und dass kein Anlass bestünde, von dieser Judikatur abzuweichen (RG JW **1937** 1331 Nr. 30). 33

III. Mittelbare Beleidigung?

Eine herabsetzende Äußerung kann nicht nur in Fällen der Beleidigung unter einer Kollektivbezeichnung mehrere Personen treffen. Wer einen anderen „Hurensohn" nennt, beleidigt ihn und seine Mutter und zwar unmittelbar: Ihm wird durch diese 34

[8] In Auswahl: *Tröndle/Fischer*[52] 13; *Geppert* Jura **1983** 538; *Hirsch* Ehre und Beleidigung, S. 98; *Rudolphi* SK 10; *Sch/Schröder/Lenckner*[26] 4; *Welzel* S. 306; anders z. B. *Kaufmann* ZStW **72** (1960) 441.

Äußerung gesagt, er sei ein „verkommener Bengel". Das Attribut, das der Mutter zuteil wird, bedarf keiner Explikation. Es ist falsch, in Fallgestaltungen, die dem Beispiel entsprechen, den Begriff der „mittelbaren Beleidigung" zu verwenden. Auch der Begriff der „indirekten Beleidigung" (*Hirsch* Ehre und Beleidigung, S. 65 Anm. 47) ist irreführend. Sieht man von den sachlichen Bedenken gegen die Konstruktion zunächst einmal ab, dann kann von „mittelbarer Beleidigung" dort gesprochen werden, wo ein Geschehen sich zwar zwischen dem Täter und X abspielt, aber sich (auch oder nur) gegen den im „Kundgabeakt" nicht angesprochenen Y „als Herabsetzung seiner Geltung" (BGHSt. **16** 58, 60) auswirkt. In praxi ging es vor allem um Fälle des Ehebruchs, um sexualbezogene Handlungen gegenüber und mit einer verheirateten Frau und um Eingriffe in das elterliche Personensorgerecht (oder um Sachverhalte, die als Missachtung dieses Rechts angesehen wurden). Die rechtliche Problematik wird überspielt, wenn in solchen Fällen in Übernahme der Terminologie des Reichsgerichts (vgl. RGSt. **70** 248; RG JW **1937** 1331 Nr. 30; **1939** 543 Nr. 9) von einer „unmittelbaren" Beleidigung des unbeteiligten Ehegatten oder des Personensorgeberechtigten die Rede ist. Die Entscheidung BayObLGSt. **1957** 200 (= MDR **1958** 264) spricht in Würdigung eines Sachverhalts, der Modellcharakter hat, ausdrücklich von „mittelbarer Beleidigung". Sie ist ein Relikt der iniuria mediata, nach welcher der Hausvater (Ehemann) durch „Injuriierung" seines Kindes oder Ehefrau in seinen Rechten oder in seinem sozialen Geltungswert (Ansehen) verletzt gesehen wurde (*Hirsch* Ehre und Beleidigung, S. 65; *Jescheck* GA **1956** 110; *Mommsen* Römisches Strafrecht – Nachdruck der Ausgabe von 1899 – S. 786 und 798).

35 Die Rechtsprechung sah im **Ehebruch** früher regelmäßig eine „Ehrenkränkung" des unbeteiligten Ehegatten. In praxi ging es um die „Ehre" des Mannes (RGSt. **65** 1; **75** 259; BGH NJW **1952** 476). Man nahm aber an, dass der Ehebruch in § 172 (die Vorschrift ist durch das Erste Strafrechtsreformgesetz v. 25. 6. 1969 aufgehoben worden) eine spezielle Regelung erfahren habe, die § 185 gewöhnlich verdränge und eine Bestrafung (auch) wegen Beleidigung nur zulasse, wenn sich eine (weitere) Ehrenkränkung des unbeteiligten Ehepartners aus besonderen begleitenden Umständen oder aus Sachverhaltselementen ergab, die zwar mit dem Ehebruch verbunden waren, aber für den Tatbestand keine Rolle spielten (vgl. RGSt. **65** 2; **75** 151; **75** 260). Der Ehebruch als solcher konnte nur dann unter dem rechtlichen Gesichtspunkt der Beleidigung verfolgt werden, wenn der „verletzte" Ehegatte kein Scheidungsrecht erlangt hatte (vgl. RGSt. **75** 260; BayObLGSt. **1962** 43 = GA **1963** 20). Die Verfolgung war also ausgeschlossen, wenn die Ehe wegen Ehebruchs geschieden wurde oder wenn der unbeteiligte Ehegatte ein Scheidungsrecht hatte und es nicht ausübte (RGSt. **74** 380; BGH NJW **1952** 476). Der „Ehrenschutz" des Ehemannes wurde ausgeweitet. Er wurde als Betroffener bei allen gegenüber und mit der Ehefrau begangenen unsittlichen Handlungen angesehen. Man verstieg sich sogar zu der These, dass nach deutscher Familienauffassung jeder, der die Ehre einer Frau antaste, zugleich die des Ehemannes verletze (RGSt. **70** 97; **70** 175). Das Einverständnis der Ehefrau, ihre „mittäterschaftliche" Beteiligung störte nicht. Man nahm an, ihr Einverständnis lasse den Tatbestand unberührt und rechtfertige lediglich ihr gegenüber (RGSt aaO; *Hirsch* Ehre und Beleidigung, S. 68 Anm. 52a). Auch nach 1945 fuhr man, allerdings unter Beachtung des Grundsatzes der Gleichberechtigung, dort fort, wo das Reichsgericht aufgehört hatte. In der Judikatur (BGH NJW **1952** 476; BayObLGSt. **1957** 200; **1962** 41 = GA **1963** 20; OLG Zweibrücken NJW **1971** 1225) wurde die Ansicht vertreten, der Ehebruch oder eine sexuelle (sexualbezogene) Handlung beleidige den nicht beteiligten Ehegatten ohne weiteres oder jedenfalls bei Hinzutreten **besonderer Umstände** (z. B. bei Ehebruch in dessen ehelicher Wohnung).

Dieser Ansicht kann nicht zugestimmt werden. Die Zweifel, die in BayObLGSt. **1962** 43 an der Strafbarkeit der Fälle geäußert werden, in welchen der beteiligte Ehegatte mit dem, was geschieht, einverstanden ist, sind nur allzu berechtigt. Aber es geht nicht nur um Zweifel in solchen Fällen. Wer „die eheliche Gemeinschaft in ihrem Wesensgehalt" durch sexuelle oder sexualbezogene Handlungen (vgl. § 184f Nr. 1) gegenüber oder mit einer verheirateten Frau (wegen der Überlieferung und zur sprachlichen Vereinfachung wird auf sie abgestellt) „antastet" (so BayObLGSt. **1957** 200), der bekundet durch ein solches „Antasten" in gar keinem Falle einen Mangel an personalem Geltungswert des Mannes dieser Frau. Er wirft ihm weder die Verletzung einer (sozial-)ethischen Pflicht noch eine elementare menschliche Unzulänglichkeit vor. Es mag sein, dass er „das Wesen der Ehe" und die ideelle Persönlichkeitssphäre des anderen nicht respektiert oder dass er ihn kränkt (ihm seelischen Schmerz zufügt), aber er **beleidigt** ihn **nicht**. Und aus **„besonderen Umständen"** kann sich eine Beleidigung nur ergeben, wenn der Ehestörer durch sie einen Mangel an Achtung zum Ausdruck bringt. Das tut er nicht schon deshalb, weil er den ehebrecherischen Akt in der Wohnung des hintergangenen Mannes vollzieht. Er verletzt allenfalls dessen Hausrecht (**aA** OLG Zweibrücken NJW **1971** 1225). Die besonderen Umstände als solche müssen das Handlungsunrecht der Beleidigung vollständig enthalten. Wer anderer Meinung ist, sollte wenigstens aus der Aufhebung des § 172 die Konsequenzen ziehen: Die Tatsache, dass der Ehebruch nicht mehr mit Strafe bedroht ist, legt die Folgerung nahe, dass eine lückenfüllende Funktion des § 185 (die Vorschrift hat einen höheren Strafrahmen als die aufgehobene Bestimmung) auf dem „Sektor" des Ehebruchs eine Verkehrung des Willens des Gesetzgebers zur Entpönalisierung bedeuten würde. Was für den Ehebruch gilt, muss auch für sexuelle Handlungen von „minderer Qualität" gelten: § 185 kann nicht dazu dienen, durch Ausweitung des Schutzes der Ehre als Eheschutz zu fungieren. Die hier vertretene Auffassung hat sich weitgehend durchgesetzt (vgl. *Geppert* Jura **1983** 589; *Hirsch* Ehre und Beleidigung, S. 66ff; *Rudolphi* SK 17; *Sch/Schröder/Lenckner*[26] § 185 Rdn. 4a). Zur neueren Rechtsprechung vgl. § 185 Rdn. 30, 31. 36

Der **elterliche Personensorgeberechtigte** sollte insbesondere durch sexuelle (§ 184f Nr. 1) oder sexualbezogene Handlungen, die ein Dritter an bzw. mit seinem Kind vornimmt, beleidigt sein, wenn der Täter „wegen der besonderen Gestaltung der Tatumstände gleichzeitig das Ansehen der Eltern missachtet" und dem Täter das bewusst ist (BGHSt. **16** 58, 60; vgl. auch BGHSt. **7** 129, 131; BGH NJW **1951** 531 = JZ **1951** 520 mit Anm. *Mezger* = MDR **1951** 500 mit Anm. *Welzel*; OLG Hamm NJW **1972** 883 mit erfreulich restriktiver Tendenz). Eine Beleidigung des Personensorgeberechtigten sollte aber auch in Betracht kommen, wenn der Täter zwar keine „geschlechtsbezogenen" Handlungen vornimmt, aber in Gegenwart des Personensorgeberechtigten (auf seine Präsenz wird durchaus nicht immer abgestellt) „das Erziehungsrecht missachtet" (BGHSt. **16** 58, 60; OLG Koblenz NJW **1955** 602 Nr. 2).[9] Es ist in der Judikatur auch die Rede von „Mißachtung des Elternrechts", des „Erziehungs- und Beaufsichtigungsrechts" (BGHSt. **7** 129, 131), des „Erziehungswerks der besorgten Eltern" (BGH NJW **1951** 531). Das alles ist in der Tat **„ganz uferlos"** (*Hirsch* Ehre und Be- 37

[9] Weitere Judikatur: RGSt. **70** 248; **74** 204; RG JW **1937** 1331 Nr. 30; **1938** 790 Nr. 6; **1939** 543 Nr. 9; RG DR **1939** 233; BayObLGSt. **1957** 200 = MDR **1958** 264 (die Entscheidung hält den Vater eines 17 Jahre alten Mädchens für beleidigt, weil die Angeklagte diesem Mädchen vorhielt, es „sei schon eingesperrt gewesen und laufe den Amerikanern und Negern nach". Dieser Äußerung lasse sich der Vorwurf einer Vernachlässigung der Erziehungspflicht des Vaters entnehmen).

leidigung, S. 64), weit über den Rahmen des Beleidigungsrechts hinausgehend (*Jescheck* GA **1956** 110), „illegitim" (*Welzel* MDR **1951** 502). Eine Verurteilung wegen Beleidigung des elterlichen Personensorgeberechtigten scheidet nicht nur aus subjektiven Gründen aus, weil „ein Täter, der den Erziehungsberechtigten nicht kennt, in aller Regel nicht daran denkt, dass er auch eine Missachtung der Eltern ... zum Ausdruck bringt" (BGHSt. **16** 58, 61). Sie kommt nicht in Betracht, weil dem Erziehungsberechtigten dadurch, dass ein anderer sich über ein „ausschließliches Recht" (OLG Koblenz aaO) hinwegsetzt, das „Erziehungswerk in Frage stellt" (RG JW **1938** 790 Nr. 6, ähnlich RG JW **1939** 543 Nr. 9), nichts an personalem Geltungswert abgesprochen wird. Die abweichende Auffassung lässt den Tatbestand der Beleidigung an Stelle eines Tatbestands (der Beeinträchtigung des Personensorgerechts und des elterlichen Erziehungswerks) fungieren, den es nicht gibt. Das Bemühen um eine Restriktion der ausgeuferten Rechtsprechung (vgl. BGHSt. **16** 58, 60, 62; OLG Hamm NJW **1972** 883) sollte zu ihrer Aufgabe führen. Wo eine echte Strafbarkeitslücke unter dem Gesichtspunkt des Schutzes des Kindes besteht, da mag der Gesetzgeber für Abhilfe sorgen. Für die Kränkung „des berechtigten Selbstgefühls" des Vaters, dessen achtjähriger Sohn in seiner Gegenwart von der Lehrerin eine Ohrfeige erhält, weil er log (OLG Koblenz aaO), genügt es, das Zivilrecht zu bemühen. Die hier in Übereinstimmung mit *Hirsch*, *Jescheck* und *Welzel* vertretene Auffassung ist heute h.M. (vgl. BayObLGSt. **1986** 91, 92; *Rudolphi* SK 16 und 17; *Sch/Schröder/Lenckner*[26] § 185 Rdn. 4b; *Tenckhoff* Bedeutung des Ehrbegriffs, S. 44).

IV. Neue Fragestellungen

38 In den letzten Jahren sind im Zusammenhang mit den Ehrdelikten neue Fragestellungen aufgetaucht. Ein erstes Problem betrifft die **neue Heterogenität der Ehrvorstellungen**. Wertewandel, Pluralisierung der Gesellschaft und Immigration haben dazu geführt, dass auf dem Gebiet der Bundesrepublik Deutschland heute ganz unterschiedliche Ehrvorstellungen anzutreffen sind. Während man noch bis in die 1970er Jahre hinein davon ausgehen konnte, über Leitbegriffe wie den „personalen Geltungswert" eines Menschen jedenfalls hinsichtlich konkret ehrverletzender Handlungen meist relativ rasch Einigkeit zu erzielen, hat sich die Situation heute gründlich gewandelt. Abweichende Ehrvorstellungen lassen sich nicht mehr als „feudale Restvorstellungen" marginalisieren oder gar als „Verbrecherehre" usw. a priori abwerten. Vor allem in der türkisch geprägten Bevölkerung Deutschlands finden sich besondere Ehrvorstellungen, die gerade auch von jüngeren Menschen aktiv gelebt und verteidigt werden, im Extremfall bis hin zu „Ehrenmorden" an denen, die sich diesen Vorstellungen nicht fügen wollten (dies wird bislang vor allem im Kontext der „niedrigen Beweggründe" bei § 211 diskutiert, vgl. BGH NStZ **2004** 332; NStZ **2002** 369; StV **1994** 182; NJW **1980** 537). Ob und inwieweit die Rechtsprechung diese besonderen Ehrvorstellungen berücksichtigen kann, ist noch nicht geklärt. Denkbar erscheint einerseits, einen individuellen bzw. gruppenspezifischen Maßstab anzulegen, der im Extremfall sogar einer besonderen „Ehrempfindlichkeit" Einzelner Rechnung tragen könnte. Andererseits ließe sich unter Rückgriff auf eine (allerdings noch näher zu präzisierende) „Leitkultur" auch der Versuch unternehmen, die Fiktion einer grundsätzlichen Homogenität der Ehrvorstellungen aufrechtzuerhalten. Diese Fragen sind in der Wissenschaft noch nicht ausreichend diskutiert worden. Nach der hier vertretenen dualistischen Ehrkonzeption ist der von der Menschenwürde geprägte Kerngehalt der Ehre (vgl. oben Rdn. 21) kulturunabhängig und steht in Form des „personalen

Geltungswerts" jedem mit grundsätzlich gleichem Inhalt und in gleichem Umfang zu. Dagegen erlaubt die Figur des primär gesellschaftlich geprägten „sozialen Geltungswerts", auch Ehrvorstellungen zu berücksichtigen, die von den Vorstellungen der deutschen Mehrheit abweichen, soweit sie nicht wesentlichen Vorgaben des Grundgesetzes (z. B. Art. 3 GG) zuwiderlaufen (Grundrechtsvorgaben als Minimalmaßstab). Auf diese Weise lässt sich auch Angehörigen fremder Kulturkreise ein angemessener Ehrenschutz gewähren. Äußerungen, die zwischen den Betroffenen (d. h. „Täter" und „Opfer") nicht als ehrenrührig gelten, erfüllen nicht den Tatbestand der Beleidigung, auch wenn sie nach den in der Gesellschaft vorherrschenden Ehrvorstellungen beleidigend sind.

Ein anderer neuartiger Problemkreis, der im Grundsatz alle Beleidigungstatbe- **39**
stände betrifft, ist die **Beleidigung im Internet**. Problematisch ist zunächst der Anwendungsbereich des deutschen Strafrechts: Wird eine beleidigende Äußerung irgendwo auf der Welt online gestellt, so ist sie im Grundsatz in sämtlichen Staaten, darunter auch in Deutschland, empfangbar. Da § 185 wegen des Zugangserfordernisses (*Wessels/Hettinger* BT I[28] Rdn. 487) ein Erfolgsdelikt ist, ist der Erfolgsort (§§ 3, 9 Abs. 1 Var. 3) derartiger Beleidigungsdelikte (auch) Deutschland. Um nicht in jedem Fall deutsches Strafrecht zur Anwendung bringen zu müssen, ist hier zusätzlich eine **territoriale Spezifizierung** zu fordern, d. h. das Delikt muss einen besonderen Bezug zu Deutschland aufweisen. In Frage kommen etwa die Verwendung der deutschen Sprache oder die Intention des Täters, gerade in Deutschland zu wirken, sofern diese Intention objektiv nachweisbar ist. Bei abstrakten Gefährdungsdelikten wie den §§ 186, 187 gibt es dagegen keinen tatbestandsmäßigen Erfolg i. S. v. § 9 Abs. 1 Var. 3, so dass zur Tatortbestimmung allein auf den Handlungsort abzustellen ist (näher zum Ganzen *Hilgendorf* NJW **1997** 1873; *Hilgendorf/Frank/Valerius* Computer- und Internetstrafrecht [2005] Rdn. 230 ff).

Ein verwandtes Problem stellt sich mit Blick auf die Legitimation staatlicher **40**
Strafe, wenn der Täter von einem Land aus gehandelt hat, in dem entsprechende Publikationen erlaubt sind. Besonders virulent wird dieses Problem bei der (in Deutschland nach h. M. beleidigenden) Leugnung der nationalsozialistischen Verbrechen gegen die Juden. Hier wird teilweise die deutsche Jurisdiktion von vornherein verneint (*Kubiciel/Winter* ZStW **113** [2001] 305, 327), doch wird man richtigerweise auch hier deutsches Strafrecht zur Anwendung bringen können, sofern die Tat einen besonderen Bezug zu Deutschland aufweist (zu weitgehend allerdings BGHSt. **46** 224; vgl. auch *Hilgendorf* ZStW **113** [2001] 650). Gerade bei den Beleidigungsdelikten im Internet ist die Möglichkeit eines Verbotsirrtums besonders sorgfältig zu prüfen (*Valerius* NStZ **2003** 345).

Sonderprobleme stellen sich schließlich bei kränkenden Äußerungen in Chat- **41**
Räumen, E-Mail in geschlossenen Benutzergruppen und bei anderen besonderen Kommunikationsformen des Internet. Viele Nutzer bleiben hier anonym oder agieren unter einem Pseudonym, so dass die Frage nach dem Beleidigungsadressaten problematisch erscheint. Zudem muss in besonderem Maße den spezifischen Umgangsformen der einschlägigen Nutzerkreise Rechnung getragen werden (näher *Hilgendorf/Frank/Valerius* aaO Rdn. 524 f).

V. Das Verhältnis der Beleidigungstatbestände zueinander

Rechtsgut aller Tatbestände des 14. Abschnitts mit Ausnahme der Kreditgefähr- **42**
dung (§ 187 Var. 3) ist die **Ehre**. Darüber ist man sich, wenn man § 189 („Verunglimp-

fung des Andenkens Verstorbener") außer Betracht lässt, einig (Rdn. 1). In der Nichtachtung oder Missachtung des aus der Ehre fließenden Achtungsanspruchs liegt die **substantielle Gleichheit** des tatbestandsmäßigen Verhaltens und seines Effekts in Fällen der einfachen Beleidigung (§ 185), der üblen Nachrede (§ 186) und der Verleumdung (§ 187). Die Tatbestände differieren allerdings in der Verbotsmaterie, um das Rechtsgut „Ehre" und das Handlungsobjekt „Achtungsanspruch" gegen unterschiedliche Angriffsweisen zu schützen, und damit im Handlungs- und Erfolgsunrecht. § 185 bedroht mit Strafe herabsetzende Meinungsäußerungen und Werturteile ganz allgemein, Tatsachenbehauptungen nur, wenn sie gegenüber dem Betroffenen selbst (und nur ihm gegenüber) abgegeben worden sind. § 186 richtet sich gegen das für den Achtungsanspruch besonders gefährliche Behaupten und Verbreiten ehrenrühriger Tatsachen „in Beziehung auf einen anderen", also in Beziehung auf j12

einen, der mit dem Empfänger der Äußerung nicht identisch ist. Auch für die qualifizierenden Tatbestände der §§ 187, 188 kommen nur „in Beziehung auf einen anderen" behauptete oder verbreitete Tatsachen in Betracht.

43 Aus der substantiellen Gleichheit von Rechtsgut und Angriffsobjekt folgt: Der in unspezifischer Weise nur von „Beleidigung" sprechende **§ 185 Var. 1** ist Grund- und Auffangtatbestand, **lex generalis**. Ist ein das Handlungsunrecht präziser beschreibender Tatbestand (§ 186 oder § 187) erfüllt, wird die einfache Beleidigung verdrängt. Das ist auch sachgerecht. Ehrenrührige Tatsachenbehauptungen, die zugleich an den Betroffenen und an Dritte gerichtet sind, enthalten kein gesteigertes Unrecht. Sie ermöglichen dem Betroffenen die sofortige Reaktion (*Hirsch* Ehre und Beleidigung, S. 219 Anm. 19). Werturteile, die nur verbal zum Ausdruck bringen, was eine Tatsachenbehauptung ohnehin impliziert, erhöhen nicht den Unrechtsgehalt des Täterverhaltens, sind infolgedessen für die Subsumtion ohne Bedeutung. Haben allerdings Tatsachenbehauptung und Werturteil, die im Zusammenhang einer Handlung geäußert werden, eigenständige Bedeutung (weil das Werturteil weder den Akzent setzt noch eine offengelegte Implikation darstellt – vgl. BGHSt. **12** 287, 292), dann lässt sich die Verschärfung des Ehrangriffs sachgerecht durch Annahme von Idealkonkurrenz erfassen (für Kumulation im Rahmen der Strafzumessung *Herdegen* Voraufl. 30; *Hirsch* Ehre und Beleidigung, S. 145 f und S. 238 Anm. 74).

Die Rechtsprechung sieht die Dinge ähnlich. Sie nimmt ebenfalls an, dass § 186
44 (§ 187) als spezielleres Gesetz § 185 grundsätzlich zurücktreten lässt. **Idealkonkurrenz** liege aber vor, wenn eine einheitliche Kundgebung die Behauptung ehrenrühriger Tatsachen und zugleich „nicht oder nicht ausschließlich daraus ableitbare" (BGHSt. **12** 287, 292), „davon verschiedene" (RGSt. **65** 358, 359; BayObLGSt. **1962** 48, 50 = NJW **1962** 1120) herabsetzende Werturteile enthält. Anders als hier in Rdn. 43 vorgeschlagen soll Idealkonkurrenz auch dann vorliegen, wenn die ehrenrührige Tatsachenbehauptung nicht nur gegenüber Dritten, sondern auch gegenüber dem Betroffenen abgegeben wird (RGSt. **41** 61, 66; **65** 358, 359; BayObLG aaO; OLG Celle GA **1960** 24). Tateinheitliches Zusammentreffen darf allerdings nicht angenommen werden, wenn der Täter mit der (sich realisierenden) Möglichkeit rechnet, dass der Betroffene außerhalb des Erklärungsakts von seiner Behauptung Kenntnis erlangt (BayObLG aaO 51; OLG Celle aaO; ebenso Tröndle/*Fischer*[52] § 185 Rdn. 20; *Sch/Schröder/Lenckner*[26] § 186 Rdn. 21).

§ 185
Beleidigung

Die Beleidigung wird mit Freiheitsstrafe bis zu einem Jahr oder mit Geldstrafe und, wenn die Beleidigung mittels einer Tätlichkeit begangen wird, mit Freiheitsstrafe bis zu zwei Jahren oder mit Geldstrafe bestraft.

Schrifttum

Arzt Der strafrechtliche Schutz der Intimsphäre (1970); *ders.* Der strafrechtliche Ehrenschutz – Theorie und praktische Bedeutung, JuS **1982** 717; *Bitzilekis* Der Tatsachenbegriff im Strafrecht, Festschrift für Hans Joachim Hirsch (1999) 29; *Geppert* Zur Systematik der Beleidigungsdelikte und zur Bedeutung des Wahrheitsbeweises im Rahmen der §§ 185ff StGB, Jura **2002** 820; *Gillen* Das Verhältnis von Ehren- und Privatsphärenschutz im Strafrecht (1999); *Hellmer* Beleidigung und Intimsphäre, GA **1963** 129; *Hilgendorf* Tatsachenaussagen und Werturteile im Strafrecht (1998); *Hillenkamp* Zur Reichweite der Beleidigungstatbestände, Festschrift für Hans Joachim Hirsch (1999) 555; *Hirsch* Ehre und Beleidigung (1967); *Ignor* Der Straftatbestand der Beleidigung (1995); *Küpper* Grundprobleme der Beleidigungsdelikte, JA **1985** 453; *Lüthge-Bartolomäus* Schluß mit der Lückenbüßerfunktion des § 185 auf dem Gebiet von Sitte und Anstand, MDR **1975** 815; *Peglau* Der Schutz des allgemeinen Persönlichkeitsrechts durch das Strafrecht (1997); *Schendzielorz* Umfang und Grenzen der straffreien Beleidigungssphäre (1993); *Schmid* Zum Ehrenschutz bei Tatsachenbehauptungen gegenüber dem Betroffenen, MDR **1981** 15; *Sendler* Bereicherung oder Vergiftung der politischen Auseinandersetzung?, NJ **1997**, 57; *Stegmann* Tatsachenbehauptung und Werturteil in der deutschen und französischen Presse (2004); *Tenckhoff* Grundfälle zum Beleidigungsrecht, JuS **1988** 199, 457, 621, 793; **1989** 35, 198; *Tettinger* Die Ehre – ein ungeschütztes Verfassungsgut? (1995); *ders.* Das Recht der persönlichen Ehre in der Wertordnung des Grundgesetzes, JuS **1997** 769; *Wenzel* Tatsachenbehauptungen und Meinungsäußerungen, NJW **1968** 2353; *Zechlin* Kunstfreiheit, Strafrecht und Satire, NJW **1984** 1091. Vgl. auch die Angaben vor der Übersicht zu den Vorbemerkungen.

Übersicht

I. Der objektive Tatbestand

1. Unrechtsgehalt und Handlungsmodalitäten. Die (einfache) „Beleidigung", die **1**
§ 185 mit Strafe bedroht, ist nach einer vielgebrauchten Formel als Angriff auf die

Ehre eines anderen durch vorsätzliche Kundgabe der Missachtung, Geringschätzung oder Nichtachtung zu umschreiben (BGHSt. **16** 58, 63; BGH NStZ **1984** 216; RGSt. **40** 416; **71** 159, 160; BayObLGSt. **1980** 32; **1983** 32, 34). Diese Formel muss verdeutlicht, ihr Geltungsbereich präzisiert werden. Der Angriff auf die Ehre besteht im Zuwiderhandeln gegen den **verdienten Achtungsanspruch,** der sich aus *ihr* ableitet, *ihre* Folge ist (Rdn. 1 vor § 185). Infolgedessen verlangt die Kundgabe der Missachtung, Geringschätzung oder Nichtachtung eine Äußerung, die dem Betroffenen einen nicht vorhandenen Mangel an personalem Geltungswert ausdrücklich oder in Form einer Implikation nachsagt. Es ist unrichtig, zumindest irreführend, wenn der Angriff auf die Ehre mit „Mißachtung der dem Menschen unverlierbar von Geburt an zuteilgewordenen Personenwürde" (BGHSt. **11** 67, 71), mit „Mißachtung der Person" oder „der Persönlichkeit" (BGHSt. **9** 17, 18; BGH NStZ **1987** 21, 22; **1988** 69; vgl. auch BGHSt. **1** 288, 289; **7** 129, 130) oder mit „Belastung des Persönlichkeitsbildes" (BayObLGSt. **1957** 200, 201) gleichgesetzt wird. Missachtung, Geringschätzung oder Nichtachtung können durch Meinungsäußerungen, Werturteile oder durch Behaupten (Verbreiten) von Tatsachen zum Ausdruck gebracht werden. § 185 kommt aber nicht zur Anwendung, wenn eine Tatsachenbehauptung nur oder auch gegenüber Dritten vorgebracht worden ist (*Rudolphi* SK 2; *Sch/Schröder/Lenckner*[26] 1). Zwar bekundet der Täter auch in einem solchen Falle entweder eigene Missachtung oder eigene Nichtachtung durch Ermöglichung fremder Missachtung. Aber die in den Vorschriften der §§ 186, 187 besonders vertypte Angriffsweise lässt diese Bestimmungen als speziellere Gesetze erscheinen. § 185 tritt zurück (Rdn. 43, 44 Vor § 185; *Rudolphi* SK Vor § 185 Rdn. 20 und 21, § 185 Rdn. 2, § 186 Rdn. 1).

2 **2.** Es gilt zunächst, Tatsachen (Rdn. 4) von Tatsachenbehauptungen, also Behauptungen *über* Tatsachen, zu unterscheiden (*Hilgendorf* S. 113). Des Weiteren müssen **Tatsachenbehauptungen** einerseits, **Werturteile** und **Meinungsäußerungen** andererseits voneinander abgegrenzt werden. Denn für die Subsumtion ist entscheidend, welcher Kategorie eine Kundgabe von Missachtung, Geringschätzung oder Nichtachtung zuzuordnen ist, wenn nicht oder nicht nur der Betroffene Adressat der Kundgabe war (Rdn. 1). Doch gibt es noch weitere Gründe. Drei davon sollen erwähnt werden: (1.) Durch Art. 5 Abs. 1 S. 1 GG wird zwar ein Grundrecht auf freie Äußerung der Meinung, nicht aber auf freies Behaupten und Verbreiten von Tatsachen gewährt. Selbst wenn man Tatsachenbehauptungen den grundrechtlichen Schutz nicht völlig versagt (vgl. BVerfGE **54** 208, 219; **61** 1, 7 ff), ist er für sie nur von vergleichsweise geringer Bedeutung. (2.) Für das Gewicht des Schuldvorwurfs ist es nicht gleichgültig, ob der Täter lediglich etwas gemeint, seine subjektive Einstellung zur Person oder zum Verhalten eines anderen zum Ausdruck gebracht oder ob er Tatsachen behauptet hat. Das Behaupten von unwahren oder nicht erweislich wahren, ehrenrührigen Tatsachen ist die gefährlichste Art des Angriffs auf die Ehre, wenn (auch) Dritte Äußerungsadressaten sind. Das deskriptive Urteil „in Beziehung auf einen anderen" (§§ 186, 187) nimmt für sich Objektivität und Verifizierbarkeit in Anspruch. Tatsachen sprechen für sich. Wer ehrenrührige Sachverhalte behauptet, ermöglicht dem Aussageempfänger die faktengestützte Missachtung. (3.) Der Beweis der Wahrheit kommt nur für Fakten in Betracht. Aus ihnen kann sich dann allerdings die Richtigkeit einer Meinung oder eines Werturteils ergeben.

3 Wer etwas **meint**, bezieht Stellung, gibt ein problematisches Urteil ab, weil seine Erkenntnisgrundlage das Maß an Sicherheit nicht bietet, das nach der Lebenserfahrung für ein Wissen über etwas erforderlich ist oder weil seiner Konklusion das Risiko des Fehlgehens anhaftet. Weiß er das, besteht Kongruenz zwischen objektiver und subjektiver Fragwürdigkeit des Meinens. **Werturteile** sind geistige Akte, in denen einem Objekt (im weitesten Sinne) Eigenschaften beigelegt werden, die nicht (nur) deskriptiv, sondern evaluativ sind (es wird z. B. ein Vorgang als strafrechtlich relevant eingestuft; vgl. BGH NJW **1982** 2246, 2247) und die häufig eine subjektive Beziehung (insbesondere ein Gefühlsverhältnis) des Urteilenden zum Objekt ausdrücken. Meinungsäußerungen als Akte des Stellungnehmens, Fürwahrhaltens oder Dafürhaltens und Werturteile als Akte subjektiven, in Aussageform gekleideten Bewertens (vgl. *Engisch* Lange-Festschrift, S. 404 f), sind ineinander übergehende Erscheinungen. Die Begriffe, die diese Erscheinungen bezeichnen, sind in der Regel austauschbar (vgl. BVerfGE **61** 1, 7; BGHSt. **12** 287, 291; RGSt. **64** 10, 12; **67** 2). Die Abhebung von den Tatsachenbehauptungen kann im Einzelfall schwierig sein. Denn die Akte des Stellungnehmens und der „Objektivierung" von Vorstellungen und Gefühlen in Eigenschaftszuschreibungen schließen häufig feststellende Urteile in sich, weil sie sich auf Sachverhalte (im weitesten Sinne) beziehen, auf deskriptive Voraussetzungen stützen (vgl. Rdn. 6). Diese Akte können in Worten, aber auch in symbolischen Handlungen (Tippen an die Stirn; Anspucken), in bildlichen Darstellungen (Karikaturen) und in Tätlichkeiten vollzogen werden (vgl. *Wessels/Hettinger* BT I[28] Rdn. 508).

Auf die Frage, was als **„Tatsache"** Erklärungsinhalt einer ehrenrührigen Tatsa- 4
chenbehauptung sein kann, hat die Rechtsprechung konstant folgende Antwort gegeben: „Der Begriff der Tatsache setzt etwas Geschehenes oder etwas Bestehendes voraus, das zur Erscheinung gelangt und in die Wirklichkeit getreten ist und das daher dem Beweise zugänglich ist, (RGSt. **41** 193; **55** 129, 131; BGH NJW **1994** 2614; BGH NJW **1998** 3047 mit Anm. *Dietlein* JR **1999** 246; OLG Brandenburg NJW **1996** 1002 und NJW **1999** 3339; BayObLG JZ **2001** 717 mit Anm. *Otto*; vgl. auch *Hilgendorf* S. 114). Auch innere Vorgänge und Zustände können unter den Begriff fallen, aber nur dann, wenn sie in erkennbare Beziehung gesetzt werden zu bestimmten äußeren Geschehnissen, durch die sie in das Gebiet der wahrnehmbaren äußeren Welt getreten sind (RGSt. **41** 193 f; **55** 129, 131; BGH JR **1977** 28, 29). Dieser Tatsachenbegriff lässt drei Abgrenzungskriterien erkennen: (1.) Die **Wahrnehmbarkeit**. Die Richtigkeit einer Tatsachenbehauptung muss man entweder in unmittelbarer Wahrnehmung (Beobachtung) direkt einsehen oder aus wahrnehmbaren Fakten – mögen sie auch nur in der Erinnerung und der Aussage eines Zeugen bestehen – mit Hilfe von Erfahrungssätzen erschließen können. Einen anderen Weg gibt es nicht. Infolgedessen kann eine Äußerung eine Behauptung von Tatsachen (von konkreten Geschehnissen, Zuständen, Dingen und Umständen der äußeren Welt, von Vorgängen und Eigentümlichkeiten des Seelenlebens oder vom Bestehen oder Nichtbestehen von Zusammenhängen) nur sein, wenn sie eine empirische Wahrnehmungsbasis hat, die es ermöglicht, die Übereinstimmung der Äußerung mit der Realität (adaequatio intellectus et rei) festzustellen. Die Wahrnehmungsgrundlage findet sich für **innere** Tatsachen (Motive, Einstellungen, Absichten, Haltungen, Charakterzüge) in indiziellen, wahrgenommenen und vermittelbaren oder wahrnehmbaren äußeren Fakten (BGHSt. **12** 287, 290 f; BGH JR **1977** 28, 29; RGSt. **64** 10, 12; OLG Frankfurt NJW **1977** 1353, 1354; *Sch/Schröder/Lenckner*[26] § 186 Rdn. 3). (2.) Die **Beweisbarkeit**. Eine Behauptung kann nicht als wahr gelten, wenn sie prozessualer Prüfung nicht zugänglich ist, mit den prozessualen Möglichkeiten nicht aufgeklärt werden kann (BGHSt. **12** 287, 292; BGHZ **45** 296, 304). Denn Wahrheit in foro kann nur sein, was das Gericht „für wahr zu erachten" vermag (§ 286 Abs. 1 S. 1 ZPO; § 261 StPO besagt in der Sache nichts anderes). Eine Aufklärungsmöglichkeit fehlt auch dort, wo ein echter Tatsachenkern nicht vorhanden ist, weil der Täter nur mit Hilfe einer entstellenden oder abwegigen Wertung eine Anlehnung an Fakten gewinnt (BGHSt. **11** 329, 331; **12** 287, 292; BGH

NJW **1955** 311). (3.) Die **geschichtliche Existenz**. Tatsache kann nach verbreitetem Sprachgebrauch nur sein, was ist oder war. Künftiges ist noch keine Tatsache, die Voraussage künftiger Ereignisse deshalb meist eine Meinungsäußerung (RGSt. **67** 2, 3; OLG Köln NJW **1962** 1121 mit Anm. *Schaper*). Eine **Prognose** kann sich aber auf Fakten (z. B. auf dem Beweise zugängliche Anlagen, Dispositionen, bereits abgelaufene Entwicklungen) stützen (RGSt. aaO; *Engisch* Lange-Festschrift, S. 406). Insoweit ist sie Tatsachenbehauptung. Zum anderen kann sich eine Behauptung auf künftige Ereignisse und Vorgänge beziehen; auch eine solche Behauptung ist eine Tatsachenbehauptung (*Tröndle/Fischer*[52] § 186 Rdn. 2; näher *Hilgendorf* S. 143ff).

5 Der **Übergang** von den Tatsachenbehauptungen zu den Meinungsäußerungen und Werturteilen ist fließend, die Abgrenzung im Einzelfall oftmals schwierig (vgl. die Sachverhalte, die Gegenstand der Entscheidungen BGHSt. **6** 159; **11** 329; **12** 287; BGH NJW **1982** 2246; RGSt. **64** 10 waren). Wie jede andere Tatsachenbehauptung ist auch die Behauptung ehrenrühriger Tatsachen eine konstatierende Aussage, ein Tatsachenurteil und sie enthält als Kundgabe von Fakten, welche die Ehre mindern, eine negative Wertung desjenigen, dem sie nachgesagt werden (*Geppert* Jura **1983** 530, 541; *Hansen* JuS **1974** 104; *Hirsch* Ehre und Beleidigung, S. 210). Deshalb wäre es unangebracht, in einer Äußerung, die der Tatsachenbehauptung das Werturteil hinzufügt, das in der Behauptung steckt, mehr zu sehen als in einer Äußerung, welche die kontextuale Implikation nicht offenlegt. Solche Werturteile sind deshalb **Bestandteil** der Tatsachenbehauptung und damit, wenn (auch) ein Dritter Erklärungsadressat ist, der Handlung, die tatbestandsmäßig i. S. v. § 186 sein kann (BGHSt. **12** 287, 292; RGSt. **64** 10, 12; **68** 120, 122; OLG Stuttgart JZ **1969** 78). Sie besitzen erst dort eigenen Unrechtsgehalt, wo das behauptete tatsächliche Geschehen nicht mehr tatsachenbezogen und tatsachenbegrenzt beurteilt wird, sondern eine Würdigung erfährt, die dazu außer Verhältnis steht, abwegig, unvertretbar ist, jedes Maß an Sachlichkeit vermissen lässt (BGHZ **70** 1, 6; BayObLGSt. **1963** 174, 177; BayObLG NStZ **1983** 126, 127; OLG Frankfurt NJW **1977** 1353, 1354; *Herdegen* Anm. zu BGHZ **70** 1 in LM DRiG § 26 Nr. 15; *Welzel* S. 318).

6 Wie ehrenrührige Tatsachenbehauptungen auf Grund ihres Bezugs auf Ehre und Achtungsanspruch Wertungen enthalten, so haben **Werturteile** vielfach eine **Tatsachenbasis**. Sie braucht nicht expressis verbis kenntlich gemacht zu werden, wenn es nach dem situativen Zusammenhang (vgl. BGHZ **70** 1), dem Kontext einer Äußerung (vgl. BGH NJW **1982** 2246) oder nach dem Wissensstand des Erklärungsempfängers (OLG Hamm NJW **1971** 1852, 1853) auf der Hand liegt, dass eine Herabwürdigung zu bestimmten Vorgängen oder Geschehnissen in Beziehung gesetzt, aus ihnen hergeleitet wird (BGHSt. **12** 287, 291; BGH JR **1977** 28, 29; RGSt. **68** 120, 122; OLG Frankfurt JR **1972** 515 mit Anm. *Hirsch*; BayObLGSt. **1963** 174, 177; *Geppert* Jura **1983** 530, 542; *Hirsch* Ehre und Beleidigung, S. 210ff; *Rudolphi* SK § 186 Rdn. 5). Es stellt sich die Frage der **Wertungsadäquanz** (RGSt. **68** 120, 122; RG JW **1934** 692 Nr. 12). Sie ist zu bejahen, wenn ein Abstraktum („Dieb", „Schuft", „gemeiner Mensch", „Verbrecher") die Wertung eines bestimmten Verhaltens zum Ausdruck bringen soll und der Erklärungsempfänger das weiß oder erkennt. Die Möglichkeit der einschränkenden Auslegung ist stets zu bedenken, weil Abstrakta in bestimmten Verwendungszusammenhängen konkrete Bedeutungen erlangen können.

7 Von einem **substantiierten** (tatsachenbezogenen und tatsachenbegrenzten) Werturteil kann keine Rede sein, wenn die Wertung einen Zusammenhang mit konkreten Vorgängen oder Geschehnissen nicht erkennen lässt, sondern sich mit vagen Andeutungen auf hoher Abstraktionsebene begnügt (BGHSt. **12** 287, 292; BGH JR **1977** 28,

29; RGSt. **35** 227, 232; **68** 120, 122; OLG Hamm NJW **1971** 1852, 1853; weniger streng BGH NJW **1959** 2011, 2012). Hier erlangt der Gesichtspunkt Bedeutung, dass Tatsachenäußerung nur sein kann, was – als bestimmte Beweisbehauptung (vgl. *Herdegen* in KK[5] § 244 Rdn. 45) – dem gerichtlichen Beweisverfahren zugänglich ist (Rdn. 4; *Arzt* JuS **1982** 719; *v. Lilienthal* VDB Bd. IV [1906] S. 392). Eine Tatsachenbasis, die diese Bezeichnung verdient, kann auch jenen Werturteilen nicht zuerkannt werden, in denen der Täter in **einseitiger**, verzerrender, ideologisch bestimmter Sicht Vorgänge, Zustände, kausale oder finale Zusammenhänge, denen nichts Ehrenrühriges anhaftet, einer abwegigen Wertung unterzieht (BGHSt. **6** 159, 162; **11** 329, 330; **12** 287, 292; BGH JR **1977** 28, 29; BGH NJW **1955** 311; BayObLG NStZ **1983** 126, 127; OLG Düsseldorf JMBl. **1981** 223, 225). Fehlt dem Werturteil eine Tatsachenbasis oder setzt ein **Wertungsexzess** den maßgeblichen Akzent, weil die darin liegende Kundgabe von Missachtung, Geringschätzung oder Nichtachtung schwerer wiegt als die bewerteten ehrenrührigen Fakten (vgl. Rdn. 5), dann bestimmt dieses Urteil die Subsumtion (BGHSt. **6** 159, 162; **11** 329, 331; **12** 287, 292; BGH JR **1977** 28, 29; BGH NJW **1982** 2246, 2247; BayObLG aaO; OLG Hamm NJW **1961** 1937). Zur Frage, was gilt, wenn eine Äußerung die Behauptung ehrenrühriger Tatsachen und zugleich „nicht oder nicht ausschließlich daraus ableitbare", „davon verschiedene", aber nicht den maßgebenden Akzent setzende Wertungen enthält, vgl. Rdn. 43 und 44 vor § 185.

Die unscharfe Abgrenzung von Tatsachenbehauptungen und Werturteilen gestattet es der Praxis, **pragmatischen** Überlegungen Rechnung zu tragen: die Annahme eines Werturteils ohne Tatsachenbasis oder eines Werturteils, das die Akzente setzt und deshalb die Subsumtion bestimmt, lässt die Wahrheitsfrage (jedenfalls für den Schuldvorwurf) als unwesentlich erscheinen, wenn nicht schon zur Tatzeit vorhandene Fakten, die der Wertung eine ausreichende Grundlage geben, in bestimmten Beweisbehauptungen konkretisiert oder (z. B. in Beweisermittlungsanträgen) so dargelegt werden, dass das Aufklärungsgebot (§ 244 Abs. 2 StPO) zur Beweiserhebung zwingt. Andererseits kann die Zuordnung einer Äußerung zur Kategorie der Tatsachenbehauptungen es ermöglichen, sie sogleich als offenkundig unwahr zu behandeln (vgl. OLG Düsseldorf MDR **1980** 868, 869). Mit Recht wird darauf hingewiesen, dass bei der Entscheidung von Einordnungsproblemen (vor allem wegen der beweisrechtlichen Konsequenzen) der Gedanke des Opferschutzes nicht völlig gleichgültig sein kann (*Arzt* JuS **1982** 719). **8**

In der Rechtsprechung findet sich immer wieder der Satz, in erster Linie habe der **Tatrichter** die Frage zu beurteilen, ob die Äußerungen des Täters Tatsachenbehauptungen, Werturteile oder „Mischgebilde" sind (BGH JR **1977** 28; RGSt. **64** 10, 12; RG JW **1926** 1184 Nr. 25). Was damit gemeint sein soll, ist zweifelhaft. Die Begriffe der „Tatsache", der „Tatsachenbehauptung", des „Werturteils" und der „Meinungsäußerung" sind Rechtsbegriffe (BGHSt. **6** 159, 162). Natürlich hat das Tatgericht den Wortlaut einer Äußerung und ihren Sinn, damit auch ihren etwaigen Bezug auf Fakten, unter Berücksichtigung des situativen Zusammenhangs und des Kontextes festzustellen. Aber die rechtlichen Folgerungen – und dazu gehört die Subsumtion einer Kundgabe unter die genannten Rechtsbegriffe – unterliegen in vollem Umfange der revisionsgerichtlichen Kontrolle (vgl. BGHSt. **6** 357, 359). In Fällen, in denen die Einstufung einer ehrenrührigen Kundgabe zweifelhaft ist, muss der Tatrichter, der § 186 anwendet, den Tatsachenkern durch Trennung der wertenden Erklärungsteile feststellen und darlegen (BGHSt. **6** 157, 162). Er darf nicht außer Acht lassen, dass es für das Ergebnis einer Äußerungsanalyse darauf ankommen kann, welche prinzipielle **9**

Einstellung des Täters seiner Bekundung zugrunde liegt (BGH aaO; BayObLGSt. **1963** 174, 177).

10 **3. Die Kundgabe.** Die Beleidigung ist in allen ihren Erscheinungsformen ein Äußerungsdelikt. Deshalb gehört es zu den Erfordernissen des objektiven Tatbestands, dass eine Kommunikation stattfindet, d. h., dass der „Täter" (Kommunikator) einen gedanklichen Inhalt (und zwar ein herabsetzendes Werturteil oder eine ehrenrührige Tatsachenbehauptung) äußert und dass ein anderer von der Manifestation der Missachtung, Geringschätzung oder Nichtachtung Kenntnis erlangt. In Kongruenz zu diesem Erfordernis muss der Täter die Kenntnisnahme durch einen anderen wollen (mit ihr rechnen). Es kommt aber nicht darauf an, ob die Kenntnisnahme sich so vollzieht, wie sie gewollt ist. Es ist für die Subsumtion vielmehr gleichgültig, ob die (verkörperte) Kundgabe an den Erklärungsadressaten oder (zuvor) an einen Dritten gelangt (BGH bei Dallinger MDR **1954** 335; RGSt. **48** 62, 63; **57** 193, 195; **71** 159, 160; RG JW **1924** 911 Nr. 5 mit Anm. *Alsberg*; BayObLGSt. **1976** 88, 91 = MDR **1976** 1036; **1983** 32, 33 f = NJW **1983** 2040; *Geppert* Jura **1983** 530, 533). Hat der „Täter" eine als ehrenrührige Äußerung in Betracht kommende Manifestation eines gedanklichen Inhalts nicht für die Wahrnehmung durch einen anderen bestimmt und rechnet er auch nicht mit der Wahrnehmung durch einen anderen,[1] dann liegt eine tatbestandsmäßige (die Voraussetzungen der subjektiven Tatseite erfüllende) Kundgabe nicht vor (BGH NJW **1959** 2011; RGSt. **57** 193, 195; **71** 159, 160; BayObLGSt. **1962** 135; **1980** 32, 33), selbst wenn er einem anderen durch unsorgfältiges Verhalten die Kenntnisnahme ermöglicht (RGSt. **71** 159, 160). Die Kundgabe muss erkennen lassen, auf wen sie sich bezieht. Wenn die beleidigte Person nicht genannt ist, muss der Äußerungsempfänger sie individualisieren können. Sie braucht weder ihm noch dem Täter bekannt zu sein (BGHSt. **9** 17, 18). Ebenso wenig ist erforderlich, dass der Äußerung entnommen werden kann, wer ihr Urheber ist (BGH NStZ **1984** 216).

11 **a) Ehrenrührige Äußerungen im engsten Kreis.** Zunächst hat man vorwiegend danach gefragt, ob der **engste Familienkreis** ein Internum bildet und ob deshalb einer ehrenrührigen Äußerung über Außenstehende, die über das Internum nicht hinausdringen soll, der Kundgabecharakter fehlt. Das Reichsgericht war der Ansicht, dass bei solchen Äußerungen eine Kundgabe vorliege. Es genüge, dass ein Angehöriger des Kreises sie wahrnehme und der Äußernde das gewollt (damit gerechnet) habe (RGSt. **71** 159, 161). Zu einer teleologischen Reduktion des Tatbestands fand das Reichsgericht sich nicht bereit: „Vertrauliche beleidigende Äußerungen harmloser Art, die im engen Familienkreis gefallen sind, werden selten zur Strafverfolgung führen. Sind sie aber von erheblicherer Bedeutung … so entspricht es, soweit nicht der § 193 StGB eingreift, sowohl dem Sittengebote wie auch dem gesunden Volksempfinden, sie gerichtlich abzuurteilen" (RG aaO 163). Heute ist man sich weitgehend darüber einig, dass Sittengebot und Rechtsgefühl einer anderen Auffassung nicht entgegenstehen. Sie lässt sich auf folgenden kleinsten gemeinsamen Nenner bringen: Den Strafdrohungen der §§ 185, 186 unterfallen jedenfalls nicht ehrenrührige etwa Äußerungen über Außenstehende im engsten Kreis der Familie (zwischen Ehegatten, zwischen Eltern und Kindern), die in der begründeten Erwartung gemacht werden, dass der Äußerungsempfänger sie nicht über diesen Kreis hinausträgt.[2]

[1] So kann es sein bei Selbstgesprächen, verborgen gehaltenen Tagebuchaufzeichnungen, Vermerken in Akten, die nicht der Einsicht anderer unterliegen, Gedanken- oder Gefühlsäußerungen in einer fremden Sprache (vgl. BGH NJW **1959** 2011; RGSt. **71** 159, 160).

[2] In Auswahl: OLG Oldenburg GA **1954** 284; OLG Celle NdsRpfl. **1964** 174; *Engisch* GA

12 Die Begründungen divergieren. Überwiegend wird, allerdings mit Unterschieden im Detail, eine **teleologische Reduktion** des Tatbestands befürwortet (*Gillen* Das Verhältnis von Ehrenschutz und Privatsphärenschutz im Strafrecht, S. 75; *Wessels/Hettinger* BT I[28] Rdn. 482ff; *Hillenkamp* JuS **1997** 821, 824; *ders.* Hirsch-FS, S. 555, 568; *Lackner/Kühl*[25] 9; *Maurach/Schroeder/Maiwald* BT I[9] § 24 Rdn. 33; *Wasmuth* NStZ **1995** 100, 101). Eine Ansicht meint, es fehle an einer Kundgabe. Der engste Familienkreis sei in der Tat ein Internum. Äußerungen über Außenstehende in diesem Kreis müssten bei normativer Betrachtung einem Selbstgespräch gleichgestellt werden. Nach anderer Auffassung muss man unter Berücksichtigung des Schutzzwecks der §§ 185 und 186 darauf abstellen, dass eine für den engsten Familienkreis bestimmte ehrenrührige Äußerung über einen Extraneus sich nicht gegen sein Ansehen in der Allgemeinheit richte, seine soziale Geltung im Urteil der Mitmenschen nicht berühre (*Engisch* GA **1957** 331; *Hellmer* GA **1963** 135 ff), seinen Ehrachtungsanspruch in der Gemeinschaft nicht verletze (*Welzel* aaO). Eine dritte Meinung will den Kundgabevorsatz verneinen, wenn derjenige, der sich äußert, damit rechnet, dass er sich im engsten Familienkreis auf die Diskretion des Äußerungsempfängers verlassen kann. Diese Theorien befriedigen nicht. Der Begriff der **Kundgabe** ist deskriptiv (Rdn. 10). Will man sich nicht dem Vorwurf der Inkonsequenz aussetzen, kann man ihn nicht einer normativen Reduktion unterziehen. Bleibt man auf der deskriptiven Ebene, dann lässt sich nicht bestreiten, dass derjenige, der seinem Ehegatten, einem Elternteil oder einem Kind etwas Ehrenrühriges über einen nicht zur Familie zählenden Dritten sagt, eine Kenntnisnahme durch einen anderen bewirkt und will. Die Tatbestandsreduktion, welche auf die Wertgeltung des Betroffenen in der Allgemeinheit abstellt, ist für die Theorie des **personalen** Ehrbegriffs ohnehin nicht akzeptabel. Im Übrigen vernachlässigt diese Reduktion die Umstände des Einzelfalls. Ehrenrührige Äußerungen im Familienkreis über einen Nachbarn können ein Anerkennungsverhältnis (vgl. Rdn. 10 vor § 185), das für ihn hohe Bedeutung hat, in Frage stellen oder zerstören, seine Wertgeltung dort mindern, wo er es am stärksten verspürt (vgl. *Sch/Schröder/Lenckner*[26] Rdn. 9a vor § 185). Es ist zudem ausgeschlossen, die Ehre von Familienangehörigen den Attacken von Insidern preiszugeben, auch wenn sie nicht gegen die Wertgeltung des Betroffenen in der Allgemeinheit gerichtet sind (*Geppert* Jura **1983** 530, 534).

13 Diese die **Umstände des Einzelfalls** betonenden Einwände müssen auf die Ausgangsthese erstreckt werden, die besagt, dass die innere Verbundenheit von Mitgliedern der engeren Familie oder doch des engsten Familienkreises, dass das Verhältnis des Vertrauens, das zwischen ihnen bestehe, eine Privilegierung rechtfertige. Das ist eine idealtypische Betrachtungsweise, die dort nicht angebracht ist, wo ein Verhältnis des Vertrauens sich nicht gebildet hat, zerstört ist oder nach den Umständen des konkreten Falles keine Rolle spielt (vgl. BayObLGSt. **1955** 204; OLG Celle NdsRpfl. **1964** 174). Doch zuerst ist nach den Gründen zu fragen, die dafür sprechen, einen straffreien Raum für beleidigende Äußerungen über Dritte zu belassen, wenn sie im Rahmen bestimmter persönlicher Beziehungen gemacht werden. Die Antwort lautet: Der Mensch braucht Möglichkeiten des Sich-Aussprechens, des Wegerzählens, der Ableitung von Affekten nach außen, aber auch des bloßen Sich-Mitteilens, die frei

---

1957 326; *Geppert* Jura **1983** 530, 534; *Hansen* JuS **1974** 104, 106; *Hellmer* GA **1963** 129; *Mezger* JW **1937** 2329; *Otto* Schwinge-Festschrift, S. 87f; *Rudolphi* SK Vor § 185 Rdn. 18, 19; *Sch/Schröder/Lenckner*[26] Rdn. 9a Vor § 185; *Welzel* S. 308; nicht eindeutig Stellung beziehend BGH bei Dallinger MDR **1954** 335; BayObLGSt. **1955** 204 = MDR **1956** 182; **1976** 88, 90 = MDR **1976** 1036.

sind von sozialer Kontrolle und Sanktion. Ihm muss, so wird mit Recht gesagt, „ein **letztes Refugium**" verbleiben (*Rudolphi* SK 18 vor § 185), wo er sich „entäußern", abreagieren, dem Mitteilungsbedürfnis freien Lauf lassen kann. Auf dieses Refugium hat auch Anspruch, wer es nicht im Kreise einer Familie zu finden vermag, wohl aber in einem nicht nur ephemeren, erprobten Verhältnis enger **Freundschaft** oder **Lebenspartnerschaft**, in dem man Vertrauen gewährt und in Anspruch nehmen kann.[3] Auch Äußerungen einer Ärztin in einem der ärztlichen Verschwiegenheitspflicht unterfallenden Gesprächskreis können privilegiert sein (OLG München NJW **1993** 2998).

14 Die Anerkennung eines straffreien Refugiums für ehrenrührige Äußerungen, die tatbestandsmäßig nach § 185 oder § 186 sind, bewertet gewisse vitale Interessen des „Beleidigers" (Rdn. 13) höher als das Interesse des Betroffenen am lückenlosen Schutz seiner Ehre. Sie ist das Ergebnis einer Güterabwägung, Statuierung eines **Rechtfertigungsgrundes** (so auch *Otto* Schwinge-Festschrift, S. 87; *Schendzielorz* S. 214; **aA** *Sch/Schröder/Lenckner*[26] 9a vor § 185: Strafausschließungsgrund). **Verleumderischen** Verlautbarungen kann ein Freiraum nicht eröffnet werden. Nur bei ganz außergewöhnlich liegenden Sachverhalten kommt für sie eine Rechtfertigung nach § 193 in Betracht. Nur unter den Umständen, die nach dieser Vorschrift vorliegen müssen (sie rechtfertigt nicht Äußerungen auf Grund eines Interesses an Katharsis, sondern auf Grund des mit dem *Inhalt* einer Kundgabe verfolgten Zwecks), entfällt die Rechtswidrigkeit ehrenrühriger Bekundungen über Dritte, welche gegenüber Personen gemacht werden, die **zur Verschwiegenheit verpflichtet** sind, etwa gegenüber Anwälten und Ärzten, wenn sich nicht eine persönliche Beziehung entwickelt hat, die enger Freundschaft vergleichbar ist.[4] Der Ehrenschutz tritt nicht zurück, wenn im Einzelfall auf Grund seiner besonderen Konstellation auch in einem intakten und erprobten Vertrauensverhältnis Vertraulichkeit nicht gewährleistet ist (*Rudolphi* SK 19; vgl. BayObLGSt. **1955** 204, 205) oder wenn eine ehrenrührige Mitteilung einen Weg nehmen muss, der zur Kenntnisnahme eines anderen als des vertrauenswürdigen Kundgabeadressaten führen kann und führt (BayObLGSt. **1976** 88, 91; *Rudolphi* aaO). Es besteht kein Anlass, die Rechtfertigung auf Grund vitaler Interessen des sich Äußernden auf mündliche Spontanbekundungen zu beschränken (*Geppert* Jura **1983** 535; *Sch/Schröder/Lenckner*[26] 9b vor § 185).

15 **b) Erscheinungsformen der Kundgabe.** Die Kundgabe ist in den meisten Fällen eine verbale mündliche Äußerung. Die lesbare schriftliche Fixierung oder die wortersetzende Geste treten ergänzend hinzu. Ihnen gleichwertig sind symbolische Handlungen, bildliche Darstellungen (insbesondere Karikaturen) und Tätlichkeiten mit dem Sinngehalt der Missachtung, Geringschätzung oder Nichtachtung. **Tätlichkeiten** im Sinne von § 185 müssen auf den Körper des Betroffenen spürbar einwirken (RGSt. **67** 174; **70** 250; RG GA Bd. **47** 157; *Rudolphi* SK 21; *Welzel* S. 311). Manche meinen, es genüge ein gegen den Körper gerichteter tätlicher Angriff (*Lackner/Kühl*[25] 13; *Sch/Schröder/Lenckner*[26] 18). In der Tat kann das Ausholen zum Schlag, die fehlgehende Ohrfeige Kundgabe der Missachtung sein. Aber es handelt sich dann um eine Kund-

[3] BVerfGE **90** 255 mit zust. Anm. *Wasmuth* NStZ **1995** 100; OLG Frankfurt NStZ **1994** 404; *Lackner/Kühl*[25] 9; ähnlich schon *Engisch* GA **1957** 326, 331; wohl auch *Geppert* Jura **1983** 530, 535; **aA** BayObLGSt. **1976** 88, 90 = MDR **1976** 1036 unter Berufung auf BGH bei Dallinger MDR **1954** 335.

[4] Wie hier, aber ohne Differenzierung OLG Stuttgart NJW **1963** 119; *Geppert* Jura **1983** 530, 535; *Maurach-Schroeder/Maiwald* BT 1[9] § 24 Rdn. 33. OLG Hamm NJW **1971** 1852, 1854 neigt wohl der hier vertretenen Auffassung zu. **AA** *Praml* NJW **1976** 1967, 1968; vgl. auch *Sch/Schröder/Lenckner* aaO: Erstreckung des straffreien Refugiums auf sachbezogene „Vertrauensverhältnisse".

gabe, in der eine Beleidigung in Gestalt einer symbolischen Handlung, nicht in Gestalt einer Tätlichkeit zum Ausdruck kommt (*Rudolphi* SK 21). Der den Körper nicht berührende Angriff ist noch keine Tätlichkeit (OLG Karlsruhe NJW **2003** 1261). Beispiele für tätliche Beleidigungen: Schläge, Herumschubsen, Abschneiden der Haare oder des Barts, Anspucken. Die sog. **Sexualbeleidigung** ist in aller Regel weder eine tätliche noch eine „gewöhnliche" Beleidigung (Rdn. 28 bis 31). Ob körperliche Misshandlungen den Tatbestand der Körperverletzung oder den der Beleidigung oder sowohl den einen wie den anderen Tatbestand erfüllen, ist eine Frage, deren Beantwortung zunächst auf der Grundlage objektiver Umstände (des Geschehens und seines Hintergrunds, der beteiligten Personen und ihrer Beziehungen, des Umfelds) versucht werden muss. Eine beleidigende Kundgabe in Form **symbolischen Handelns** liegt vor, wenn ein nach außen in Erscheinung tretendes Verhalten Träger eines bestimmten Sinngehalts ist, der es als Ausdruck der Missachtung, der Geringschätzung oder Nichtachtung erweist. Beispiele: Tippen an die Stirn; Ausspucken vor einem anderen; Anspucken eines Bildes; Ausräuchern eines Stuhls, auf dem derjenige saß, dem die Kundgabe der Missachtung gilt (RG LZ **1915** 60). Für die Ermittlung des Sinngehalts gelten die allgemeinen Auslegungsgrundsätze (Rdn. 17; vgl. *Rüping/Kamp* JuS **1976** 660: Sinndeutung der Imitation von Hundegebell als Antwort auf eine Aufforderung).

Ehrenrührige Äußerungen können mehr oder weniger kaschiert und fragmentarisch in Erscheinung treten. Eine solche Äußerung kann z. B. in einer **Anspielung** liegen. Der Betroffene braucht nicht genannt zu werden, es genügt, dass er individualisierbar ist (Rdn. 10; RGSt. **52** 160). Ist (auch) der Beleidigte Kundgabeadressat, dann reicht eine Anspielung oder Anzüglichkeit aus, deren Sinngehalt er erfasst. Der Täter braucht den Betroffenen nicht zu kennen, ihn sich nicht einmal vorgestellt zu haben. Es genügt, dass er erst durch ein zukünftiges Ereignis individualisiert wird (der noch zu ermittelnde Sieger einer Springreiterkonkurrenz wird als „brutaler Tierquäler" bezeichnet). Die **Weitergabe** eines Schriftstücks, das eine Beleidigung enthält, kann eine eigene Kundgabe der Missachtung des Weitergebenden implizieren, wenn er sich den ehrenrührigen Inhalt zu Eigen macht, sich auf ihn bezieht, um seine Meinung zu äußern. Ist das nicht der Fall, kann in der vom Verfasser veranlassten Weiterleitung ein von ihm in mittelbarer Täterschaft begangener Kundgabeakt zu finden sein (vgl. RGSt. **41** 61, 64). In **Berichten** über eine öffentliche Gerichtsverhandlung oder eine öffentliche Versammlung kann der Schreiber eigene Missachtung oder Geringschätzung zum Ausdruck bringen, auch wenn er scheinbar nur über das tatbestandsmäßige Handeln eines anderen informiert (RGSt. **46** 356, 358). Eine beleidigende Äußerung kann sogar in der Form Gestalt annehmen, dass der Täter für etwas, was er tut, den Betroffenen als Akteur ausgibt, also durch **Manipulation von Tatsachen** eine Sachlage schafft, die einen anderen kompromittiert (BGH NStZ **1984** 216; RG Recht **1910** 3427. Zur Frage, ob das Vortäuschen einer Sachlage, um einen anderen zu kompromittieren, eine üble Nachrede sein kann, vgl. § 186 Rdn. 7). In der Weigerung, eine Beleidigung zurückzunehmen, liegt nicht ohne weiteres, aber doch möglicherweise, eine neue tatbestandsmäßige Handlung (RG LZ **1916** 810). Das Durchstreichen einer beleidigenden Bemerkung nimmt ihr nicht den Charakter der Kundgabe, wenn sie noch lesbar bleibt. **16**

c) Die Ermittlung des objektiven Sinnes einer Kundgabe. Eine Äußerung ist beleidigend, wenn nach ihrem objektiven Sinngehalt einem anderen ein in Wahrheit nicht vorliegender Mangel oder Makel nachgesagt wird, der den verdienten Geltungswert mindern würde (vgl. Rdn. 3 vor § 185), wenn er vorläge. Der objektiv ehrenrührige **17**

Sinn muss **in der Erklärung** einen erkennbaren Ausdruck gefunden haben.[5] Der objektive Kundgabesinn steht im begrifflichen Gegensatz zu dem Sinn, den der Erklärende meint, d. h. zum subjektiven Sinn und damit zum Vorsatz, wie auch zu dem Sinn, in welchem der Kundgabeempfänger die Äußerung auf Grund von Überlegungen versteht, die jenseits ihres Erklärungswerts liegen (*Kern* Die Äußerungsdelikte, S. 21). Eine Äußerung, die den intendierten ehrenrührigen Sinngehalt nicht erkennen lässt, wird weder dadurch zu einer Beleidigung, dass sie Missachtung, Geringschätzung oder Nichtachtung der Ehre eines anderen manifest machen soll, noch dadurch, dass der Äußerungsempfänger sie als Manifestation des intendierten Sinngehalts versteht. Der ehrenrührige Inhalt muss erklärt, kundgegeben werden. Intention und Verständnis können den – vom Richter durch Auslegung zu ermittelnden – objektiven Erklärungswert einer Kundgabe nicht ersetzen (BGHSt. **16** 49, 52; RGSt. **48** 230, 233; BayObLGSt. **1957** 126, 128, 131; **1963** 141 = JR **1963** 468 mit Anm. *Schröder*; **1980** 32, 34 = NJW **1980** 1969; *Hirsch* Ehre und Beleidigung, S. 86 Anm. 97; **aA** BGHSt. **8** 326). Aber trotz des begrifflichen Gegensatzes besteht in der Wirklichkeit ein enger Zusammenhang zwischen dem Äußerungswillen und der Äußerungshandlung: Der gemeinte (gewollte) Sinn findet in der Regel durch die Äußerung erkennbaren Ausdruck, stimmt mit dem Sinn des Erklärten überein (RGSt. **35** 133, 134; *Kern* aaO). Deshalb trifft es durchaus zu, dass „in erster Linie Sinn und Absicht des Sprechenden" darüber entscheiden, „ob gewisse Worte den Tatbestand einer Beleidigung objektiv einschließen oder nicht" (RGSt. **18** 142, 144; **41** 49, 51).[6] Ebenso trifft es zu, dass die nach dem objektiven Sinn fragende Auslegung *den* Gedankeninhalt ermitteln möchte, den der sich Äußernde mit seiner „Entäußerung" verbunden hat. Das Ergebnis der Interpretation wird ihm zugerechnet, wenn es an ausreichenden Indizien dafür fehlt, dass das Gesagte und das Gemeinte differieren. Infolgedessen steckt in der den objektiven Sinn ermittelnden Auslegung „ein Stück Beweiswürdigung" (*Oetker* JW **1928** 1225).

18 Die (möglicherweise) beleidigende Kundgabe gewinnt ihren objektiven Sinn manchmal aus der **allgemeinen** (regelmäßigen) **Bedeutung** der verbalen oder sonstigen Zeichen, die der Kommunikator verwendet, und zwar dann, wenn Indizien dafür fehlen, dass nicht das gemeint sein könnte, was die „Standardbedeutung" besagt (vgl. RGSt. **65** 21; BGH bei Dallinger MDR **1955** 396 und OLG Hamm JMBlNRW **1982** 12 einerseits, BGH NJW **1971** 1655, 1656 und KG JR **1984** 165, 166 andererseits). Liegen Anzeichen vor, welche die Sinnidentität in Frage stellen, ist mit der urtümlichen Auslegungsregel „cum in verbis nulla ambiguitas est, non debet admitti voluntatis quaestio", nichts anzufangen. Es gilt vielmehr die Maxime, dass es Äußerungen, die per se beleidigen, nicht gibt (RGSt. **60** 34, 35; OLG Celle NdsRpfl. **1977** 88; OLG Hamm NJW **1982** 659, 660; KG JR **1984** 165, 166 mit Anm. *Otto*; *Kern* Die Äußerungsdelikte, S. 15, 77). Je nach den Umständen des Falles kann ein beschimpfender Ausdruck zu einer Kundgabe der Sympathie oder der Anerkennung werden, kann

[5] BGHSt. **19** 235, 237; BGH NJW **1951** 368; **1971** 1655, 1656; **1978** 1797, 1799; RG HRR **1940** 1151; BayObLGSt. **1957** 126, 128 = NJW **1957** 1607; **1980** 32 = NJW **1980** 1969; **1983** 32, 34 = NJW **1983** 2040; OLG Celle NdsRpfl. **1977** 88; OLG Hamm NJW **1971** 1852, 1853; **1982** 659, 660; KG JR **1984** 165 m. Anm. *Otto*; OLG Köln NStZ **1981** 183, 184; *Rüping/Kamp* JuS **1976** 660; *Rudolphi* SK 7; *Sch/Schröder/Lenckner*[26] 8.

[6] Es geht nicht nur um Worte. In RGSt. **18** 142 betraf die Interpretationsfrage ein Komma. Es konnte einen „disjunktiven Sinn" haben oder Appositionen dem Substantiv zuordnen. Als „Appositionskomma" gab es nach damaligem Verständnis (1888) dem Satz einen ehrenrührigen Inhalt. Er reihte einen Polizeikommissar unter „drei frühere Sozialdemokraten" ein.

eine Redewendung bald Träger einer ehrenrührigen, bald einer den Achtungsanspruch nicht tangierenden Bedeutung sein.

Beleidigende Kundgaben müssen zur Kenntnis genommen und als ehrenrührige Äußerungen begriffen werden, wenn es zur Vollendung einer Beleidigung in ihrem äußeren Tatbestand kommen soll (vgl. Rdn. 26). Infolgedessen zielt die Frage nach dem objektiven Sinngehalt einer Äußerung, die möglicherweise gegen die Ehre eines anderen gerichtet ist, auf das Verständnis des **Erklärungsempfängers** ab (BGH NJW **1965** 2395, 2396; **1971** 1655, 1656; RGSt. **63** 112, 115; **65** 21, 22; BayObLGSt. **1957** 126, 131 = NJW **1957** 1607; OLG Hamm NJW **1971** 1852, 1853; **1982** 659, 660; **1982** 1656, 1658; *Geppert* JR **1985** 431, 433 Fn. 19). Aber die Grundlagen dieses Verständnisses werden **normativ** bestimmt. Es wird nicht nur auf die Aussage als solche und auf die mit ihr im Zusammenhang stehenden (Neben-, Begleit-)Umstände abgestellt, die der Erklärungsempfänger perzipiert hat, sondern auch auf die Umstände, die als Fakten des Falles oder als allgemeine, aber für diesen Einzelfall Beachtung beanspruchende Sachverhaltsmomente **erkennbar** waren (vgl. OLG Hamm NJW **1971** 1852, 1853; KG JR **1980** 290 mit Anm. *Volk;* OLG Köln JMBlNRW **1983** 36, 37; VGH München NJW **1984** 1136, 1137; OLG Düsseldorf NJW **1989** 3030 mit Anm. *Laubenthal* JR **1990** 127; vgl. auch BVerfGE **93** 266, 295). Richtet sich eine Kundgabe an viele oder an jedermann, muss ein aus den Gegebenheiten abstrahierter **„Empfängerhorizont"** zugrunde gelegt werden. Die Rechtsprechung bezeichnet den Träger dieses Horizonts unterschiedlich. Es ist die Rede vom „durchschnittlichen", „unbefangenen", „verständigen", „unvoreingenommenen", vom „verständigen und unvoreingenommenen", vom „unverbildeten", „ruhig und sorgsam würdigenden", aber auch vom „flüchtigen", „einseitig eingestellten", „nicht differenzierenden" Leser, Hörer, Betrachter.[7] Der mit dem Empfängerhorizont gewonnene Maßstab hat einen bestimmten Zweck: Der Inhalt einer Äußerung soll für die richterliche Wertung kongruent mit dem Inhalt sein, den sie im Verständnis des Kreises, für den sie bestimmt war, erlangt hat (RGSt. **35** 133, 135). 19

Sind die „angesprochenen Kreise" nicht homogen, muss differenziert werden (vgl. BGH NJW **1971** 1655, 1656; **1983** 1194, 1195 mit Anm. *Zechlin*; RGSt. **63** 112, 115; OLG Hamburg MDR **1967** 146, 147). Die Berücksichtigung verschiedener „Empfängerhorizonte" (z. B. von „verständigen Lesern" und „Lesern einfacher Denkart", von „einseitig eingestellten" und „ruhig und sorgsam würdigenden, unbeteiligten Betrachtern"), aber auch Gründe, die „horizontunabhängig" sind – wie die Bedeutung eines Kommas (RGSt. **18** 142, 144), das fragwürdige tertium comparationis (RGSt. **61** 151, 154) –, können dazu führen, dass der objektive Erklärungswert einer Äußerung **mehrdeutig** ist, ehrenrührig nach der einen, nicht ehrenrührig nach der anderen Interpretation. Wenn sich für die strafrechtlich nicht relevante Auslegung auch mit Hilfe der erkennbaren Absichten und Vorstellungen des Kommunikators keine Präferenz ergibt (vgl. RGSt. **18** 142, 144; **41** 49, 51; KG JR **1984** 165, 166), gilt folgendes: Der **objektive** Tatbestand ist verwirklicht, falls ein „beachtlicher Teil" (BGH NJW **1983** 1194, 1195), ein „nicht unerheblicher Teil" (BGH NJW **1971** 1655, 1656) der „angesprochenen Kreise" der Äußerung einen ehrenrührigen Sinn beilegt und dieser Sinn sich aus der Erklärung und den ihn mitbestimmenden, erkennbaren Umständen des Falles (Rdn. 20

---

[7] BGHSt. **3** 346, 347; **16** 49, 53; **19** 235, 237; BGH NJW **1961** 1913, 1914; **1971** 1655, 1656; **1974** 1762, 1764; **1978** 1797, 1799; **1982** 2246, 2248; **1983** 1194, 1195; RGSt. **63** 112, 115; **65** 21, 22; OLG Köln NStZ **1981** 183; OLG Köln JMBlNRW **1983** 36, 37; VGH München NJW **1984** 1136, 1137.

19) entnehmen lässt (RGSt. **35** 133, 135; **61** 151, 155; **63** 112, 115; RG HRR **1933** 348; RG DR **1939** 1981, 1982; BGHSt. **16** 49, 52; OGHSt. **2** 291, 311; BayObLGSt. **1957** 126, 131 = NJW **1957** 1607; vgl. auch BGH NJW **1971** 1655, 1656). Auch der **subjektive** Tatbestand ist verwirklicht, wenn der Kommunikator wollte oder doch damit rechnete, dass ein Teil der Leser, Hörer oder Betrachter seine Kundgabe als Angriff auf die Ehre eines anderen versteht (RGSt. **61** 151, 155; **63** 112, 115; **65** 21, 22; BayObLG aaO). Nichts im Begriff der Kundgabe oder des Kundgabevorsatzes nötigt oder berechtigt in solchen Fällen der Mehrdeutigkeit mit partiellem Konsens dazu, die strafrechtlich relevante Sinndeutung zu ignorieren, weil auch strafrechtlich irrelevante Interpretationen möglich sind. Kann von einer Äußerung gesagt werden, dass sie verschiedene Sinngehalte ausdrückt, dann kann der Kommunikator sich von keinem davon distanzieren, wenn er jeden von ihnen in seinen Verwirklichungswillen aufgenommen hat. Zur Ermittlung des Sinngehalts von Aussagen, die sich künstlerischer Ausdrucksformen bedienen, insbesondere von Satiren und Karikaturen, vgl. Rdn. 23 und 24.

21 Die **Umstände des Falles**, die als Momente des Sachverhalts den Sinn einer Kundgabe (mit-)bestimmen, sofern sie als erkennbare Umstände der Erklärung anzusehen sind (vgl. BGH NJW **1971** 1655, 1656; RGSt. **35** 133, 135; **48** 230, 232; OLG Hamm NJW **1971** 1852, 1853; OLG Köln NStZ **1981** 183; OLG Düsseldorf NJW **1998** 3214 mit Anm. *Otto* JK 9; enger BayObLG NStZ-RR **2002** 210 mit Anm. *Zaczyk* JR **2003** 36; Rdn. 19), lassen sich nicht erschöpfend aufzählen. Es kommen in Betracht: Situative und kontextuale Zusammenhänge, örtliche und zeitliche Verhältnisse und Vorgänge, Anschauungen, Gewohnheiten, Gebräuche und Sprachregelungen der Kreise, denen die an der Kommunikation Beteiligten angehören (speziell zu Anträgen von Strafverteidigern *Wohlers* StV **2001** 420, 428), die Persönlichkeiten des Akteurs und des Betroffenen, ihre Beziehungen zueinander, der Wissensstand des Kundgabeempfängers (der insbesondere in Fällen der esoterischen Kommunikation und bei Anspielungen von Bedeutung sein kann), die gesellschaftliche Ebene, auf der agiert wird, der reaktive Gehalt einer Äußerung, andere argumentative Zusammenhänge, Absichten, Meinungsimplikationen, die Verwendung sprachlicher Ausdrücke oder von Darstellungen als Werkzeuge, mit denen man zweckbedingt und zweckbezogen operiert.[8]

22 **d) Sinnermittlung bei Werken der Kunst.** Auch bei der Ermittlung des Sinngehalts von Aussagen, die in künstlerischen Ausdrucksformen gemacht werden, ist nach dem Verständnis der Empfänger, nach dem **Empfängerhorizont** zu fragen. Künstlerische Äußerungen können, wenn es darum geht, ob sie in eindeutigem Bezug auf die Wirklichkeit (auch) Kundgaben der Missachtung, Geringschätzung oder Nichtachtung sind, auf der tatbestandlichen Ebene keine besonderen Interpretationsmaßstäbe für sich in Anspruch nehmen. Dort allerdings, wo der eindeutige Realitätsbezug fehlt, weil durch das Stilmittel der **Verfremdung** die Aussage von der Ebene des wirklichen Lebens abgehoben worden ist, wo das Faktische und das Poetische sich verbunden haben, muss auf kunstspezifische Betrachtung, Anwendung „werkgerechter Maßstäbe" Bedacht genommen werden (BVerfGE **30** 173, 195; **67** 213, 230; BVerfG NStZ

[8] BGHSt. **12** 287, 294; BGH NJW **1951** 368; NJW **1971** 1655, 1656; BGH NStZ **1986** 453, 454; RGSt. **41** 49, 51; **61** 151, 154; **63** 112, 115; **65** 21, 22; BayObLGSt. **1957** 126, 128 = NJW **1957** 1607; **1963** 141 = JR **1963** 468 m. Anm. *Schröder*; OLG Celle NdsRpfl. **1977** 88; OLG Frankfurt JR **1972** 515 m. Anm. *Hirsch*; OLG Hamm NJW **1982** 659, 660; **1982** 1656, 1658; OLG Köln NStZ **1981** 183, 184; OLG Köln JMBlNRW **1983** 36, 38; VGH München NJW **1984** 1136, 1137; *Kern* Die Äußerungsdelikte, S. 76ff; *Otto* JR **1983** 1, 7.

1988 21, 22; BGH NJW **1975** 1882, 1884; **1983** 1194, 1195; *Würtenberger* NJW **1982** 610, 611). Denn in dem Maße, in dem das Individuelle verfremdet wird, nur als Vehikel oder Paradigma „künstlerischer Wahrheit" erscheint, schwindet die Gefahr, dass es von ehrenrührigen Tatsachenbehauptungen oder Werturteilen tangiert wird (OLG Stuttgart NJW **1976** 629; *Otto* NJW **1986** 1206, 1210; *Zechlin* NJW **1983** 1195, 1196). Nicht jedermann ist mit diesem Zusammenhang vertraut. Deshalb muss in Fällen einer Verfremdung, die diesen Namen verdient (vgl. BGH NJW **1975** 1882, 1884), auf den „verständigen", „differenzierenden", gegenüber künstlerischen Erscheinungsformen „nicht völlig unbewanderten" Durchschnittsleser (-hörer, -betrachter) abgestellt werden (BVerfGE **67** 213, 230; BGH NJW **1987** 1194, 1195; OLG Köln JMBlNRW **1983** 36, 37f; *Würtenberger* NJW **1983** 1144, 1146). Fehlt eine vom „Stoff" der Realität distanzierende Verfremdung oder wird in plakativen Vereinfachungen gerade der „nicht differenzierende", der „einseitig eingestellte", der „naive" oder der „flüchtige" Betrachter (Leser, Hörer) angesprochen, muss auch sein „Empfängerhorizont" Berücksichtigung finden. Die Interpretation einer künstlerischen Aussage erfordert eine **Gesamtschau** des Werks, insbesondere auch dort, wo der Sinngehalt durch mehrere Ausdrucksmittel (z. B. durch Bild und Text) geformt worden ist (BVerfGE **67** 213, 228; OLG Hamm NJW **1982** 659, 660; OLG Köln JMBlNRW **1983** 36, 38; *Würkner* NStZ **1988** 23, 24).

Satire und Karikatur sind „spezifische Formen künstlerischen und literarischen Schaffens" (*Würtenberger* NJW **1982** 610). Auf ihrem höchsten Niveau sind sie „Entlarvung der Seele", geben sie „dem Menschen sein wahres Gesicht" und erfassen sie das Typische am individuellen Beispiel (*Radbruch* Karikaturen der Justiz [1957], S. 14). In kleiner Münze kursieren sie als Witz, Cartoon, Glosse oder Sottise. Ihre Stilmittel sind verzerrende Übertreibung, Verfremdung, Akzentuierung des Komischen, Grotesken oder Makabren an einem Verhalten, einer Absicht oder einer Erscheinung. Sie treiben auf die Spitze, führen ad absurdum, verkürzen und vereinfachen. Sie neigen dazu, dem Interessanten den Vorzug vor dem Wahren zu geben. Immer soll mit Hilfe der künstlerischen Form einem Gedanken, einer Meinung, einem Anliegen ein besonders wirksamer Ausdruck verschafft werden. Aber die Form, die Einkleidung der eigentlichen Aussage, hat nicht nur funktionelle Bedeutung. Auch sie ist eine Äußerung mit eigenem Erklärungswert. Deshalb geht es bei Satire und Karikatur um **zwei Auslegungsvorgänge**: Die Einkleidung, das karikierende oder satirische Gewand, und die eigentliche Aussage (der „Aussagekern") müssen unterschieden, der objektive Sinn der einen und der anderen Komponente je für sich ermittelt werden.[9] Der Aussagekern, das Ergebnis der Frage nach dem Sinngehalt der unverbrämten, der „prosaischen" Äußerung, des „tatsächlich Gemeinten", muss das Ergebnis einer Deutung sein, die dem Empfängerhorizont (Rdn. 19, 22) gerecht wird. Das Postulat ist schwer zu erfüllen. In einer Reihe von Entscheidungen erbringt der „differenzierende Leser", der „verständige Betrachter" und sogar der schlichte „Durchschnittsbeobachter" unwahrscheinliche Interpretationsleistungen (vgl. BGH NJW **1983** 1194, 1195; OLG Köln JMBlNRW **1983** 36, 38; VGH München NJW **1984** 1136, 1137). Entpuppt sich der Aussagekern als eine nach seinem objektiven Sinngehalt ehrenrührige Kundgabe, kann der Kommunikator dennoch vorbringen, er habe angenommen, der 23

---

[9] BVerfGE NStZ **1988** 21, 22 m. Anm. *Würkner*; RGSt. **62** 183, 184; BayObLGSt. **1957** 126, 128 = NJW **1957** 1607; OLG Hamburg MDR **1967** 146 und NJW **1985** 1654 = JR **1985** 429; OLG Hamm NJW **1982** 659, 660; OLG Köln JMBlNRW **1983** 36, 37; *Geppert* JR **1985** 430; *Otto* NJW **1986** 1206, 1207; *Würtenberger* NJW **1982** 610, 612 und **1983** 1144, 1145; *Sch/Schröder/Lenckner*[26] 8a.

Mangel an Ernstlichkeit werde nicht verkannt, wenn er seine Äußerung so verpacke, wie er es getan habe. Spricht die Gesamtschau des Werks (Rdn. 22) für dieses Vorbringen, kann es den Beleidigungsvorsatz in Frage stellen (vgl. RGSt. **12** 141; **62** 183, 184; *Rudolphi* SK 8).

24 Die karikierende oder satirische **Einkleidung** ist das Element, das die Kunstformen der Satire und der Karikatur auszeichnet. Ohne Übertreibung, Verzerrung, Verkürzung, Vereinfachung, Verfremdung des Vertrauten können diese Kunstformen nicht leben. Das wissen der verständige Durchschnittsbetrachter und der differenzierende Durchschnittsleser (-hörer). Deshalb darf die Einkleidung „nicht nach allgemeinen Maßstäben" gemessen werden (OLG Hamburg MDR **1967** 146, 147; ebenso RGSt. **62** 183, 185; OLG Hamburg NJW **1985** 1654; OLG Köln JMBlNRW **1983** 36, 39; *Geppert* JR **1985** 430, 431; *Rudolphi* SK 8). Grenzen gibt es auch für sie (BVerfG NStZ **1988** 21, 22; OLG Hamburg NJW **1985** 1654; OLG Hamm NJW **1982** 659, 660). Sie liegen etwa dort, wo der objektive Sinn der Einkleidung sie als Schmähung (OLG Köln aaO), Besudelung oder Diffamierung (OLG Hamm aaO; KG NStZ **1992**, 385 mit Anm. *Liesching/von Münch* NStZ **1999** 85) erweist, wo ihr Sinngehalt darin liegt, dem Betroffenen den personalen Status abzusprechen (vgl. BVerfGE aaO; *Würkner* NStZ **1988** 23, 24; § 193 Rdn. 10). Zum Ganzen auch *Erhardt* Kunstfreiheit und Strafrecht (1989).

25 **e) Kundgabe durch Unterlassen. Vollendung der Kundgabe.** Die Beleidigung ist ein Begehungsdelikt. Der äußere Tatbestand verlangt eine ehrenrührige Kundgabe als ersten Tatumstand (Rdn. 10). Der Akt der Kundgabe kann sich darin manifestieren, dass etwas nicht getan wird. Auch in einem solchen Falle ist er durchaus Verlautbarung, Erklärung in der Form konkludenten Handelns (*Rudolphi* SK 16; *Sch/Schröder/Lenckner*[26] 12). Dieses Handeln muss in seinem objektiven Sinngehalt eine Äußerung sein, in der dem Betroffenen ein nicht vorhandener Mangel an personalem Geltungswert nachgesagt wird (Rdn. 1, 17). Die Beispiele, die in der Literatur geboten werden,[10] sind zu einem großen Teil nur Exempel für Missachtung der Konvention, für den Mangel an Bereitschaft zu positiven Achtungserweisen und für Indizien über Einstellungen des „Täters", die in der ehrdifferenten Erklärung nicht zum Ausdruck kommen (*Hirsch* Ehre und Beleidigung, S. 239). Als unechtes Unterlassungsdelikt kann die Beleidigung in Fällen der Ingerenz in Erscheinung treten (*Geppert* Jura **1983** 660, 662; *Hirsch* Ehre und Beleidigung, S. 241; OLG Köln NJW **1996** 2878). Im Übrigen kann sich ein Garant, der eine Beleidigung durch einen Dritten nicht verhindert, nur der Beihilfe schuldig machen, weil Täter nur derjenige sein kann, der Subjekt der ehrenrührigen Äußerung ist (*Hirsch* Ehre und Beleidigung, S. 242; *Rudolphi* aaO; *Sch/Schröder/Lenckner*[26] aaO).

26 Eine ehrenrührige Kundgabe und damit der äußere Tatbestand der Beleidigung ist **vollendet,** wenn ein anderer von ihr Kenntnis erlangt (Rdn. 10) und sie in ihrem ehrenrührigen Sinn verstanden hat[11]. Kenntnisnahme über das Medium einer Videokamera

[10] Unterlassung der Anrede „Herr"; Nichtverwendung einer im Briefverkehr üblichen Höflichkeitsformel; Nichterwidern eines Grußes; Nichtergreifen der dargebotenen Hand; das Wegsehen, Übersehen oder Weghören; das räumliche Distanzieren (vgl *Hirsch* Ehre und Beleidigung, S. 238 ff m. w. N.; *Kern* Die Äußerungsdelikte, S. 70; *Liepmann* VDB Bd. IV [1906] S. 272 f).

[11] BGHSt. **9** 17, 19; RGSt. **65** 21; BayObLGSt. **1976** 88, 91 = MDR **1976** 1036; *Binding* Lb. BT, 2. Aufl., S. 145; *Geppert* Jura **1983** 530, 533; *Hirsch* Ehre und Beleidigung, S. 16 Anm. 7 und S. 218 Anm. 39; *Kern* Die Äußerungsdelikte, S. 25; *Regge* MK 28; *Rengier* BT II[6] § 28 Rdn. 22; *Wessels/Hettinger* BT I[28] Rdn. 487; **aA** *Schößler* Anerkennung und Beleidigung, S. 248; *Schramm* Lenckner-FS, S. 539, 560.

reicht aus (BayObLG NJW **2000** 1584). Nach früher herrschender Ansicht ist das Sinnverständnis nicht erforderlich (BGH NJW **1951** 368; RGSt. **29** 398, 399; **60** 34, 35; BayObLGSt. **1957** 126, 128 = NJW **1957** 1607). Das geistige Erfassen des ehrenrührigen Sinnes ist jedoch notwendig, weil eine nicht verstandene Äußerung so gut wie keine Äußerung ist (*Kern* aaO). Auch beleidigende Kundgaben sind Akte inhaltlicher Kommunikation, nicht nur Auslöser physikalischer Vorgänge. Soll durch eine Tatsachenbehauptung fremde Missachtung hervorgerufen werden, ergibt sich aus der tatbestandlichen Struktur der Delikte (§§ 186, 187) das Erfordernis, dass der Kundgabeempfänger den Äußerungssinn versteht. Hat der Kundgebende alles getan, was der Akt der Kundgabe von ihm erfordert, wird durch einen bloßen Sinneswandel die Verwirklichung des äußeren Tatbestands nicht in Frage gestellt (RGSt. **48** 62, 64). Soll die Verwirklichung abgewendet werden, muss der Kundgebende den Erfolg (die Kenntnisnahme durch einen den Sinn seiner Äußerung verstehenden anderen) vereiteln (RGSt. **57** 193, 195). Diese Grundsätze gelten auch dann, wenn jemand vom Inhalt einer schriftlich fixierten Beleidigung, die der Täter auf den Weg brachte oder bringen ließ, unter Verletzung des Briefgeheimnisses Kenntnis erlangt (vgl. RGSt. **26** 207; RG Recht **1917** 129; BayObLGSt. **1976** 88, 91 = MDR **1976** 1036). In der Konsequenz dieser Auffassung liegt es, vollendete Beleidigung anzunehmen, wenn der Kundgebende die ehrenrührige Äußerung seiner Schreibkraft diktiert und sie „die ehrenkränkende Bedeutung" des Diktats „richtig auffaßt", gleichgültig, wie der weitere Vorgang verläuft (RG JW **1924** 911 Nr. 5, *Lackner/Kühl*[25] 8; **aA** *Kindhäuser* BT II 22/13; *Zaczyk* NK 19 vor § 185). Ein Irrtum des Täters über die Person seines (fernmündlichen) Gesprächspartners stellt weder die Verwirklichung des äußeren noch des inneren Tatbestands in Frage (BayObLGSt. **1986** 89, 90 = JR **1987** 431 mit Anm. *Streng*, der der Frage nachgeht, wer in solchen Irrtumsfällen als Verletzter anzusehen ist, wenn die Tat sich gegen den Achtungsanspruch desjenigen richtete, den der Täter für den Angesprochenen hielt).

4. **Folgerungen**, die sich aus dem **Ehrbegriff** und der **Deliktsstruktur** für den äußeren Tatbestand ergeben. Die Beleidigung ist ein Kundgabedelikt. Die Äußerung, die der Tatbestand verlangt, muss in ihrem objektiven Sinngehalt ehrenrührig sein (Rdn. 17). Das ist sie nur, wenn einem anderen ein in Wahrheit nicht vorliegender Mangel oder Makel nachgesagt wird, der den **personalen oder sozialen** Geltungswert mindern würde, wenn er vorläge. Nicht tatbestandsmäßig ist z. B. das Absprechen von besonderen Verdiensten, Eigenschaften, Vorzügen, Leistungen, Vorrechten, der Angriff auf das gesellschaftliche Ansehen, die Nichtrespektierung von Rechtspositionen und von rechtlich geschützten Beziehungen (vgl. Rdn. 32), wenn und solange dem Betroffenen weder ein Mangel an sittlicher Integrität infolge eines Verstoßes gegen (sozial-) ethische Pflichten, noch eine elementare menschliche Unzulänglichkeit nachgesagt wird (Rdn. 13, 17 vor § 185). Gleiches gilt von **Unhöflichkeiten**, Taktlosigkeiten, Verstößen gegen die Konvention (vgl. Rdn. 21), Belästigungen, Foppereien (vgl. BayObLGSt. **1963** 141 = JR **1963** 468 mit Anm. *Schröder*; **1980** 32, 34 = NJW **1980** 1969; *Rogall* NStZ **1981** 102; *Rudolphi* SK 11; *Rüping/Kamp* JuS **1976** 660; OLG Düsseldorf JR **1990** 345 mit Anm. *Keller*; *Geppert* Jura **2002** 820, 825). Sie werden zu beleidigenden Akten, wenn in ihrem objektiven Sinngehalt zum Ausdruck kommt, der Betroffene sei moralisch oder auf Grund elementarer Unzulänglichkeiten minderwertig, weshalb man mit ihm sein „Spielchen" treiben, sich ihm gegenüber flegelhaft oder provozierend benehmen könne (vgl. BayObLGSt. **1963** 141; **1980** 32, 34; *Rudolphi* aaO). Auch Scherze sind ehrenrührige Äußerungen nur unter dieser Voraussetzung (vgl. RGSt. **12** 140, 141). Der an einen Richter adressierte Vorwurf zögerlicher Verfahrensführung ist regel- 27

mäßig noch nicht tatbestandsmäßig (*Lackner/Kühl*[25] 5); etwas anderes gilt, wenn dem Richter willkürliches Vorgehen vorgeworfen wird (BGH NJW **2004** 1541). Schon an der **Äußerung** einer Meinung oder einer Tatsache fehlt es in der Regel, wenn jemand durch Eindringen in fremde Privatsphäre Neugierde befriedigen oder Informationen erlangen will. Im heimlichen Beobachten eines Liebespaars, das in der Öffentlichkeit Zärtlichkeiten austauscht, liegt daher keine Beleidigung (BayObLG NJW **1980** 1969 mit Anm. *Rogall* NStZ **1981** 102). Dasselbe gilt für heimliche Fotoaufnahmen, selbst wenn sie den Betroffenen in peinlichen Situationen zeigen (vgl. auch den durch das 36. StÄG vom 30.7.2004 eingeführten § 201a). Dagegen kann in der Weitergabe derartiger Aufnahmen oder in ihrer Publikation in Zeitschriften oder im Internet eine Beleidigung zu sehen sein.

28 **a) Beleidigung durch Sexualstraftaten oder andere sexuelle Handlungen?**[12] Die Rechtsprechung ignoriert die tatbestandlichen Grenzen, die sich aus dem Wesen der Beleidigung als einem Äußerungsdelikt und daraus ergeben, dass die Ehre mit der Personwürde oder dem allgemeinen Persönlichkeitsrecht nicht gleichgesetzt werden darf, keineswegs (vgl. BGH NStZ **1986** 453 = JR **1987** 125 mit Anm. *Hillenkamp*; BayObLGSt. **1980** 32 = NJW **1980** 1969; **1986** 91; OLG Hamm NJW **1972** 883; OLG Zweibrücken MDR **1986** 871). Aber vielfach hat sie Ansichten vertreten, die dem Kundgabecharakter der Beleidigung und ihrem spezifischen Unrechtsgehalt nicht gerecht werden. Das gilt insbesondere für den Bereich der sexuellen Delinquenz und des nicht unter diese Delinquenz fallenden sexuellen Geschehens. Die beiden Fallgruppen sind damit schon angedeutet: (1.) Der Täter hat ein Sexualdelikt oder den mit Strafe bedrohten Versuch eines Sexualdelikts tatsächlich begangen. (2.) Die Bestrafung wegen einer Sexualstraftat kommt nicht in Betracht, weil das sexuelle Geschehen nicht tatbestandsmäßig ist. Für die erste Fallgruppe wurde in Fortführung der reichsgerichtlichen Judikatur angenommen, dass das Sexualdelikt in seinem „regelmäßigen Erscheinungsbild" auch den Tatbestand der Beleidigung „notwendigerweise" verwirkliche. Aber § 185 trete zurück (BGH StV **1982** 14, 15; BGH NStZ **1987** 21). Tateinheit mit Beleidigung sei zu bejahen, wenn der Täter einen „zusätzlichen" Ehrangriff führe, der über das hinausgehe, was zur „regelmäßigen" Begehung der Sexualstraftat erforderlich sei (BGH aaO; OLG Frankfurt NJW **1967** 2075, 2076: Erzwingung des Geschlechtsverkehrs trotz Monatsblutung). Kann der Täter, der sich tatbestandsmäßig verhalten hat, wegen des Sexualdelikts nicht bestraft werden (etwa weil er mit strafbefreiender Wirkung vom Vergewaltigungsversuch zurückgetreten ist), sei § 185 auch in Fällen des „regelmäßigen Erscheinungsbilds" anwendbar (BGH aaO). Für die zweite Fallgruppe lässt man die Beleidigung als „kleines Sexualdelikt" (*Arzt* JuS **1982** 725) fungieren: Sexuelle Handlungen, die den äußeren (BGH NStZ **1986** 453; **1987** 21; **1988** 69; OLG Hamburg NJW **1980** 2592) oder inneren (BayObLGSt. **1963** 25 = MDR **1963** 333; OLG Düsseldorf NJW **1977** 262) Tatbestand einer Sexualstraftat nicht erfüllen, werden als Beleidigung bestraft und zwar ohne weiteres oder unter der Voraussetzung, dass „die besonderen Begleitumstände, unter denen die sexuellen Handlungen angebahnt oder vorgenommen werden, oder

[12] Mit den „anderen sexuellen Handlungen" oder mit „sexuellen Handlungen, die den Tatbestand eines Sexualdelikts nicht erfüllen" (die „keine Sexualstraftaten sind"), werden in Rdn. 28 bis 32 sexuelle Verhaltensweisen angesprochen, die zwar keine Straftat im Sinne des 13. Abschnitts bilden, die aber mit einem sittlichen oder rechtlichen Makel behaftet sind, insbesondere deshalb, weil sie das Schamgefühl verletzen, die geschlechtliche Selbstbestimmung des „Partners" nicht voll und ganz respektieren oder sich dessen leichte Verführbarkeit zunutze machen.

die Art und Weise ihrer Vornahme das Verhalten des Täters … als einen Angriff gegen die Ehre erscheinen lassen" (BGH NStZ **1986** 453, 454).

Die These, dass Beleidigungen mit dem „**regelmäßigen** Erscheinungsbild" von Sexualdelikten, insbesondere mit Vergewaltigungen und sexueller Nötigung, „**notwendigerweise** verbunden sind" (BGH StV **1982** 14), trifft nicht zu. Gewiss respektiert derjenige die Persönlichkeit seines Opfers nicht, der es durch Gewalt oder Drohung zum Beischlaf oder zur Duldung (Vornahme) sexueller Handlungen zwingt. Aber weder in einem solchen Zwang noch im Ausnutzen des mangelnden Verständnisses von Kindern und Geisteskranken zu sexueller Delinquenz liegt eo ipso eine Kundgabe, die besagt, dass das Opfer einen seine Ehre mindernden Mangel an personalem Geltungswert aufweise. Eine solche Äußerung macht auch derjenige nicht, der andere als Statisten zur Befriedigung seines exhibitionistischen Dranges benötigt (*Haß* SchlHA **1975** 124ff; **aA** OLG Düsseldorf NJW **1977** 262). Schon in der Methode seines Vorgehens gibt der Täter vielfach zu erkennen, dass er die sittliche Integrität seines Opfers in Rechnung stellt und dass er deshalb täuscht, Gewalt anwendet, droht oder überrumpelt. Noch am leichtesten kann die Behauptung eines Mangels an Ehre darin gesehen werden, dass der Täter einem anderen, der einsichts- und urteilsfähig ist, ein bestimmtes sexuelles Verhalten **ansinnt**. Aber man muss unterscheiden, ob der Täter wirklich (konkludent) erklärt, er schätze den Äußerungsadressaten als eine Person ein, der zuzutrauen sei, dass sie auf sein Ansinnen eingehe, oder ob er nur den Wunsch auf ein solches Eingehen – ohne Werturteil über die Person des Kundgabeempfängers – zum Ausdruck bringt (*Geppert* Jura **1983** 580, 590; *Hirsch* Ehre und Beleidigung, S. 62 Anm. 41; *Rudolphi* SK 14. *Hirsch* aaO sagt mit Recht: Wäre das Ansinnen einer ehrenrührigen Handlung für sich allein schon eine Beleidigung, müssten alle Fälle der versuchten, am Nichtwollen des Adressaten scheiternden Anstiftung Verletzungen der Ehre darstellen und nach § 185 strafbar sein. Damit würden die engen Grenzen des mit Strafe bedrohten Versuchs der Beteiligung gesprengt). 29

In BGHSt. **36** 145 (mit Bespr. *Otto* JZ **1989** 803) wurde festgestellt, dass bei einem Sexualdelikt der Tatbestand einer Beleidigung nur vorliegt, wenn der geschlechtliche Angriff über das gewöhnliche Erscheinungsbild eines solchen Delikts hinausgeht und seinen gesamten Umständen nach zum Ausdruck bringt, der Betroffene weise einen ehrmindernden Mangel auf (vgl. auch BGH NStZ **1992** 33 mit Anm. *Keller* JR **1992** 246; OLG Düsseldorf NJW **2001** 3562; OLG Karlsruhe NJW **2003** 1263; LG Freiburg NJW **2002** 3645 mit Bespr. *Martin* JuS **2003** 300; *Hillenkamp* NStZ **1989** 529; *Kiehl* NJW **1989** 3003; *Lackner/Kühl*[25] 6). Die Abgrenzung von Beleidigungen und Sexualdelikten ist allerdings im Detail häufig noch unklar (vgl. vor allem BGH NJW **1986** 2442, dazu *Laubenthal* JuS **1987** 700; *Sick* JZ **1991** 330). 30

Der gegenwärtige Stand der Diskussion lässt sich wie folgt zusammenfassen: Die Ansicht, dass die Beleidigung nicht dazu da ist und von Rechts wegen nicht dazu da sein kann, „die genau umgrenzten Tatbestände der Sittlichkeitsdelikte auszuweiten und zu ergänzen" (*Kern* JZ **1958** 618, 619), Lücken zu schließen, die moralisches Empfinden oder moralisierende Einstellung nicht hinnehmen möchten, hat in BGH NStZ **1986** 453 (= JR **1987** 125 mit Anm. *Hillenkamp*) und BGHSt. **36** 145 ihre grundsätzliche Anerkennung in der Rechtsprechung gefunden. In der Wissenschaft ist sie zur ganz herrschenden Meinung geworden.[13] Sie stützt sich auf die Erkenntnis, 31

[13] Schrifttum, das sich dagegen wendet, die Beleidigung als „kleines Sexualdelikt" fungieren zu lassen (in Auswahl): *Arzt* JuS **1982** 725f; *Geppert* Jura **1983** 580, 588 ff; *Haß* aaO; *Hillenkamp* aaO; *Hirsch* Ehre und Beleidigung, S. 61ff; *Ritze* aaO; *Sch/Schröder/Lenckner*[26] 4; *Welzel* S. 307.

dass mit sexuellen Delikten in aller Regel kein Angriff auf die Ehre, sondern auf das Schamgefühl und auf das allgemeine Persönlichkeitsrecht, insbesondere auf das Recht zur sexuellen Selbstbestimmung oder auf das Rechtsgut der ungestörten geschlechtlichen Entwicklung verbunden ist (vgl. *Hillenkamp* JR **1987** 126, 127). Außerdem zieht diese Auffassung die Folgerungen daraus, dass der aus der Ehre abgeleitete Achtungsanspruch nur durch ein Verhalten verletzt werden kann, das Äußerungscharakter hat und in seinem objektiven Sinngehalt ehrenrührig ist. Es sind jedoch noch manche Abgrenzungsprobleme zu lösen. In Teilen der Öffentlichkeit wird gefordert, bestimmte Formen „sexueller Belästigung" bis hin zum „Cyberstalking" über das Internet (dazu *Hilgendorf/Hong* K&R **2003** 168) auch strafrechtlich zu erfassen. Wie sich diese Diskussion auf die Anwendung des Beleidigungsstrafrechts auswirken wird, bleibt abzuwarten.

32 **b) Beleidigung durch Missachtung der Person, Eingriffe in Rechte und rechtlich geschützte Beziehungen?** Es ist schon wiederholt betont worden, dass die Ehre *ein* Attribut des Menschen, *ein* Aspekt der Personwürde ist. Jede Verletzung der Persönlichkeit beeinträchtigt zwar die Personwürde, aber sie tangiert nicht eo ipso die Ehre. Ebenso gilt: Die Ehre ist nur *eines* der Rechts- und Lebensgüter, auf die sich das allgemeine Persönlichkeitsrecht erstreckt. Sie wird nicht ohne weiteres berührt, wenn das allgemeine Persönlichkeitsrecht (z. B. durch körperliche Misshandlung, Einsperren, Nötigung, Vergewaltigung, Verfälschung des Erscheinungsbildes) verletzt wird. Es ist auch verfehlt, eine Missachtung, Geringschätzung oder Nichtachtung der Ehre in der bloßen Verletzung anderer Rechte, von Ansprüchen, die aus solchen Rechten hergeleitet werden, und von institutionalisierten Beziehungen zu sehen. Daraus folgt: Weder im **Ehebruch** noch in einer anderen sexuellen oder sexualbezogenen Handlung, die sich zwischen einer verheirateten Person und einem Extraneus abspielt, liegt schon deshalb eine Beleidigung des „gehörnten" Ehegatten, weil solches Verhalten ehezerstörend oder mit dem Wesen der Ehe nicht zu vereinbaren ist (Rdn. 36 vor § 185). Die Verletzung des **Erziehungsrechts** als solche impliziert in aller Regel nicht die Kundgabe eines ehrenrührigen Werturteils über den Erziehungsberechtigten (Rdn. 37 vor § 185). Wo in beleidigungsrechtlichen Argumentationen von Missachtung der Person, der Personwürde, der Persönlichkeit, des Persönlichkeitsbildes, des (allgemeinen) Persönlichkeitsrechts oder anderer Rechte die Rede ist (vgl. BGHSt. **1** 288, 289; **7** 129, 130; **9** 17, 18; **11** 67, 71; **16** 58, 60; BGH NStZ **1987** 21, 22; **1988** 69; BayObLGSt. **1957** 200, 201; **1962** 41, 42), sollte man hellhörig sein. Vielfach handelt es sich in solchen Fällen nicht um Missachtung der Ehre (vgl. Rdn. 2 vor § 185).

33 **5. Beispiele für ehrenrührige Kundgaben.** Ehrenrührig sind nur Kundgaben, die in ihrem objektiven Sinngehalt die Erklärung eines Mangels an Ehre zum Ausdruck bringen (Rdn. 10, 17). Nicht die allgemeine (regelmäßige) Bedeutung einer Äußerung ist entscheidend, sondern die Bedeutung, die sich aus den Umständen des Falles ergibt (Rdn. 19, 21). Die Umstände können einer „an sich" beleidigenden Kundgabe den ehrenrührigen Erklärungswert nehmen. Er liegt vor, wenn die auf der Grundlage der Umstände des Falles interpretierte Äußerung (Rdn. 21) dem Betroffenen vorwirft (oder ihm nachsagt), er sei nicht im Vollbesitz der Ehre, weil er seine sittliche Integrität nicht gewahrt habe oder eine elementare menschliche Unzulänglichkeit aufweise. Die in diesem Vorwurf liegende Kundgabe der Missachtung, Geringschätzung oder Nichtachtung kann in Fällen des § 185 ein herabsetzendes Werturteil oder eine herabwürdigende Tatsachenbehauptung sein, wenn lediglich der Betroffene Äußerungsadressat ist. Ist (auch oder nur) ein anderer als der Betroffene Erklärungsadressat, sind nur ehrenrührige Werturteile tatbestandsmäßig i. S. v. § 185 (Rdn. 1). Von

einem Vorwurf (oder einer Konstatierung) eines Mangels an Ehre kann keine Rede sein, wenn der Kommunikator den Betroffenen lediglich von ehrenrührigen Äußerungen Dritter unterrichtet, ohne dass er sich diese Äußerungen zu Eigen macht (*Sch/Schröder/Lenckner*[26] 1).

Die **sittliche Integrität** wird dem Betroffenen abgesprochen, wenn ihm ein bestimmter Verstoß gegen ethische oder rechtliche Pflichten, der nicht nur Bagatellcharakter hat, vorgeworfen wird, wenn in ihm unmoralisches oder kriminelles Verhalten „personalisiert" wird („Dieb", „Ehebrecher", „Kinderschänder") oder wenn über ihn ein die gesamte Persönlichkeit erfassendes Urteil moralischer Minderwertigkeit („Charakterlump") gefällt wird. So kann die (wörtliche oder abgewandelte bzw. verkürzte) Äußerung des Tucholsky-Zitats „Soldaten sind potentielle Mörder" eine Beleidigung darstellen (LG Frankfurt NStZ **1990** 233; BayObLG NJW **1991** 1493; OLG Frankfurt NJW **1991** 2032; **aA** z. B. *Giehring* StV **1992** 194, 199; *Goerlich* Jura **1993** 471, 476; gegen die Annahme einer Beleidigung auch BVerfG NJW **1994** 2943 mit krit. Bespr. *Herdegen* NJW **1994** 2933; *Grasnick* JR **1995** 162; *Campbell* NStZ **1995** 329; *Stark* JuS **1995** 689; zust. dagegen *Lorenz* NJ **1994** 561); zurückhaltender BVerfGE **93** 266, 297 mit krit. Bespr. *Otto* NStZ **1996** 127. Zum Ganzen eindringlich *Tettinger* JuS **1997** 769. Zur auf Bundeswehrsoldaten bezogenen Aussage „Morden, Ja" siehe KG NJW **2003** 685. Auch wenn im Grundsatz eine Beleidigung angenommen wird, bleibt die Unbestimmtheit des betroffenen Personenkreises problematisch (vgl. auch OLG Frankfurt NJW **1989** 1367; BGHSt. **36** 83). Die sittliche Integrität wird auch durch Vorwürfe betroffen, die ein pflichtwidriges Versagen von Gewicht angesichts einer sozialen Aufgabe oder in einer **sozialen Rolle** zum Gegenstand haben (Rdn. 13 vor § 185). Schelt- und Schimpfworte sind beleidigend, wenn sie dem Betroffenen die sittliche Integrität in der eigenen Lebensführung oder im Verhalten zu anderen absprechen („Lump", „Schuft", „Schwein") oder ihm eine elementare menschliche Unzulänglichkeit attestieren (Rdn. 17 vor § 185). Die folgenden Beispiele sind nach der Rechtsprechung Paradigmen für den objektiven Tatbestand. Die Rechtfertigungsfrage (§ 193) wird hier nicht gestellt. OLG Hamm NJW **1982** 1656, 1657: Die Worte „Künstler" und „Werke" werden in einem Flugblatt, das sich gegen einen Karikaturisten richtet, in Anführungszeichen gesetzt. OLG Hamm NJW **1982** 659, 660: In Bezug auf einen Kanzlerkandidaten werden in einer Karikatur die Worte „Faschismus" und „Krieg" gebraucht (zum Ineinandergreifen von zeichnerischer Darstellung und Text vgl. Rdn. 23, 24). OLG Hamburg JR **1983** 298: Der Buchstabe „ß" im Namen des Betroffenen wird durch SS-Runenzeichen ersetzt. OLG Hamm JMBl-NRW **1982** 22: Polizeibeamte werden als „Bullen" bezeichnet (zur Verwendung dieses Ausdrucks vgl. auch KG JR **1984** 165). OLG Karlsruhe MDR **1978** 421: Der Betroffene wird als „Jungfaschist" tituliert. BayObLGSt. **1983** 32, 35 = NJW **1983** 2040: Einem Captain der US-Army und einem farbigen Studenten wird ohne erkennbaren sachlichen Grund der Zutritt zu einer Diskothek verweigert. OLG Schleswig SchlHA **1984** 86: Der Angeklagte fährt mit einem Aufkleber herum, der folgende Szene zeigt: Ein Polizeibeamter, ausgerüstet mit Helm, Schutzschild und Schlagstock, beugt sich über eine am Boden liegende, aus dem Kopf blutende Person und holt zum Schlag aus. Das beigefügte Textwort lautet: „Polizeisportverein". OLG Düsseldorf JMBl-NRW **1981** 223, 224: Polizeibeamten wird der Vorwurf gemacht, sie neigten zu pflichtwidrigem, kriminellen Tun. BGH bei Dallinger MDR **1955** 396: Ein Urteil wird als „Terrorurteil" hingestellt. OLG Hamm NJW **1971** 1852: In einem Brief an einen Rechtsanwalt (der die Verteidigung übernehmen sollte) wird von einem Richter behauptet, er sei „typisch voreingenommen", habe „sehr einseitige Verhandlungspraktiken" und habe sich mit dem Pflichtverteidiger abgesprochen, um den Brief- 34 schreiber „auf die billige Tour ins Zuchthaus zu schicken" (zu den Grenzen des Rechts der Presse, an einem Gericht Kritik zu üben, vgl. OLG Zweibrücken GA **1978** 208; zur Freiheit des Richters, sich in den Entscheidungsgründen eindeutig zu artikulieren, vgl. BGHZ **70** 1). BGH NStZ **1984** 216: Beleidigung durch das Schaffen einer Sachlage, die den Beleidigten kompromittiert.

35 **6. Die Wahrheitsfrage in Fällen des § 185.** Ehrenrührige Tatsachenbehauptungen, die „in Beziehung auf einen anderen" aufgestellt werden, sind als üble Nachrede in §186 mit Strafe bedroht, wenn sie „nicht erweislich wahr sind". Die Fassung des Gesetzes besagt, dass nicht nur ein in der Wahrheitsfrage negatives Beweisergebnis, sondern auch ein non liquet zu Lasten des Täters geht, und dass es gleichgültig ist, weshalb der Wahrheitsbeweis misslingt. Der Grundsatz „in dubio pro reo" greift nicht ein (BGH bei Dallinger MDR **1954** 335 und **1955** 260). Für ehrenrührige Tatsachenbehauptungen nur gegenüber dem Betroffenen – das sind Fälle des § 185 – gilt dagegen nach herrschender Auffassung etwas anderes. § 185 weist die Struktur des § 186 nicht auf. Deshalb darf die **Beweislastumkehr**, die § 186 statuiert, nicht in den Anwendungsbereich des § 185 ausgedehnt werden. Sie läuft Grundprinzipien des Strafrechts zuwider. Für Fälle des § 185 ist der Grundsatz „in dubio pro reo" uneingeschränkt zu respektieren. Die Unwahrheit einer nur dem Betroffenen gegenüber geäußerten ehrenrührigen Tatsachenbehauptung ist also ein Tatbestandsmerkmal, auf das sich der Vorsatz erstrecken muss. Stehen die Unwahrheit oder vorsätzliches Handeln in Bezug auf die Unwahrheit nicht fest, scheitert eine Bestrafung nach § 185 schon am Nichtvorliegen der tatbestandlichen Voraussetzungen. Im Übrigen fehlt in Fällen des § 185 die sachliche Berechtigung für eine Beweislastumkehr: Ist nur der Betroffene Äußerungsempfänger, tritt keine Außenwirkung ein, wenn er sie nicht herbeiführt (auf diesen Gesichtspunkt hat schon RGSt. **4** 401, 402 bei der Interpretation der Worte „in Beziehung auf einen anderen" hingewiesen).[14]

36 **II. Der subjektive Tatbestand** verlangt **Vorsatz**. Bedingter Vorsatz genügt. Der Täter muss wissen oder damit rechnen, dass er über einen anderen etwas Ehrenrühriges äußert und er muss wollen (damit rechnen), dass der Betroffene oder ein Dritter von seiner Äußerung Kenntnis erlangt.[15] Es ist außerdem erforderlich, dass der Täter will (davon ausgeht) oder damit rechnet, dass der Kundgabeadressat seine Äußerung in ihrem ehrenrührigen Sinne versteht (Rdn. 26; BayObLG NStZ-RR **2002** 212). Auf Kränkungsabsicht (animus iniuriandi) kommt es nicht an (OLG Koblenz NJW **1978** 1816, 1817; BGH NJW **2004** 1541, 1542). Rechnet der Täter damit, dass seine in ihrem objektiven Erklärungswert ehrenrührige Äußerung als Kundgabe der Missachtung, Geringschätzung oder Nichtachtung verstanden werden kann, entfällt sein Vorsatz nicht deshalb, weil er ihr einen anderen Sinn beigelegt hat (RGSt. **65** 21, 22; OLG Köln OLGSt. § 185 S. 27). Andererseits kann weder sein Wille noch die Sinndeutung

---

[14] Vertreter der Auffassung, dass für ehrenrührige Tatsachenbehauptungen nur gegenüber dem Betroffenen der Grundsatz „in dubio pro reo" gelten müsse (in Auswahl): BayObLGSt. **1958** 244 = NJW **1959** 57; OLG Köln NJW **1964** 2121; OLG Koblenz MDR **1977** 864; *Geppert* Jura **1983** 580, 587; *Lackner/Kühl*[25] 11; *Rudolphi* SK 4; *Schmid* MDR **1981** 15, 16; *Sch/Schröder/Lenckner*[26] 6; **aA** (Übertragung der Beweislastumkehr des § 186 auf Tatsachenbehauptungen gegenüber dem Betroffenen) OLG Frankfurt MDR **1980** 495; *Hansen* JuS **1974** 104f; *Hartung* NJW **1965** 1743; *Hirsch* Ehre und Beleidigung, S. 204ff; *Otto* Schwinge-Festschrift, S. 83f; *Welzel* S. 310.

[15] BGHSt. **1** 288, 291; BGH GA **1963** 50; RGSt. **48** 62, 63; **71** 159, 160; BayObLGSt. **1983** 32, 33 = NJW **1983** 2040; OLG Koblenz NJW **1978** 1816, 1817; *Rudolphi* SK 20; *Sch/Schröder/Lenckner*[26] 14.

durch Erklärungsempfänger bewirken, dass eine in ihrem **objektiven** Sinngehalt nicht beleidigende Äußerung für den äußeren Tatbestand genügt (Rdn. 17). Die objektiv **mehrdeutige** Äußerung wird in ihrem, von einem Teil der Erklärungsempfänger als ehrenrührig verstandenen Sinn vom Vorsatz umfasst, wenn der Kommunikator (auch) mit dieser Sinndeutung gerechnet hat (Rdn. 20). Zum Vorsatz bei Beleidigungen unter einer Kollektivbezeichnung vgl. Rdn. 29 und 31 vor § 185.

Da tatbestandsmäßiges Handeln nicht entfällt, wenn der Kommunikationsweg anders verläuft, als der Täter es sich vorgestellt hat (Rdn. 10), ist es ein unbeachtlicher error in persona, wenn er den Falschen mit einer Ohrfeige bedenkt oder (am Telefon) beschimpft (RG HRR **1941** 840; KG GA Bd. **69** S. 117; BayObLGSt. **1986** 89, 90 = JR **1987** 431 mit Anm. *Streng*). Ist eine Äußerung für einen Dritten, nicht aber für den gemeinten Kundgabeempfänger beleidigend, so erwächst aus error in persona kein Vorsatz (*Welzel* S. 309). Erkennt der Äußerungsempfänger den Irrtum des Täters und bezieht er, weil er die Zusammenhänge durchschaut, die scheinbar ihm geltende ehrenrührige Kundgabe nicht auf sich, so ist das nur von Bedeutung für die Frage, wer in diesem Falle Verletzter ist (BayObLGSt. aaO; *Streng* aaO 432; *Sch/Schröder/Lenckner*[26] 14). Bei ehrenrührigen Tatsachenbehauptungen, von denen nur der Betroffene Kenntnis erlangen soll (die also nicht gegenüber einem Dritten „in Beziehung auf einen anderen" gemacht werden, wie § 186 es voraussetzt), bewirkt der lediglich einen Fall des § 185 umfassende Vorsatz, dass es bei der Anwendung dieser Vorschrift auch dann verbleibt, wenn es doch zur Kundgabe an einen Dritten kommt, z. B. deshalb, weil sich der Täter über die Person des Erklärungsempfängers irrt oder weil die (verkörperte) Erklärung fehlgeleitet wird (*Sch/Schröder/Lenckner*[26] 14; *Maurach/Schroeder/Maiwald* BT 1[9] § 25 Rdn. 15; *Welzel* S. 309). Auch wenn der Täter will (damit rechnet), dass der Betroffene von einer ehrenrührigen Tatsache Kenntnis erlangt, die in Beziehung auf ihn behauptet worden ist (Fall des § 186), kommt § 185 nicht zur Anwendung, falls sie nicht (auch) ihm gegenüber abgegeben worden ist (BayObLG NJW **1962** 1120; Rdn. 44 vor § 185). 37

III. Tatbestandsausschluss durch Einwilligung. Die Ehre selbst kann nur ihr Träger durch „ehrlose" Handlungen mindern. Anderen gegenüber kann er darauf verzichten, den Anspruch auf Achtung seiner Ehre geltend zu machen. Das ist mehr als ein Verzicht auf Rechtsschutz. Die Preisgabe des Anspruchs führt zum Wegfall des Angriffs-(Handlungs-)objekts. Soweit die Preisgabe reicht, ist eine tatbestandsmäßige Kundgabe der Missachtung, Geringschätzung oder Nichtachtung nicht mehr möglich. Infolgedessen ist die Einwilligung in ein „an sich" beleidigendes Verhalten als tatbestandsausschließendes **Einverständnis** aufzufassen (BGH GA **1963** 50; RGSt. **60** 34, 35; *Bockelmann* JR **1954** 327; *Zaczyk* NK 14). Nach anderer Ansicht ist die Einwilligung Rechtfertigungsgrund (BGHSt. **11** 67, 72; BGH NJW **1951** 368; RGSt. **45** 344; **71** 349; BayObLGSt. **1963** 25 = MDR **1963** 333; *Welzel* S. 311). Nach herrschender Meinung kann je nach Sachlage durch sie der Tatbestand ausgeschlossen oder die tatbestandsmäßige Handlung gerechtfertigt werden (*Rudolphi* SK 19; *Sch/Schröder/Lenckner*[26] 15). Um Einverständnis soll es insbesondere in Fällen gehen, in denen der Betroffene einem ehrenrührigen Ansinnen nachkommt, selbst durch ein Tun oder Unterlassen seine Ehre mindert (*Hirsch* Ehre und Beleidigung, S. 68 Anm. 52a; *Rudolphi* aaO). Gedacht ist vor allem an „Preisgabe der Geschlechtsehre". Aber die sog. Sexualbeleidigung ist in aller Regel schon aus anderen Gründen nicht tatbestandsmäßig (vgl. Rdn. 28 bis 31). Die Frage nach der Verortung einer Zustimmung im Tatbestand oder in der Rechtswidrigkeit hat vor allem für die Einordnung als Tatbestands- oder als Erlaubnistatbestandsirrtum Bedeutung. 38

39 Das Einverständnis muss zur Zeit der Tat vorhanden sein. Die vorher erteilte Zustimmung ist nur wirksam, wenn sie bei Tatbegehung noch fortbesteht. Bis dahin ist sie frei widerruflich. Auch die tatbestandsausschließende Einwilligung ist rechtlich nur beachtlich, wenn der Einwilligende die Bedeutung und Tragweite der Tat und seines Einverständnisses zu überschauen vermag (vgl. BGHSt. **5** 361, 362; **8** 357, 358; BGH GA **1956** 317; **1963** 50; BayObLGSt. **1963** 25; OLG Stuttgart NJW **1962** 62). Die Einsichts- und Urteilsfähigkeit Jugendlicher in Bezug auf sexuelles Geschehen wird heute nur noch ausnahmsweise zu verneinen sein (vgl. BGH DRiZ **1972** 242, 243). Der Grundsatz, dass in eine sittenwidrige Tat nicht rechtswirksam eingewilligt werden kann, gilt für das Einverständnis nicht. Die Auswirkung von Willensmängeln hängt von den Umständen des Falles ab. Eine Täuschung, die dem Betroffenen das Ehrenrührige eines Geschehens verbirgt, schließt eine beachtliche Einwilligung aus (OLG Stuttgart NJW **1962** 62). Auf sie wird es in solchen Fällen aber auch gar nicht ankommen. Eine erschlichene Einwilligung ist jedenfalls dann unwirksam, wenn sie auf einer rechtsgutsbezogenen Täuschung beruht (*Lackner/Kühl*[25] 12). Die irrtümliche Annahme einer wirksamen Einwilligung kann Tatbestandsirrtum (so, wenn der Irrende einen zum Tatbestandsausschluss führenden Sachverhalt annimmt) wie auch Verbotsirrtum sein (so, wenn der Irrende meint, es komme nur darauf an, dass ein Kind freiwillig mitmache oder widerstandslos dulde, vgl. BayObLGSt. **1963** 25, 26).

40 **IV. Täterschaft, Wahrheitsbeweis, Rechtfertigung.** Täter ist nur, wer eigene Missachtung zum Ausdruck bringt. Infolgedessen kann Mittäter nur sein, wer sich die ehrenrührige Äußerung zu Eigen macht (*Sch/Schröder/Lenckner*[26] 17). Der Einsender eines beleidigenden Artikels und der Redakteur, der ihn veröffentlicht, können das Delikt mittäterschaftlich begehen. Wer sich eines anderen, der den Sinn einer beleidigenden Äußerung nicht versteht, zu ihrer Übermittlung bedient, ist mittelbarer Täter.

41 Der **Beweis der Wahrheit** ehrenrühriger Tatsachenbehauptungen (auf sie ist § 185 anzuwenden, wenn sie nur gegenüber dem Betroffenen gemacht worden sind) ist Strafausschließungsgrund, der nicht nur persönlich wirkt, sondern auch die Strafbarkeit eines Teilnehmers entfallen lässt (vgl. § 190 Rdn. 1). Da in Fällen des § 185 die Unwahrheit der Behauptung Tatbestandsmerkmal ist (Rdn. 35), wird durch den Beweis der Wahrheit die Tatbestandsmäßigkeit ausgeschlossen. Sind die bewiesenen Tatsachen so kundgegeben worden, dass sich aus der Form der Behauptung oder aus den Umständen der Äußerung ein ehrverletzendes Werturteil ergibt, vermag der Wahrheitsbeweis an der Erfüllung des Tatbestands durch dieses Urteil nichts zu ändern (vgl. die Erläuterungen zu § 192). Zu den Umständen gehört der **Zeitablauf**. Er kann bewirken, dass Tatsachen, die einmal die Ehre des Betroffenen minderten, mehr und mehr inaktuell, nichtssagend werden und schließlich jede Bedeutung verlieren. Wer sie dennoch dem Betroffenen vorwirft, handelt tatbestandsmäßig. Der Wahrheitsbeweis lässt die verfehlte Reaktualisierung unberührt (ebenso *Otto* Schwinge-Festschrift, S. 85f). Er kann im Übrigen auch bei ehrenrührigen **Werturteilen** eine Rolle spielen. Sie können sich (ausdrücklich oder erkennbar) auf Tatsachen beziehen (Rdn. 6). Ist das der Fall, kann der Beweis der Wahrheit dieser Tatsachen den Grad des Verschuldens mindern, also für die Strafzumessung von Bedeutung sein (RGSt. **1** 260, 262; **64** 10, 11; RG HRR **1933** 896; RG JW **1934** 692 Nr. 12; OLG Hamm NJW **1961** 1937), er kann aber auch zur Straflosigkeit führen, wenn die bewiesene Tatsachenbasis das Werturteil als **tatsachenadäquat** erscheinen lässt (vgl. Rdn. 6). Dem Täter kann nicht versagt werden, eine Tatsachenbasis im Prozess „nachzuliefern". Denn entscheidungserheblich ist nicht die Frage, von welchem Kenntnisstand er aus-

gegangen ist, sondern ob die Ehre des Betroffenen tatsächlich gemindert war (*Hirsch* Ehre und Beleidigung, S. 215).

Als **Rechtfertigungsgründe** kommen in Betracht: (1.) Ehrennotwehr. Sie ist erlaubt, wenn der ehrenrührige Angriff fortdauert, die beleidigende Reaktion zur Abwendung erforderlich ist und zu diesem Zweck erfolgt (vgl. BGHSt. **3** 218; RGSt. **21** 171; **29** 240). (2.) Rechtfertigender Notstand. (3.) Nicht missbräuchliche Ausübung des Erziehungsrechts (vgl. RGSt. **73** 116). (4.) Wahrheitsgetreue Berichterstattung über öffentliche Sitzungen der Bundesversammlung, einer gesetzgebenden Körperschaft oder eines Ausschusses einer solchen Körperschaft (Art. 42 Abs. 3 GG; § 37). Der Schutz für Äußerungen in einer dieser Körperschaften oder in einem Ausschuss wird dagegen nur in Form eines persönlichen Strafausschließungsgrundes gewährt (Art. 46 Abs. 1 S. 1 GG; § 36). (5.) Die in § 193 aufgeführten Gründe und „ähnliche Fälle" (vgl. die Erläuterungen zu dieser Vorschrift. In ihrem Rahmen wird auch auf Art. 5 GG – Meinungsfreiheit und Kunstfreiheit – eingegangen). **42**

V. Konkurrenzen. Das Verhältnis zu §§ 186, 187 ist schon erörtert worden (Rdn. 1; Rdn. 43, 44 vor § 185). Die gegen eine Person gerichtete Beleidigung kann unmittelbar ehrenrührig auch für einen Dritten sein (wer einen anderen „Hurensohn" nennt, beleidigt ihn und seine Mutter; RGSt. **70** 248; Rdn. 34 vor § 185). Das Ingangsetzen der Kundgabe durch einen Realakt (Absenden oder Übergeben oder Erscheinenlassen einer Schrift) ist ein alle ehrenrührigen Äußerungen, die Gegenstand der Kundgabe sind, erfassendes und tateinheitlich zusammenfassendes Handlungsmoment (ebenso *Rudolphi* SK 25). Für mehrere beleidigende Äußerungen in einer Rede kann das nicht gelten. Hier fehlt ein einheitlicher Kundgabeakt. Es kann aber durchaus sein, dass sie eine natürliche Handlungseinheit bilden. Die Rechtsprechung vertritt folgenden Standpunkt: Beleidigungen mehrerer Personen an verschiedenen Stellen eines Schreibens oder einer Druckschrift bilden eine Einheit, wenn sie durch ihren **inhaltlichen Zusammenhang** oder durch die Fassung oder durch Inhalt und Fassung so verbunden sind, dass sie nach natürlicher Auffassung als Teile einer zusammengehörenden Äußerung erscheinen (RGSt. **66** 1, 4; RG DJ **1939** 623; RG HRR **1940** 1147). Stehen sie in keinem oder in einem nur losen Zusammenhang, so besteht Tatmehrheit (RGSt. **66** 1, 4; RG JW **1935** 2961; ebenso *Sch/Schröder/Stree*[26] Rdn. 29 vor § 52). Die nicht in einem materiellen Zusammenhang stehenden Beleidigungen mehrerer Personen in einer Schrift können aber durchaus Teile einer Tat im prozessualen Sinne (§ 264 Abs. 1 StPO) sein. Mehrere Beleidigungen derselben Person in einem Schriftstück treffen in der Regel tateinheitlich zusammen (RGSt. **62** 84, 85). **43**

Idealkonkurrenz ist möglich mit § 90b (BGHSt. **6** 159, 160f; *Sch/Schröder/Stree*[26] § 90b Rdn. 10), § 113 (RG JW **1928** 1456; OLG Köln VRS **37** 35), § 166 (RGSt. **23** 105), § 223 (BGH bei Dallinger MDR **1975** 196; RGSt. **64** 118, 121, RG JW **1938** 1389; *Sch/Schröder/Eser*[26] § 223 Rdn. 71), § 333 (RG LZ **1916** 681). § 90 geht als die speziellere Vorschrift vor (BGHSt. **16** 338), es bleiben jedoch die §§ 190, 192, 193, 200 anwendbar (*Sch/Schröder/Stree*[26] § 90 Rdn. 11). Wenn der Täter bei Gelegenheit seines sexuellen Tuns in einem Verhalten, das nach seinem objektiven Erklärungswert Kundgabe eines herabsetzenden Werturteils oder einer ehrenrührigen Tatsachenbehauptung ist, tatsächlich die Ehre seines Opfers angreift, dann begeht er ein selbständiges Delikt, das mit der Sexualstraftat tateinheitlich zusammentrifft. **44**

§ 186
Üble Nachrede

Wer in Beziehung auf einen anderen eine Tatsache behauptet oder verbreitet, welche denselben verächtlich zu machen oder in der öffentlichen Meinung herabzuwürdigen geeignet ist, wird, wenn nicht diese Tatsache erweislich wahr ist, mit Freiheitsstrafe bis zu einem Jahr oder mit Geldstrafe und, wenn die Tat öffentlich oder durch Verbreiten von Schriften (§ 11 Abs. 3) begangen ist, mit Freiheitsstrafe bis zu zwei Jahren oder mit Geldstrafe bestraft.

Schrifttum

Beling Wesen, Strafbarkeit und Beweis der üblen Nachrede (1909); *Bemmann* Was bedeutet die Bestimmung „wenn nicht diese Tatsache erweislich wahr ist" in § 186 StGB?, MDR **1956** 387; *Bockelmann* Ist die Weitergabe ehrverletzender Tatsachen strafbar, die der Beleidigte selbst mitgeteilt hat?, JR **1954** 327; *Geisler* Zur Vereinbarkeit objektiver Bedingungen der Strafbarkeit mit dem Schuldprinzip (1998); *Hansen* Üble Nachrede im Interesse des Verletzten, JR **1974** 406; *Hartung* Gefahr für den Ehrenschutz, NJW **1965** 1743; *Helle* Die Unwahrheit und die Nichterweislichkeit der ehrenrührigen Behauptung, NJW **1964** 841; *Hilgendorf* Tatsachenaussagen und Werturteile im Strafrecht (1998); *Hirsch* Grundfragen von Ehre und Beleidigung, Festschrift für E. A. Wolff zum 70. Geburtstag (1998), 125; *v. Lilienthal* Üble Nachrede und Verleumdung, VDB Bd. **IV** (1906) 375; *Miseré* Die Grundprobleme der Delikte mit strafbegründender besonderer Folge (1997); *Müller* Üble Nachrede durch Strafanzeige?, MDR **1966** 629; *Ranft* Keine üble Nachrede durch Strafanzeige?, MDR **1966** 107; *Roeder* Wahrheitsbeweis und Indiskretionsdelikt usw., Festschrift für Reinhart Maurach zum 70. Geburtstag (1972), 347; *Stratenwerth* Objektive Strafbarkeitsbedingungen im Entwurf eines StGB 1959, ZStW **71** (1959) 565; *Streng* Verleumdung durch Tatsachenmanipulation?, GA **1985** 214; *Veith* Öffentlichkeit der Hauptverhandlung und üble Nachrede, NJW **1982** 2225; *Zieschang* Die Gefährdungsdelikte (1998). Vgl. auch die Angaben vor der Übersicht zu den Vorbemerkungen und vor der Übersicht zu § 185.

Übersicht

1 **I. Anwendungsbereich und tatbestandlicher Aufbau.** Im Unterschied zur einfachen Beleidigung erfasst der Tatbestand der üblen Nachrede das Behaupten oder Verbreiten von ehrenrührigen Tatsachen, wenn Kundgabeempfänger nicht oder nicht nur der Betroffene ist. Das ergibt sich aus den Worten „in Beziehung auf einen anderen" (RGSt. **4** 401; **29** 40; **41** 61, 64; BayObLGSt. **1958** 244 = NJW **1959** 57; OLG Celle GA **1960** 247; OLG Koblenz MDR **1977** 864; *Hirsch* Ehre und Beleidigung, S. 147ff). Im Unterschied zur Verleumdung setzt die üble Nachrede nicht voraus, dass die Tatsachenbehauptung unwahr ist. Die Unwahrheit ist also kein Tatbestandsmerkmal der üblen Nachrede. Das folgt aus den Worten „wenn nicht diese Tatsache erweislich wahr ist" und der Stellung dieser Worte hinter der Tatbestandsbeschreibung. Den-

noch unterfallen ihr unwahre Tatsachenbehauptungen, deren Unwahrheit der Behauptende oder Verbreitende nicht kannte oder nicht sicher kannte, weil die Verleumdung verlangt, dass der Täter eine unwahre Tatsache „wider besseres Wissen" behauptet oder verbreitet. Gegenüber der einfachen Beleidigung – sofern sie nicht „mittels einer Tätlichkeit" verübt wird – ist die üble Nachrede zwar nur in den Fällen, in denen der Täter sie öffentlich oder durch Verbreiten von Schriften begeht, mit höherer Strafe bedroht. Aber sie ist bei abstrakter Betrachtung eindeutig das Delikt mit dem höheren Unrechtsgehalt. Denn im Vergleich zum unsubstantiierten Werturteil hat die (auch) gegenüber einem Dritten abgegebene Tatsachenäußerung als motiviertes Urteil mehr Gewicht. Das Werturteil ist in seiner Suggestivkraft vom Prestige des Täters abhängig. Tatsachen sprechen für sich. Das deskriptive Urteil „in Beziehung auf einen anderen" erscheint als Ausdruck der Faktizität, an der es nichts zu rütteln gibt, als schon verifiziert oder doch verifizierbar. Deshalb ist es besser als das Werturteil oder die Meinungsäußerung geeignet, den Kundgabeempfänger gegen den Betroffenen einzunehmen.

Im Interesse eines wirksamen Ehrenschutzes bedroht das Gesetz in § 186 die **2**
ehrenrührige Tatsachenbehauptung nicht erst mit Strafe, wenn sie unwahr ist, sondern schon dann, wenn sie **„nicht erweislich wahr"** ist. Das bedeutet: Bis zum Beweis der Wahrheit der ehrenrührigen Tatsachenäußerung wird vermutet, dass der Betroffene frei von Mängeln ist, die seinen personalen Geltungswert mindern würden, und dass er deshalb die Achtung verlangen kann, die ungeschmälerter Ehre gebührt (*Otto* Schwinge-Festschrift, S. 82; *Sch/Schröder/Lenckner*[26] 1; *Tenckhoff* Bedeutung des Ehrbegriffs, S. 80f, 108). Allerdings gehören wahre ehrenrührige Tatsachenäußerungen zu den normalen Ausdrucksformen des Soziallebens. Deshalb wird seit langem darauf hingewiesen, es sei „undenkbar", „sozial unerträglich", die Kundgabe ehrenrühriger Tatsachen schlechthin für tatbestandsmäßig und damit für verboten zu erklären (*Hirsch* Ehre und Beleidigung, S. 154; *Welzel* S. 313; *Wolff* ZStW **81** [1969] 906). Ein solches Verbot mit der Konsequenz, dass die Wahrheitsfrage für den subjektiven Tatbestand gleichgültig sei, stelle auf einen unrechtsindifferenten Tatbestand ab und laufe auf eine Verletzung des Schuldprinzips hinaus (*Welzel* S. 314 m. w. N.).

Die mit solchen Erwägungen begründete Sorge um eine **tragfähige Verbotsmaterie** **3**
des § 186 löste schon früh verschiedene Vorschläge zu ihrer Umstrukturierung oder Komplettierung aus. *Binding* (Lb. BT 1, Bd. 2, S. 158 f) wollte die prozessuale Nichterweislichkeit als Tatbestandsmerkmal behandeln. Damit machte er ein Ereignis, das der Tathandlung mit erheblichem zeitlichen Abstand folgt, die Beweisbarkeit im Prozess, zu ihrem Bestandteil (*Bockelmann* JZ **1954** 328). Das Erfordernis des Bewusstseins der Nichterweislichkeit (oder das damit Rechnen) wäre aber in einem Ausmaß, das die Effektivität der Strafbestimmung verkümmern ließe, Ursache echter Tatbestandsirrtümer und Vorwand für nicht widerlegbare Ausreden (*Bockelmann* aaO; *Hirsch* Ehre und Beleidigung, S. 161). *Nagler* hat die Lehre *Bindings* modifiziert (LK[8] § 186 Anm. II 4): Es komme auf die Beweisbarkeit im Augenblick der Kundgabe an. Die Erweislichkeit im Prozess sei Klarstellung fehlender, die Nichterweislichkeit Konstatierung der Tatbestandsmäßigkeit. Dieser Ansatz ist für den objektiven Tatbestand ein bloßes „Spiel mit Worten". Er ist beim Misslingen des Wahrheitsbeweises erfüllt und es ist kein glücklicher Gedanke, für ein Tatbestandsmerkmal, das letzten Endes irrelevant ist, Vorsatzkongruenz zu verlangen (mit der soeben aufgezeigten Folge für den Schutz der Ehre). *Beling* (S. 8ff; ebenso *Bemmann*) will die Unwahrheit zwar als Tatbestandsmerkmal behandeln. Sie und das Bewusstsein der Unwahrheit sollen

aber im Prozess vermutet werden. Es ist jedoch keine akzeptable Lösung, dass jemand wegen vorsätzlich begangener, unwahrer übler Nachrede auf der Grundlage von Vermutungen verurteilt werden kann (*Hirsch* Ehre und Beleidigung, S. 166).

4 Eine neuere Theorie lässt den objektiven Tatbestand unberührt, verlagert aber dennoch das wesentliche Unrechts- und Schuldelement in die Wahrheitsfrage, indem sie fordert, dem Täter, der nicht vorsätzlich handele, müsse vorgeworfen werden können, er habe sich nicht mit der **gebotenen Sorgfalt** vergewissert, ob die von ihm behauptete oder verbreitete Tatsache wahr ist. Was bei der üblen Nachrede interessiere, sei nicht der Eintritt des Verletzungserfolgs – die Vorverlegung des Strafschutzes sei nicht zu beanstanden –, auch nicht der Umstand, dass das Rechtsgut in Gefahr geraten ist, sondern allein die riskante Handlung, die Abgabe einer ehrenrührigen Tatsachenäußerung, obwohl im Zeitpunkt der Kundgabe nach verständigem Urteil die Möglichkeit in Rechnung gestellt werden muss, dass die Äußerung unwahr ist. § 186 müsse restriktiv ausgelegt werden. Erst wenn in Bezug auf die Wahrheitsfrage Sorgfaltswidrigkeit gegeben sei, liege ein verbotenes Verhalten, ein Handlungsunwert vor (*Hirsch* Ehre und Beleidigung, S. 168 ff; *ders.*, Wolff-FS, S. 125, 144; ihm folgend z. B. *Tröndle/Fischer*[52] 13; Wessels/*Hettinger* BT I[28] Rdn. 501; *Kindhäuser* Gefährdung als Straftat [1986], S. 298; *Küpper* JA **1985**, 453; *Geisler* Zur Vereinbarkeit objektiver Bedingungen der Strafbarkeit mit dem Schuldprinzip [1998], S. 437; *Regge* MK 28; *Rudolphi* SK 15; *Streng* GA **1985** 214, 226; *Welzel* S. 314; *Wolff* ZStW **81** [1969] 907; *Zaczyk* NK 19; **aA** *Geppert* Jura **2002** 820; *Lackner/Kühl*[25] 7a). Eine Schwäche dieser Theorie liegt darin, dass bei gleichliegendem (grob) sorgfaltswidrigen Verhalten bald Strafe eintreten kann (weil die Beweisaufnahme in der Wahrheitsfrage mit einem non liquet endet), bald Bestrafung ausgeschlossen ist (weil der Wahrheitsbeweis gelingt). Ferner spricht gegen sie, dass der Täter, der glaubt, die von ihm behauptete oder verbreitete Tatsache sei wahr, auch durch § 193 geschützt werden könnte (*Herdegen* Voraufl. 4). Allerdings wird § 193 erst auf der Ebene der Rechtswidrigkeit geprüft. Es erscheint sehr fraglich, ob der Tatbestand ohne ein hinsichtlich der Unwahrheit der vorgebrachten Tatsachenäußerung wenigstens sorgfaltspflichtwidriges Handeln des Täters überhaupt einen Unrechtstypus umschreibt. Für die den § 186 restriktiv interpretierende, ein sorgfaltspflichtwidriges Verhalten des Täters fordernde Ansicht spricht vor allem das **Schuldprinzip**. Sie verdient deshalb den Vorzug (**aA** *Herdegen*, Voraufl. 4)

II. Der objektive Tatbestand

5 **1.** Die Worte **„in Beziehung auf einen anderen"** bedeuten: Es genügt nicht, dass eine ehrenrührige Tatsache lediglich gegenüber dem Betroffenen behauptet wird. Von der Äußerung (sei es ein Behaupten, sei es ein Verbreiten) muss (auch oder nur) **ein Dritter** Kenntnis erlangen und der Täter muss das wollen oder doch damit rechnen. Wenn der Vorsatz des Täters nur auf Kundgabe an den Betroffenen gerichtet ist, verbleibt es bei der Anwendung des § 185 auch dann, wenn es doch dazu kommt, dass ein Dritter Kenntnis erlangt, z. B. deshalb, weil der Täter sich über die Person des Erklärungsempfängers irrt oder weil eine verkörperte Erklärung fehlgeleitet wird (vgl. § 185 Rdn. 37; RGSt. **41** 61, 64). Infolgedessen kann bei Beleidigung einer Behörde durch ehrenrührige Tatsachenbehauptungen Strafbarkeit aus § 186 nur eintreten, wenn Personen, die nicht zur Behörde gehören, Kundgabeempfänger sind und der Täter das will oder damit rechnet (RGSt. **7** 285; **56** 100; RG GA Bd. 68 S. 315). Muss der Betroffene ein Schreiben, das die ehrenrührigen Tatsachenbehauptungen enthält,

in Erfüllung einer (dienstlichen) Pflicht an Dritte weitergeben und weiß der Täter das (oder rechnet er damit), so sind auch die Dritten Kundgabeempfänger; der Betroffene ist Werkzeug des Täters (RGSt. **41** 61, 63f; **65** 358). Auch wenn der Betroffene von einer ehrenrührigen Tatsachenbehauptung Kenntnis erlangt, die in Beziehung auf ihn (also gegenüber Dritten) behauptet worden ist, kommt nur § 186 zur Anwendung, selbst wenn der Täter wollte oder damit rechnete, dass der Betroffene die Behauptung erfährt (BayObLGSt. **1962** 48, 51f = NJW **1962** 1120; OLG Celle NdsRpfl. **1960** 92). War neben einem Dritten auch der Betroffene Erklärungsadressat, so soll nach herrschender Meinung Tateinheit zwischen übler Nachrede und einfacher Beleidigung anzunehmen sein (vgl. dazu Vor § 185 Rdn. 44).

2. Eine **Tatsache** muss behauptet oder verbreitet werden. Zu ihr und der Abgren- 6
zung vom Werturteil und von der Meinungsäußerung vgl. § 185 Rdn. 2 bis 9. Nicht nur ein einzelner Vorgang, sondern auch eine Reihe fortlaufender, gleichartiger Geschehnisse kann in ihrer Gesamtheit als Tatsache angesehen und zum Gegenstand einer zusammenfassenden Behauptung gemacht werden (RGSt. **55** 131). Das gilt insbesondere, wenn einer Person auf Grund bestimmter Handlungen eine Eigenschaft nachgesagt wird. Wenn sie in Anknüpfung an äußere Tatsachen konkret fassbar wird, kann die Behauptung einer dem Beweise zugänglichen Tatsache vorliegen (RG aaO 132). Allgemein lässt sich sagen, dass dem Tatsachenbegriff Abstraktionen zu unterstellen sind, die auf Einzelbeobachtungen und Einzelerfahrungen fußen und zu ihrer kategorialen Verarbeitung dienen (*Engisch* Lange-Festschrift, S. 406). Zur Verknüpfung von Tatsachenbehauptungen mit Werturteilen vgl. § 185 Rdn. 5 und 6.

3. Wer eine Tatsache **behauptet**, gibt sie als wahr aus, erklärt (ausdrücklich oder in 7
Form einer kontextualen Implikation), dass er sie für wahr (gewiss) erachte (RGSt. **38** 368; **60** 373, 374; **67** 268, 269; OLG Köln NJW **1963** 1634). Es ist gleichgültig, ob er seine Behauptung auf eigene Wahrnehmungen (Beobachtungen) stützt oder ob er ein Tatsachenurteil aus Indizien ableitet (z. B. aus den Bekundungen und der Glaubwürdigkeit eines Gewährsmannes), die er kennt oder zu kennen meint (RGSt. **67** 268, 270; *Rudolphi* SK 9). Es muss aber stets **eigene** Überzeugung des Behauptenden, dass etwas vorhanden oder geschehen sei, **sein** Wissen oder Fürwahrhalten zum Ausdruck kommen (RGSt. **38** 368; **67** 268, 270; OLG Köln aaO; *Geppert* Jura **1983** 580; *Hansen* JuS **1974** 104, 107; *Sch/Schröder/Lenckner*[26] 7). Dagegen ist es nicht erforderlich, dass der Behauptende die Prämissen seiner Folgerung mitteilt (RG aaO). Wer nur Indizien liefert, die dem Äußerungsempfänger Gelegenheit zu eigenen Konklusionen geben, behauptet nur diese Indizien, nicht das Resultat der Überlegungen des Erklärungsadressaten (OLG Köln aaO). In der wahren Darlegung von Indizien kann aber zugleich eine Verbreitung unwahrer oder nicht erweislich wahrer Tatsachen liegen: Der Gewährsmann hat zwar gesagt, was der Kommunikator behauptet, aber er hat gelogen, halluziniert oder sich geirrt (vgl. *Hansen* aaO). Ein Behaupten kann im Aufwerfen einer Frage, in der Äußerung eines Verdachts oder einer Vermutung liegen (OLG Köln NJW **1962** 1121; **1963** 1634; OLG München NJW **1993** 2998, 2999; vgl. auch Stapper ZUM **1995** 590, 596), es kann in versteckter Form vorgebracht, in eine ausgeklügelte Wendung gekleidet, das „Beweismaß" kann auf „wahrscheinlich", „möglich", ja sogar auf „unwahrscheinlich" herabgestuft, die Wissensgrundlage als unsicher oder unbestimmt bezeichnet werden. In all diesen Fällen handelt es sich dennoch um ein Behaupten, wenn der objektive Sinngehalt der Äußerung – wie die Umstände ergeben (vgl. § 185 Rdn. 17, 21) – dahin geht, dem Kundgabeempfänger eine für den Betroffenen ehrenrührige Tatsache als ein bestehendes Faktum zu vermit-

teln.[1] Eine Behauptung verliert ihren Charakter als Behauptung nicht zwingend dadurch, dass der Täter sie mit Wendungen einleitet wie „meines Erachtens", „ich glaube", „ich bin der Meinung", „es muß wohl angenommen werden" (RGSt. **67** 268, 270; OLG Köln **1963** 1634). In vielen Fällen wird es aber so liegen, dass der Geltungsanspruch der Äußerung auch für den Äußerungsempfänger so gering ist, dass von einem „Behaupten" nicht mehr ausgegangen werden kann (*Hilgendorf* S. 186, 188ff) Wer einen von ihm mitgeteilten, unverfänglichen Sachverhalt erkennbar abwegig (entstellend) wertet und auf der Grundlage dieser Wertung zu einer ehrenrührigen Tatsachenbehauptung gelangt, begeht nur eine einfache Beleidigung. Aus dem kontextualen Zusammenhang wird deutlich, dass die „Tatsachen" hier bloß subjektive Produkte sind (BayObLG NStZ **1983** 126, 127; *Rudolphi* aaO; *Sch/Schröder/Lenckner*[26] 7; § 185 Rdn. 7). Das Schaffen einer **kompromittierenden Sachlage** ist keine üble Nachrede und zwar entweder deshalb nicht, weil es an einer Äußerung und damit an einem Behaupten fehlt (z. B. im Falle des Versteckens von Diebesgut in der Tasche eines anderen) oder weil der erforderliche Drittbezug, das Behaupten „in Beziehung auf einen anderen" (Rdn. 5) nicht zu erkennen ist: Der Täter gibt für etwas, was **er** tut, den Betroffenen als Akteur aus (BGH NStZ **1984** 216; *Rudolphi* SK 10; *Sch/Schröder/Lenckner*[26] 7).[2]

8 4. **Das Merkmal des Verbreitens** erfasst das Weitergeben fremder (wirklicher oder angeblicher) Äußerungen über Tatsachen, das kein Behaupten ist, weil der Täter für die Richtigkeit nicht eintritt, weder ausdrücklich noch in Form einer kontextualen Implikation erklärt, dass er sie für wahr halte (RGSt. **38** 368, 369; *Geppert* Jura **1983** 580, 581; *Sch/Schröder/Lenckner*[26] 8). Infolgedessen wird eine Tatsache verbreitet, wenn der Täter das Vorhanden- oder Geschehensein von etwas als Gegenstand **fremden** Wissens oder fremder Überzeugung hinstellt, **ohne** dass er es zum Gegenstand (auch) seines Wissens oder seines Fürwahrhaltens macht (RG aaO; OLG Köln NJW **1963** 1634; *Geppert* aaO; *Hansen* JR **1974** 406, 407; *Sch/Schröder/Lenckner* aaO). Es genügt zum Verbreiten, wenn eine Mitteilung als (unbestätigtes oder unglaubwürdiges) **Gerücht** bezeichnet wird (BGHSt. **18** 182, 183; RGSt. **22** 221, 223; **38** 368; OLG Hamm NJW **1953** 596). (Faktische) Manipulationen zum Nachteil eines anderen genügen nicht (**aA** *Streng* GA **1985** 214). Wer eine ehrenrührige Tatsache weitergibt und ihr zugleich **ernsthaft entgegentritt**, hat sie zwar verbreitet, also tatbestandsmäßig gehandelt. Die Rechtswidrigkeit entfällt jedoch nach § 193, wenn die gesamte Äußerung (Mitteilung unter Entkräftung) im Interesse des Verletzten liegt, weil sie geeignet ist, seine Ehre zu schützen, und wenn nichts dafür zu ersehen ist, dass ihm an einem solchen Schutz (der mit dem Weitertragen einer für ihn ehrenrührigen Tatsache einhergeht) nichts liegt. Die Eignung zum Schutz der Interessen des Betroffenen kommt der Äußerung nur zu, wenn die ehrenrührige Tatsache durch Angabe von Fakten widerlegt oder entkräftet wird, nicht aber, wenn der Mitteilende nur unter Berufung auf seine Überzeugung Zweifel vorbringt (*Hansen* aaO 409; *Sch/Schröder/Lenckner* aaO; *Welzel* S. 312: Handeln im Interesse des Verletzten. *Rudolphi* SK 11 ist der

[1] BGH JZ **1979** 102; RGSt. **38** 368; **60** 373, 374; **67** 268, 269; OLG Celle MDR **1960** 1032; OLG Köln NJW **1962** 1121 mit Anm. *Schaper*; **1963** 1634.

[2] *Rudolphi* (aaO) weist allerdings zu Recht darauf hin, dass im Falle BGH NStZ **1984** 216 (der Ehemann lässt eine „Hostessenanzeige" unter Angabe des Vornamens und der Telefonnummer der nichtsahnenden Ehefrau, von der er getrennt lebt, erscheinen) nicht nur § 185 in Betracht kommt (wenn die Ehefrau von der Anzeige Kenntnis erlangt), sondern auch § 186 oder § 187 (auf Grund etwaiger Erklärungen beim Aufgeben des Inserats).

Ansicht, dass § 186 nicht eingreift. Ein Verbreiten unter wirksamer Entkräftung liege außerhalb des Schutzzwecks der Vorschrift. Ebenso *Geppert* aaO).

9 Da die Tathandlung, wenn sie öffentlich oder unter Verbreitung von Schriften i. S. v. § 11 Abs. 3 geschieht, unter höhere Strafe gestellt ist, erfordert das Verbreiten nicht, dass die Tatsachenmitteilung an einen größeren Personenkreis gelangt oder gelangen soll. Die Mitteilung an nur **einen** Erklärungsempfänger reicht aus (RGSt. **30** 224; **31** 63; **55** 277; *v. Lilienthal* VDB Bd. **IV** [1906] S. 388; *Sch/Schröder/Lenckner* aaO). In der Erörterung einer ehrenrührigen Tatsache unter Personen, die sie schon kennen, liegt in der Regel kein Verbreiten, wenn nicht der Kenntnisstand eines Gesprächspartners eine wesentliche Erweiterung erfährt oder Zweifel ausgeräumt werden (OLG Neustadt MDR **1962** 235; *Rudolphi* SK 11; **aA** *Sch/Schröder/Lenckner* aaO: Es handelte sich um ein Verbreiten, weil die *Möglichkeit* genügt, dass der Äußerungsempfänger in seinem Glauben bestärkt wird). Die Mitteilung, dass ein anderer über einen Dritten ein ehrenrühriges Werturteil abgegeben habe, ist Verbreitung dieses Werturteils, das nicht deshalb zu einer Tatsache i. S. v. § 186 wird, weil der Urteilende für den Mitteilenden oder für den Äußerungsempfänger eine Person hohen Ansehens ist. Identifiziert sich der Mitteilende mit dem Werturteil, handelt es sich um einen Fall des § 185 (*Sch/Schröder/Lenckner* aaO; weitergehend RG Recht **1914** 2790). Mitteilungen „unter dem Siegel der Verschwiegenheit" oder unter ähnlichen Formulierungen sind Akte des Verbreitens (*Sch/Schröder/Lenckner* aaO). Das gilt auch für Mitteilungen im engsten Kreis. Sie sind jedoch möglicherweise nicht widerrechtlich (§ 185 Rdn. 11 bis 14). Das Weitergeben von Behauptungen, die nach § 193 gerechtfertigt sind, ist ebenfalls ein Verbreiten, das dem Tatbestand unterfällt. Es ist aber nicht widerrechtlich, wenn der Äußerungsempfänger dem Personenkreis angehört, dem gegenüber die ehrenrührige Tatsachenbehauptung gemacht werden darf und der Mitteilende nicht Umstände kennt (z. B. die Unwahrheit der Tatsache), die der Erstreckung der Rechtfertigung auf das Verbreiten entgegenstehen (*Sch/Schröder/Lenckner*[26] 12). Nicht tatbestandsmäßig ist nach dem Schutzzweck des § 186 die Weitergabe einer vom Betroffenen selbst mitgeteilten Tatsache (KG JR **1954** 355; *Bockelmann* JR **1954** 327; *Lackner/Kühl*[25] 5). Auch in der Tatbestandsalternative des Verbreitens ist die üble Nachrede ein Äußerungsdelikt mit Drittbezug (Rdn. 1). Das bedeutet: Es muss ein Kommunikator erkennbar sein (BGH NStZ **1984** 216; § 185 Rdn. 10), der einem Äußerungsempfänger eine ehrenrührige Tatsache kundgibt (mitteilt), die einen Dritten betrifft. Das Schaffen einer den Betroffenen kompromittierenden Sachlage erfüllt diese Voraussetzungen nicht (Rdn. 7).

10 **5. Verächtlichmachen, Herabwürdigen.** Die behauptete oder verbreitete Tatsache muss **geeignet** sein, den Betroffenen „verächtlich zu machen" oder „in der öffentlichen Meinung herabzuwürdigen". Mit dieser Dichotomie soll „alles getroffen werden, was an die Ehre geht" (*v. Lilienthal* VDB Bd. **IV** [1906] S. 393), sollen Angriffe auf „alle Aspekte des Ehrbegriffs" erfasst werden (*Sch/Schröder/Lenckner*[26] 5). Dieses Erfassen ermöglicht der Begriff der ehrenrührigen Tatsache. Die Behauptung oder Verbreitung jedweder ehrenrührigen Tatsache (in Beziehung auf einen anderen) verwirklicht den äußeren Tatbestand. Wie die Dichotomie in das Gesetz kam, ist den Motiven nicht zu entnehmen. Möglicherweise hat der dem französischen Recht geläufige Gegensatz von honneur und consideration eine Rolle gespielt (*v. Lilienthal* VDB Bd. **IV** [1906] S. 394). Man sollte jedenfalls nicht länger darüber rätseln, ob das Verächtlichmachen und das Herabwürdigen sich qualitativ oder quantitativ unterscheiden lassen, etwa in der Form, dass das Verächtlichmachen sich (mehr) auf das Nachreden eines sittlichen Ehrmangels, das Herabwürdigen (mehr) auf einen Makel des sozialen Werts bezieht

(vgl. *Sch/Schröder/Lenckner* aaO).[3] Denn ein signifikanter Unterschied ergibt sich auch nicht daraus, dass das Herabwürdigen in Beziehung zur öffentlichen Meinung gesetzt ist. Darin liegt ein Hinweis, dass es für die Frage, ob eine Äußerung ehrenrührig ist, auf einen **generellen Maßstab** ankommt. Er ist in der Betrachtungsweise größerer Bevölkerungskreise, nicht in der Ansicht kleiner Gruppen zu suchen (**aA** *v. Lilienthal* VDB Bd. **IV** [1906] S. 394: „Wer einem anderen etwas vorwirft, was ihn in den Augen seiner Standesgenossen herabwürdigt, schädigt ihn tatsächlich am schwersten"). In Fällen, in denen eine „öffentliche Meinung" nicht feststellbar ist oder in denen sie im Widerspruch zum Recht steht, ist der generelle Maßstab den Wertungen der Rechtsordnung zu entnehmen (BGHSt. **8** 326; **11** 329, 331; *Rudolphi* SK 8; *Sch/Schröder/Lenckner* aaO). Es genügt die Eignung der behaupteten oder verbreiteten Tatsache, an der Ehre des Betroffenen zu rühren. Ein Erfolg (in Gestalt des Hervorrufens von Missachtung oder Geringschätzung) braucht nicht einzutreten (**aA** *Zaczyk* NK 6). Die üble Nachrede ist **abstraktes** Gefährdungsdelikt (*Sch/Schröder/Lenckner*[26] 1; einschränkend *Zieschang* Die Gefährdungsdelikte [1998] S. 301).

11 **III.** Für den **subjektiven Tatbestand** genügt dolus eventualis. Der Täter muss wissen oder damit rechnen, dass er etwas Ehrenrühriges äußert (BayObLG JZ **1989** 700). Ob er seine Äußerung als Tatsachenbehauptung, als Werturteil oder als Bekundung einer Meinung ansieht, ist gleichgültig. Ein Irrtum in diesem Punkte ist bloßer Subsumtionsirrtum. Der Täter muss außerdem wollen oder damit rechnen, dass (auch) ein Dritter von seiner Äußerung unmittelbar oder mit Hilfe des zur Weiterleitung verpflichteten Betroffenen Kenntnis erlangt (Rdn. 5), und er muss schließlich wollen (davon ausgehen) oder damit rechnen, dass der Kundgabeadressat seine Äußerung in ihrem ehrenrührigen Sinne versteht (vgl. § 185 Rdn. 36). Beleidigungsabsicht des Täters ist nicht erforderlich. Hinsichtlich der Wahrheitsfrage muss der Täter zumindest sorgfaltswidrig handeln (vgl. Rdn. 4).

12 **IV. Wahrheitsbeweis. Rechtswidrigkeit.** Die Nichterweislichkeit der Tatsache ist objektive Bedingung der Strafbarkeit, der Beweis der Wahrheit Strafausschließungsgrund, der nicht nur persönlich wirkt, sondern auch die Strafbarkeit des Teilnehmers entfallen lässt (Rdn. 2; Erl. zu § 190). Das Gericht hat die materielle Wahrheit von Amts wegen zu erforschen (§§ 155 Abs. 2, 244 Abs. 2 StPO); über offenkundige Tatsachen ist eine Beweiserhebung nicht erforderlich (BGHSt. **40** 99; BGH NJW **1995** 340; NStZ **1994** 140; OLG Celle MDR **1994** 608; OLG Düsseldorf MDR **1992** 500). Eine rücksichtslose Aufklärung der Wahrheitsfrage kann den Verletzten über Gebühr belasten, so dass manche Opfer auf gerichtlichen Schutz verzichten (*Arzt* JuS **1982** 717, 721). Uferlose Beweisanträge sind deshalb zu unterbinden (*Lackner/Kühl*[25] 8). Als Rechtfertigungsgrund kommt insbesondere die Wahrnehmung berechtigter Interessen in Betracht. Jedoch ist das Verbreiten einer ehrenrührigen Tatsachenbehauptung nicht schon deshalb nicht widerrechtlich, weil die Behauptung selbst nach § 193 gerechtfertigt ist (Rdn. 9). Auch ein Handeln im Interesse des Verletzten kann möglicherweise rechtfertigen (Rdn. 8). Nach RGSt. **73** 67 soll die Widerrechtlichkeit zu verneinen sein, wenn der Täter auf die unrichtige Auskunft einer zuständigen Behörde vertraut hat. Die Ansicht, dass hier ein Strafausschließungsgrund anzunehmen ist (*Sch/Schröder/Lenckner*[26] 16), verdient den Vorzug.

---

[3] Da die Anhänger des personalen Ehrbegriffs den sozialen Geltungswert als Aspekt der Ehre nicht akzeptieren (vgl. Rdn. 9 bis 18 vor § 185), schlagen sie vor, das Verächtlichmachen als einen hervorgehobenen Unterfall des Herabwürdigens aufzufassen (vgl. *Hirsch* Ehre und Beleidigung, S. 147 Anm. 4; *Welzel* S. 312).

V. Qualifiziert ist die üble Nachrede, wenn sie **öffentlich** oder durch **Verbreiten von Schriften** (§ 11 Abs. 3) begangen wird. Öffentlich begangen ist sie nicht schon dann, wenn die ehrenrührige Kundgabe zwar an einem öffentlichen, dem Publikum zugänglichen und von ihm zur Tatzeit auch besuchten Ort erfolgt, sie aber tatsächlich oder nach der Vorstellung des Täters nur von bestimmten Einzelnen wahrgenommen werden konnte (RGSt. **3** 361; **10** 296; **21** 254; **38** 208). Öffentlich wird die Tat vielmehr verübt, wenn das Behaupten oder Verbreiten ein nach Zahl und Zusammensetzung unbestimmter oder ein nicht durch eine spezifische Beziehung verbundener größerer, wenn auch bestimmter Personenkreis unmittelbar wahrnehmen kann (RGSt. **38** 207; **42** 112; **63** 431; RG DR **1941** 1838; OLG Hamm MDR **1980** 159, 160; KG JR **1984** 249; *Rengier* BT II[6] § 39 Rdn. 16). Ein Personenkreis, auf den das Gesagte zutrifft, muss im Falle mündlicher Äußerungen tatsächlich anwesend sein und die Möglichkeit zur Wahrnehmung haben. Es genügt nicht, dass er anwesend sein könnte oder dass ein paar Einzelne anwesend sind (RG HRR **1932** 1798; **1939** 917; OLG Hamm aaO). Eine im Gerichtssaal oder in einem öffentlichen Verkehrsmittel verübte üble Nachrede ist infolgedessen nur dann öffentlich begangen, wenn sie von unbestimmt vielen und unbestimmt welchen, realiter vorhandenen Personen wahrgenommen werden konnte (RGSt. **58** 53; **65** 112; RG LZ **1914** 1137). Äußerungen vor einer Mitglieder-(Partei-) Versammlung sind öffentlich, wenn auch Dritte (Personen, die nicht zum Kreis der Mitglieder zählen) anwesend sind (RG HRR **1939** 917; OLG Köln OLGSt. § 186 S. 14). Es genügt nicht, dass eine an einen bestimmten, durch eine spezifische Beziehung zusammenhängenden Personenkreis gerichtete Äußerung in die Öffentlichkeit gelangt, auch wenn der Täter damit gerechnet hat (RG JW **1938** 2892; OLG Köln aaO; *Sch/Schröder/Lenckner*[26] 19). Nicht von Bedeutung ist es, ob der Täter dem Personenkreis, vor dem er sich äußert, angehört oder zu ihm persönliche Beziehungen hat (RGSt. **42** 114). 13

Eine **schriftliche** Beleidigung ist öffentlich begangen, wenn die Möglichkeit der Kenntnisnahme durch beliebige Dritte besteht, wie beim Plakat, beim Autoaufkleber (vgl. OLG Hamburg NStZ **1983** 127 mit Anm. *Franke* NStZ **1984** 126 = JR **1983** 298 mit Anm. *Bottke*), bei Wandschmierereien, bei einer offenen Postkarte (RG HRR **1932** 1798). Bei Drucksachen in einem offenen Umschlag ist diese Möglichkeit nicht bejaht worden (RGSt. **37** 289), auch nicht bei Broschüren auf dem Verkaufstisch, falls nicht die beleidigenden Stellen aufgeschlagen sind (KG JR **1984** 249). Eine üble Nachrede ist nicht deshalb öffentlich verübt, weil sie in einem an eine Behörde gerichteten Schreiben oder in einem an eine Redaktion abgesandten Manuskript enthalten ist (RG HRR **1941** 518; OLG Stuttgart NJW **1972** 2320). Ist eine schriftliche Beleidigung nicht öffentlich begangen worden, gewinnt sie die Eigenschaft der öffentlichen Beleidigung nicht dadurch, dass sie von anderen als den Äußerungsadressaten gelesen und dadurch in der Öffentlichkeit bekannt wird (RG JW **1938** 2892). Das **Verbreiten von Schriften**, Ton- und Bildträgern, Datenspeichern, Abbildungen oder anderen Darstellungen (§ 11 Abs. 3) ist mit dem Verbreiten im Sinne des Grundtatbestands (Rdn. 8, 9) nicht identisch. Der Begriff, der uns im Qualifikationstatbestand begegnet, stimmt vielmehr mit dem presserechtlichen Verbreitungsbegriff überein: Die Schrift muss einem größeren Personenkreis, sei er auch individuell bestimmt und in sich abgeschlossen (BGHSt. **13** 257; RGSt. **7** 113; **9** 71; **16** 245; **30** 224; BayObLGSt. **1949/51** 417, 422), körperlich, der Substanz nach (nicht nur in Form der Bekanntgabe des Inhalts) zugänglich gemacht werden (BGHSt. **18** 63, 64; OLG Hamburg aaO; *Sch/Schröder/Lenckner*[26] 20). Zur Verbreitung von Schriften im Internet vgl. *Hilgendorf/Frank/Valerius*, Computer- und Internetstrafrecht (2005) Rdn. 409ff, zur Haftung von Diensteanbietern ebenda, Rdn. 274 ff. 14

15 **VI. Konkurrenzen.** Die Frage der Idealkonkurrenz zwischen einfacher Beleidigung und übler Nachrede ist bereits erörtert worden (Vor § 185 Rdn. 43, 44; § 185 Rdn. 1), auch die Frage des Verhältnisses mehrerer den Tatbestand der üblen Nachrede erfüllenden Äußerungen in einer Schrift oder Rede (§ 185 Rdn. 43). Die üble Nachrede kann tateinheitlich zusammentreffen mit § 90b (BGHSt. **6** 159, 160f), § 130 (OLG Hamburg NJW **1970** 1649); § 164, § 166.

§ 187
Verleumdung

Wer wider besseres Wissen in Beziehung auf einen anderen eine unwahre Tatsache behauptet oder verbreitet, welche denselben verächtlich zu machen oder in der öffentlichen Meinung herabzuwürdigen oder dessen Kredit zu gefährden geeignet ist, wird mit Freiheitsstrafe bis zu zwei Jahren oder mit Geldstrafe und, wenn die Tat öffentlich, in einer Versammlung oder durch Verbreiten von Schriften (§ 11 Abs. 3) begangen ist, mit Freiheitsstrafe bis zu fünf Jahren oder mit Geldstrafe bestraft.

1 **I. Der tatbestandliche Aufbau.** § 187 enthält zwei Tatbestände und eine für beide geltende Qualifikation. Nur der eine Tatbestand umschreibt ein Delikt gegen die Ehre. Er ist gemeint, wenn von Verleumdung die Rede ist. Der andere, die „Kreditgefährdung", umschreibt ein Vermögensgefährdungsdelikt. Von der üblen Nachrede hebt sich die Verleumdung objektiv und subjektiv ab: (1.) Die Unwahrheit der behaupteten oder verbreiteten Tatsache ist Tatbestandsmerkmal. (2.) Der Täter muss in der Wahrheitsfrage wider besseres Wissen handeln. Ist ein solches Handeln nicht erwiesen, kann der Tatbestand der üblen Nachrede verwirklicht sein (§ 186 Rdn. 1). Soweit die Verleumdung mit der üblen Nachrede übereinstimmt – das ist der Fall in den Merkmalen „in Beziehung auf einen anderen", „Tatsache", „behaupten", „verbreiten", „verächtlichmachen", „herabwürdigen", „Geeignetsein" – kann auf die Erläuterungen zu § 186 (Rdn. 5 bis 10) verwiesen werden.

2 **II. Die Unwahrheit als Tatbestandsmerkmal.** Verleumdung und Kreditgefährdung kommen nur in Betracht, wenn die behauptete oder verbreitete Tatsache unwahr ist. Im Falle eines non liquet gilt der Grundsatz „in dubio pro reo". Eine Beweiserhebung in der Wahrheitsfrage darf nicht deshalb entfallen, weil feststeht, dass der Angeklagte bestimmte Einzelheiten eines Geschehens wissentlich falsch dargestellt hat. Ihre Bedeutung und ihr Gewicht hängen von den wesentlichen Aspekten des Vorgangs ab. Erst das Beweisergebnis in Bezug auf diese Aspekte ermöglicht die zutreffende Beantwortung der Frage, ob die über den wesentlichen Vorwurf hinausgehenden Bekundungen des Angeklagten als ein selbständiges Behaupten anzusehen sind, durch das der Tatbestand verwirklicht worden ist (RGSt. **2** 2, 5). Übertreibungen, welche die Qualität des Geschehens nur in geringem Maße verändern oder widerlegte Nebensächlichkeiten können den Vorwurf der Verleumdung nicht tragen. Es kommt darauf an, ob die ehrenrührige (oder kreditgefährdende) Kundgabe in ihrem den **Sachverhaltskern** betreffenden Aussagegehalt unwahr ist (BGHSt. **18** 182, 183; RGSt. **2** 2, 5; **55** 129, 132; **62** 83, 95; **64** 284, 286; OLG Hamm JMBlNRW **1958** 112; *Geppert* Jura **1983** 580, 581). Eine bloß unvollständige Mitteilung reicht aus, um den Tatbestand zu erfüllen, wenn für den Empfänger der Mitteilung bei Hinzufügung der ausgelassenen Tatsachen eine andere Schlussfolgerung nahe gelegen hätte (BGH NJW **2000** 656).

Vertrauliche Äußerungen im engsten Lebenskreis (§ 185 Rdn. 11–14) können in seltenen Fällen gerechtfertigt sein (*Hillenkamp* JuS **1997** 821, 826; *Lackner/Kühl*[25] 1; **aA** die h. M., z. B. *Wessels/Hettinger* BT I[28] Rdn. 486; *Regge* MK 18).

3 **III. Die Eignung zur Kreditgefährdung.** Die Kreditgefährdung ist ein Vermögensgefährdungsdelikt (RGSt. **44** 158, 160; *Geppert* Jura **1983** 580, 582; *Sch/Schröder/Lenckner*[26] 4; *Welzel* S. 315). Kredit ist das Vertrauen, das jemand hinsichtlich der Erfüllung seiner vermögensrechtlichen Verbindlichkeiten (in Bezug auf Leistungsfähigkeit und -willigkeit) genießt. Dieses Vertrauen benötigen vor allem Kaufleute und Unternehmer, aber nicht nur sie. Jedermann kann der Betroffene sein. Es ist nicht erforderlich, dass die behaupteten oder verbreiteten unwahren Tatsachen ehrenrührig sind (RGSt. **44** 158, 160). Es muss ihnen jedoch die Eignung innewohnen, das Vertrauen in die Fähigkeit oder in die Bereitschaft des Betroffenen zur Erfüllung vermögensrechtlicher Verbindlichkeiten zu erschüttern. Die Behauptung fehlender Kreditwürdigkeit ist Tatsachenbehauptung, da sie durch die Prüfung der Bereitschaft der Kreditinstitute, Kredit zu gewähren, empirisch überprüft werden kann (*Tiedemann* Kohlmann-FS, S. 307, 316 und ZIP **2004** 294, 297; *Lackner/Kühl*[25] 2; **aA** OLG München ZIP **2004** 19). Eine fühlbare Schädigung braucht nicht einzutreten. Da die Kreditgefährdung ein Vermögensgefährdungsdelikt ist, kann jedes Kreditsubjekt – ohne Rücksicht auf seine Beleidigungsfähigkeit (vgl. dazu Rdn. 24–32 vor § 185) – Betroffener sein, also z. B. alle juristischen Personen des privaten oder des öffentlichen Rechts, nichtrechtsfähige Vereine, nichtrechtsfähige (Handels-)Gesellschaften (*Rudolphi* SK 10; *Sch/Schröder/Lenckner* aaO). Die Kreditgefährdung kann mit Verleumdung zusammentreffen. Es handelt sich dann um einen Fall von Tateinheit (*Geppert* aaO; *Rudolphi* SK 11; *Sch/Schröder/Lenckner*[26] 8).

4 **IV. Subjektiver Tatbestand.** In Bezug auf die Wahrheitsfrage muss der Täter wider besseres Wissen handeln. In Bezug auf die übrigen Merkmale der beiden objektiven Tatbestände genügt dolus eventualis. **Wider besseres Wissen** handelt der Täter, wenn er sichere (positive) Kenntnis von der Unwahrheit der von ihm behaupteten oder verbreiteten Tatsache hat. Es genügt nicht, dass er die Unwahrheit vermutet oder mit ihr als einer Möglichkeit rechnet. Sie muss für ihn Faktizität sein (BGH NJW **1964** 1148, 1149; RGSt. **32** 302; **71** 37; RG JW **1937** 3215). Das sichere Wissen um die Unwahrheit folgt nicht ohne weiteres daraus, dass der Täter ein mit Strafe bedrohtes Verhalten des Betroffenen im Widerspruch zu einem ihm bekannten freisprechenden Urteil behauptet. Er kann nach wie vor von der Richtigkeit seines Vorwurfs überzeugt sein. Beleidigungsabsicht ist nicht erforderlich.

5 **V. Fragen der Rechtfertigung.** Die Verleumdung kann nach einer verbreiteten Auffassung durch Wahrnehmung berechtigter Interessen nicht gerechtfertigt werden. In besonderen Fällen komme nur eine Rechtfertigung nach § 34 in Betracht (*Regge* MK 21; *Rudolphi* SK 6; *Sch/Schröder/Lenckner*[26] 6; *Welzel* S. 321). Aber die Judikatur hält eine Rechtfertigung nach § 193 in Ausnahmefällen, insbesondere in Fällen der Rechtsverteidigung, zu Recht nicht für ausgeschlossen (BGH NJW **1964** 1148, 1149; RGSt. **34** 222; **48** 414, 415; **58** 39; **63** 92, 94; OLG Hamm NJW **1971** 853; dem folgend z. B. *Tröndle/Fischer*[52] § 193 Rdn. 3). Nach RGSt. **48** 414, 415 (und **58** 39) rechtfertigt der Verteidigungszweck das sachliche Ableugnen von Tatsachen, die den Täter belasten, auch wenn ein solches Leugnen die wissentliche Behauptung einer unwahren ehrenrührigen Tatsache (z. B. den Vorwurf der falschen uneidlichen Aussage oder des Meineids) impliziert. Wider besseres Wissen aggressiv vorgehen darf ein Beschuldigter nicht. Insbesondere darf er in Kenntnis der Unwahrheit seiner Behauptung nicht die Verfolgung eines anderen bezwecken (RGSt. **34** 222, 223; **58** 39; RG DJ **1936** 517). In

einigen Entscheidungen wird danach differenziert, ob der Angeklagte sich verdienter Strafe entziehen oder sich vor unverdienter schützen will (RG Recht **1906** 250; **1910** 3684). Diese Differenzierung kann für die Frage der Rechtfertigung nicht allein maßgebend sein. Die in RGSt. **48** 414 und **58** 39 aufgestellten Kriterien verdienen den Vorzug.

6 **VI. Qualifikation, Zusammentreffen.** Verleumdung und Kreditgefährdung werden schwerer bestraft, wenn die Tat öffentlich (§ 186 Rdn. 13, 14), durch Verbreiten von Schriften (§ 186 Rdn. 14) oder – eine Alternative, die sich in § 186 nicht findet und von der man nicht weiß, weshalb sie in das Gesetz kam (*Lackner/Kühl*[25] 3) – in einer Versammlung begangen wird. § 187 enthält einen speziellen Tatbestand der Beleidigung im weiteren Sinne, „hebt einen besonderen Fall aus dem Gattungsbegriff der Beleidigung hervor" (RGSt. **41** 277, 286; Rdn. 1 vor § 185). Eine Tat, die ausschließlich Tatumstände aufweist, die mit den Merkmalen der Verleumdung übereinstimmen, kann nicht zugleich gegen § 185 oder § 186 verstoßen (RG aaO). Demnach sind Fälle der Idealkonkurrenz zwischen § 187 und § 185 oder § 186 nur denkbar, wenn gleichzeitig verschiedene Personen in ihrer Ehre angegriffen werden (RG Recht **1912** 1395: Der Täter behauptet wider besseres Wissen gegenüber der Ehefrau A, sie unterhalte zum verheirateten B ehebrecherische Beziehungen. Vgl. auch RG HRR **1940** 1324) oder wenn in Äußerungen, die eine Handlungseinheit bilden (vgl. § 185 Rdn. 43), teils nicht erweislich wahre, teils unwahre ehrenrührige Tatsachen behauptet werden, die nicht nur Aspekte eines Komplexes sind. Die Rechtsprechung nimmt Tateinheit zwischen § 187 und § 185 ebenso an, wenn Kundgabeadressaten einer verleumderischen Tatsachenbehauptung der Betroffene und ein Dritter sind oder wenn eine Äußerung mit Drittbezug sowohl eine solche Behauptung als auch ein nicht daraus abgeleitetes ehrenrühriges Werturteil enthält (vgl. dazu Rdn. 43, 44 vor § 185; § 185 Rdn. 1). § 187 kann tateinheitlich zusammentreffen mit § 153, § 154, § 156, mit § 164 (RGSt. **21** 101, 102; **53** 206, 208; RG HRR **1940** 1324; OLG Hamburg HRR **1935** 541). § 15 UWG, der nach zutreffender Ansicht (vgl. Vorauflage Rdn. 6) hinter der Kreditgefährdung zurücktrat, ist 2004 ersatzlos weggefallen.

§ 188

Üble Nachrede und Verleumdung gegen Personen des politischen Lebens

(1) Wird gegen eine im politischen Leben des Volkes stehende Person öffentlich, in einer Versammlung oder durch Verbreiten von Schriften (§ 11 Abs. 3) eine üble Nachrede (§ 186) aus Beweggründen begangen, die mit der Stellung des Beleidigten im öffentlichen Leben zusammenhängen, und ist die Tat geeignet, sein öffentliches Wirken erheblich zu erschweren, so ist die Strafe Freiheitsstrafe von drei Monaten bis zu fünf Jahren.

(2) Eine Verleumdung (§ 187) wird unter den gleichen Voraussetzungen mit Freiheitsstrafe von sechs Monaten bis zu fünf Jahren bestraft.

Schrifttum

Bräuel Ehrverletzung und Ehrenschutz im politischen Leben (1984); *Hartung* Beleidigung von Personen, die im politischen Leben stehen, JR **1951** 677; *Nolte* Beleidigungsschutz in der freiheitlichen Demokratie (1992); *Schwinge* Ehrenschutz im politischen Bereich, MDR **1973**

801; *ders.* Ehrenschutz heute – Die Schutzlosigkeit der Führungskräfte (1988); *Uhlitz* Politischer Kampf und Ehrenschutz, NJW **1967** 129.

1. § 188 (187a a. F.) geht auf das Strafrechtsänderungsgesetz v. 30. 8. 1951 (BGBl. I S. 739) zurück. Durch Art. 1 Nr. 33 des 6. StrRG vom 26. 1. 1998 (BGBl. I S. 164) ist die Vorschrift unverändert als § 188 neu nummeriert worden. Sie trat ursprünglich an die Stelle der Strafbestimmungen in Kap. III des 8. Teils der VO v. 8. 12. 1931 (RGBl. I S. 742). Die Vorschrift knüpft an die Tatbestände der üblen Nachrede (Möglichkeit des Wahrheitsbeweises) und der Verleumdung an. § 188 dient mit erhöhten Strafdrohungen dem verstärkten Ehrenschutz eines bestimmten Personenkreises. Die Stellung derjenigen, die ihm angehören, im politischen Leben ist der Begleitumstand, der mit Rücksicht auf mögliche nachteilige Folgen der Tat für ihr öffentliches Wirken den höheren Strafschutz rechtfertigt (BGHSt. **6** 159, 161). § 188 will übersteigerten, in Verhetzung durch Ehrabschneidung ausartenden politischen Auseinandersetzungen entgegenwirken (BayObLGSt. **1982** 56, 58 = NJW **1982** 2511) und so eine Vergiftung des politischen Lebens verhindern (*Lackner/Kühl*[25] 1). Die Vorschrift verstößt nicht gegen Verfassungsrecht (BVerfGE **4** 352). Auch wegen der extensiven Interpretation der Meinungsfreiheit durch das Bundesverfassungsgericht (vgl. § 193 Rdn. 5ff) kommt ihr aber nur geringe Bedeutung zu. 1

2. „Im politischen Leben des Volkes“ steht eine Person nicht schon dann, wenn sie aktiv an öffentlichen Angelegenheiten Anteil nimmt, an Zielsetzungen und der Bewältigung von Aufgaben des Gemeinwesens mitwirkt oder sich im Prozess der politischen Meinungsbildung und Meinungsäußerung (als Journalist, Künstler oder Wissenschaftler) engagiert betätigt (*Rudolphi* SK 3). Es genügt auch nicht, dass jemand ein Mandat zur Wahrnehmung öffentlicher Aufgaben durch eine allgemeine Wahl erlangt hat (BayObLGSt. **1982** 56, 57; *Sch/Schröder/Lenckner*[26] 2; **aA** *Hartung* JR **1951** 678). § 188 gewährt verstärkten Ehrenschutz nur denen, die sich für eine gewisse Dauer mit den grundlegenden, den Staat und seine internationalen Beziehungen, seine Verfassung, seine Gesetzgebung oder seine Verwaltung unmittelbar berührenden Angelegenheiten befassen und auf Grund ihrer Stellung und Funktion das politische Leben des Volkes, also der Gesamtheit oder eines großen Teils der Staatsbürger erheblich beeinflussen (BGHSt. **4** 338, 339; BayObLG aaO 57f; OLG Frankfurt NJW **1981** 1569). Es kommt nicht entscheidend darauf an, ob diejenigen, die erheblichen Einfluss im politischen Leben ausüben, sich politisch betätigen, ob sie Repräsentanten (Organe) der Staatsgewalt sind oder ob sie institutionalisierte Kompetenzbereiche haben (*Sch/Schröder/Lenckner* aaO). 2

3. Ob jemand in dem dargelegten Sinne erheblichen Einfluss auf das „politische Leben des Volkes“ ausübt, muss in Zweifelsfällen auf Grund seiner Funktion und ihrer faktischen Bedeutung entschieden werden (BayObLGSt. **1982** 56, 60). Unzweifelhaft gehören zum geschützten Personenkreis der Bundespräsident, Regierungsmitglieder (OLG Düsseldorf NJW **1983** 1211, 1212), die Mitglieder des Bundestags und der Landtage (BGHSt. **3** 73, 74; BGH NJW **1952** 194), Spitzenfunktionäre der politischen Parteien (OLG Düsseldorf aaO), der Gewerkschaften, der Arbeitgeberverbände und anderer großer Vereinigungen mit erheblichem politischen Einfluss, die Bundesverfassungsrichter wegen der Auswirkungen vieler ihrer Entscheidungen auf die Intentionen und Beschlüsse anderer Verfassungsorgane und auf das politische Leben (BGHSt. **4** 338, 339). Auch Abgeordnete des Europäischen Parlaments werden erfasst. Nicht zum geschützten Personenkreis gehören wegen ihres regional begrenzten Einflusses Kommunalpolitiker, also Mitglieder von Kreistagen und Gemeinde- 3 vertretungen (BayObLGSt. **1949/51** 423; **1982** 56, 60), Landräte (OLG Frankfurt NJW **1981** 1569, anders BayObLG JZ **1989**, 699) und einzelne Verwaltungsbeamte. Auch Politiker des Auslands gehören nicht zum geschützten Personenkreis (*Rudolphi* SK 3). Dagegen können Journalisten, Geistliche, Gewerkschafts- und Verbandsvertreter in den Schutzbereich der Norm fallen, wenn sie sich in prominenter Position mit wichtigen Angelegenheiten des Staates oder der Allgemeinheit befassen (*Lackner/Kühl*[25] 2; **aA** *Rudolphi* SK 3).

4 4. Die **Tathandlung** kann nicht eine einfache Beleidigung, sondern nur eine üble Nachrede oder eine Verleumdung sein. Die ehrenrührigen Äußerungen brauchen sich nicht auf die politische Betätigung des Betroffenen zu beziehen (*Sch/Schröder/Lenckner*[26] 4). Die üble Nachrede oder die Verleumdung müssen entweder öffentlich (§ 186 Rdn. 13, 14), in einer Versammlung (vgl. dazu RGSt. **21** 71, 75; OLG Düsseldorf JR **1982** 299, 300 mit Anm. *Merten*) oder durch Verbreiten von Schriften (§ 186 Rdn. 14) begangen werden. Die Tat muss **geeignet** sein, das öffentliche Wirken des Betroffenen erheblich zu erschweren. Auf den Erfolg kommt es nicht an. Nach Ansicht der Rechtsprechung bestimmt sich die Frage der Eignung nur nach dem Inhalt der Tatsachenäußerung (BGH NJW **1954** 649; BGH NStZ **1981** 300; BGH bei Holtz MDR **1980** 455; ebenso *Herdegen* Voraufl. 4). Nach dem Wortlaut des Gesetzes kommt es jedoch allgemein auf die Eignung der „Tat" an (*Sch/Schröder/Lenckner*[26] 6; *Lackner/Kühl*[25] 3; vgl. auch *Hoyer* Die Eignungsdelikte [1987] 146; *Zieschang* Die Gefährdungsdelikte [1998] 306f), so dass **alle Umstände des Einzelfalls** zu berücksichtigen sind, etwa auch die Glaubwürdigkeit des Verbreitenden, die Art der Verbreitung und die Größe des Adressatenkreises. Die Eignung ist zu bejahen, wenn die behauptete (verbreitete) ehrenrührige Tatsache den Betroffenen des Vertrauens unwürdig erscheinen lässt, dessen er für sein öffentliches Wirken bedarf (BGH bei Holtz aaO). Ist von mehreren ehrenrührigen Tatsachenbehauptungen eine erwiesen und genügt die bewiesene Tatsache, um dem Betroffenen das Vertrauen zu entziehen, so ist § 188 nicht anwendbar (BayObLGSt. **1949/51** 423; *Rudolphi* SK 5; *Sch/Schröder/Lenckner*[26] 6).

5 5. Zum **subjektiven Tatbestand** der üblen Nachrede (§ 186 Rdn. 11) oder der Verleumdung (§ 187 Rdn. 4) muss hinzukommen (1.) der zumindest bedingte Vorsatz in Bezug auf die spezifischen objektiven Merkmale des § 188, (2.) eine **besondere Motivation** des Täters: Er muss die üble Nachrede oder die Verleumdung aus Beweggründen begehen, die mit der Stellung des Beleidigten im öffentlichen Leben zusammenhängen. Es ist gleichgültig, ob der Täter politische Intentionen verfolgt, ob er aus persönlicher Gegnerschaft oder aus Besorgnis um das Gemeinwohl nachredet oder verleumdet. Er kann sich auch von geschäftlichen Gründen leiten lassen, z. B. die Erhöhung des Umsatzes einer Zeitschrift bezwecken. Wesentlich ist nur der motivatorische Zusammenhang seines tatbestandsverwirklichenden Verhaltens mit der politischen Stellung des Betroffenen (BGHSt. **4** 119, 121; **9** 187, 189). Wird ein Spitzenpolitiker in seiner Eigenschaft als „Kanzlerkandidat" angegriffen, so wird die Tat aus Beweggründen begangen, die § 188 verlangt (OLG Düsseldorf NJW **1983** 1211, 1212). Eine presserechtliche **Beweisvermutung** erstreckt sich nicht auf die in § 188 vorausgesetzten Beweggründe. In BGHSt. **9** 187 ist die Beweisvermutung wie folgt interpretiert worden: Im Falle der Veröffentlichung eines Artikels (Leserbriefs), der ehrenrührige Tatsachenbehauptungen enthält, die sich gegen eine im politischen Leben des Volkes stehende Person richten, in einer periodischen Druckschrift kann der verantwortliche Redakteur zwar auf Grund der Präsumtion wegen übler Nachrede verurteilt werden, weil bis zum Beweis des Gegenteils vermutet wird, dass er den Artikel (Leserbrief) in Kenntnis und Verständnis seines Inhalts veröffentlicht hat. Aber als Täter einer

Straftat nach § 188 kommt er nicht in Betracht, wenn nicht bewiesen ist, dass er selbst aus den in § 188 vorausgesetzten Beweggründen gehandelt hat (BGH aaO 189). Möglich ist allerdings, dass aus der (vermuteten) Kenntnis und aus dem (vermuteten) Verständnis eines ehrenrührigen Artikels (Leserbriefs) gefolgert wird, der verantwortliche Redakteur habe gewusst oder damit gerechnet, dass der Verfasser (Einsender) den in § 188 vorausgesetzten Beweggründen folgte. Dann stellt sich die Frage der Beihilfe zur Straftat nach § 188 (BGH aaO 190). Alle Bedenken gegen die presserechtliche Präsumtion entfallen, wenn sie dahin verstanden wird, dass das Gericht die Kenntnis vom ehrenrührigen Inhalt eines Artikels (Leserbriefs) auch aus dem Umstand entnehmen darf, dass der Täter verantwortlicher Redakteur ist, falls keine entgegenstehenden Anhaltspunkte vorliegen (BayObLG NStZ **1983** 126, 127).

6. § 188 ist Antragsdelikt (§ 194), das im Wege der Privatklage verfolgt werden 6
kann (§ 374 Abs. 1 Nr. 2 StPO). § 193 ist anwendbar. In Fällen, in denen Tathandlung eine üble Nachrede ist, wird der Rechtfertigungsgrund der Wahrnehmung berechtigter Interessen nicht nur selten in Frage kommen. Gegenüber § 186 und § 187 ist § 188 lex specialis. Die Vorschrift tritt hinter § 90 zurück (BGHSt. **16** 338). Jeder der Absätze des § 188 kann mit § 90b tateinheitlich zusammentreffen (BGHSt. **6** 159, 160f; *Rudolphi* SK 8; *Sch/Schröder/Lenckner*[26] 9).

§ 189

Verunglimpfung des Andenkens Verstorbener

Wer das Andenken eines Verstorbenen verunglimpft, wird mit Freiheitsstrafe bis zu zwei Jahren oder mit Geldstrafe bestraft.

Schrifttum

Bender Das postmortale allgemeine Persönlichkeitsrecht: Dogmatik und Schutzbereich, VersR **2001** 815; *Chen* Die Verunglimpfung des Andenkens Verstorbener (§§ 189 und 194 II S. 2 StGB) (1986); *Hunger* Das Rechtsgut des § 189 StGB (1996); *Neumann-Duesberg* Anmerkung zu BGHZ **50** 133 (= JZ **1968** 697), JZ **1968** 703; *Papst* Der postmortale Persönlichkeitsschutz in der Rechtsprechung des Bundesverfassungsgerichts, NJW **2002** 999; *Rüping* Der Schutz der Pietät, GA **1977** 299; *Schack* Weiterleben nach dem Tode – juristisch betrachtet, JZ **1989** 609; *Westermann* Das allgemeine Persönlichkeitsrecht nach dem Tode, FamRZ **1969** 561.

I. Die Frage nach dem Rechtsgut. Für viele ist es fraglich, ob die Verunglimpfung 1
des Andenkens Verstorbener in den 14. Abschnitt des Besonderen Teils gehört. Sie hat dort in der Tat nichts zu suchen, wenn man leugnet, dass § 189 ein Delikt gegen die Ehre umschreibt. Die herrschende Meinung konstatiert: Weil der Tote aufgehört habe, als Rechtssubjekt zu existieren, könne er nicht mehr Träger einer aktuellen Ehre, Subjekt des aus der Ehre abgeleiteten Achtungsanspruchs sein. Eine andere Formulierung besagt in der Sache dasselbe: Die Ehre ist Attribut (Eigenschaft) der Persönlichkeit. Mit dem Erlöschen des Lebens ende, was die Existenz der Person zur Voraussetzung habe.[1]

[1] RGSt. **13** 95; **26** 34; *Frank* Anm. 1; *Geppert* Jura **1983** 580, 590; *Rüping* GA **1977** 304; *Rudolphi* SK 1.

Welches Rechtsgut an die Stelle der Ehre zu treten habe, ist allerdings sehr umstritten. Angeboten werden insbesondere: (1.) Das **Pietätsgefühl** der Angehörigen (BayObLGSt. **1949/51** 455, 456; *Rüping* GA **1977** 305); (2.) das Pietätsgefühl der Angehörigen und der Allgemeinheit (OLG Düsseldorf NJW **1967** 1142; *Lackner/Kühl*[25] 1); (3.) die „Familienehre" (*Kohlrausch/Lange*[43] I); (4.) die Ehre der Familie und ihr Pietätsgefühl (*Frank* Anm. I); (5.) die Ehre von Angehörigen (vgl. *Rüping* aaO 304; *Zaczyk* NK 1); (6.) Wertvorstellungen der Bevölkerung über die Achtung Toter als Schutzgut im Interesse des sozialen Friedens (*Rudolphi* SK 1); (7.) die postmortale Respektierung der menschlichen und sozialen Leistung des Verstorbenen als Persönlichkeitsrecht eigener Art (*Sch/Schröder/Lenckner*[26] 1). (8.) BGHSt. **40** 97, 105 (mit krit. Anm. *Jakobs* StV **1994** 540) hat die Frage nach dem Rechtsgut nicht abschließend entschieden, wohl aber in Anlehnung an *Lenckner* von der „Nachwirkung des Schutzes der Persönlichkeit" gesprochen. Zu diesen Vorschlägen ist zu bemerken: Gefühle beziehen sich auf Werte, Rechts- und Lebensgüter. Sie sind mit ihnen nicht identisch. Auf das Pietätsgefühl von Angehörigen kann es auch deshalb nicht ankommen, weil die sozialethische Verwerflichkeit von tatbestandsmäßigen Verunglimpfungen nicht davon abhängt, ob Angehörige vorhanden sind. Eine Familienehre kann nicht anerkannt werden (Rdn. 33 vor § 185). Für den Schutz der Ehre von Angehörigen Verstorbener braucht man keine besondere Vorschrift. In Bezug auf Wertvorstellungen gilt, was von den Gefühlen gesagt worden ist. Aus § 194 Abs. 2 S. 2 ergibt sich kein Argument für die Anerkennung des Pietätsgefühls der Allgemeinheit als geschütztes Rechtsgut. Denn diese Vorschrift hat nichts mit dem Schutz einer vom Staat usurpierten Pietät zu tun (*Rüping* GA **1977** 305). Im Übrigen ist das Pietätsgefühl der Allgemeinheit eine bloße Fiktion (*Sch/Schröder/Lenckner*[26] 1). Die Theorie des postmortalen Persönlichkeitsschutzes (*Sch/Schröder/Lenckner* aaO; BGHSt. **40** 97, 105) deckt sich in der Sache weitestgehend mit der hier vertretenen Auffassung:

2 Sie geht dahin, dass das durch § 189 geschützte Rechtsgut die **fortbestehende Ehre** des Verstorbenen ist (ebenso *Hirsch* Ehre und Beleidigung, S. 125ff; *Hunger* S. 114; *Welzel* S. 305 und 315; de lege ferenda auch *Müller* Postmortaler Rechtsschutz [1996], S. 94). Zivilrechtliche Entscheidungen des Bundesgerichtshofs (vgl. BGHZ **15** 259; **26** 52, 67; **50** 133, 136ff = JZ **1968** 697 mit. Anm. *Neumann-Duesberg*) haben den Weg für die zutreffende Lösung der Rechtsgutsfrage bereitet: Die schutzwürdigen Werte der Persönlichkeit, ihr Ruf und damit auch der Bestand der Ehre überdauern die Rechtsfähigkeit. Zwar ist es unbestreitbar, dass das allgemeine Persönlichkeitsrecht mit dem Tode des Rechtssubjekts eine einschneidende Veränderung erfährt, weil alle Ausstrahlungen enden, welche die Existenz einer handelnden, sich entfaltenden und in Kommunikation mit anderen stehenden Person bedingen (BGHZ **50** 136). Aber das Lebensbild und damit auch die Ehre können nicht in dem Augenblick schutzlos werden, in dem der Mensch die Augen schließt. Es entspricht der Wertentscheidung des Grundgesetzes (insbesondere seinem Art. 1), dass Zivil- und Strafrecht das Bild des Lebens und Wirkens eines Verstorbenen für eine Zeitlang vor unangemessener Verzerrung bewahren (*Neumann-Duesberg* JZ **1968** 704). Denn „Menschenwürde und freie Entfaltung zu Lebzeiten sind nur dann im Sinne des Grundgesetzes ausreichend gewährleistet, wenn der Mensch auf einen Schutz seines Lebensbildes wenigstens gegen grob ehrverletzende Entstellungen nach dem Tode vertrauen und in dieser Erwartung leben kann" (BGHZ **50** 136, 139). Die Frage, wie sich das Zivilrecht mit dem Problem auseinandersetzt, das sich daraus ergibt, dass das fortbestehende Persönlichkeitsrecht eines Verstorbenen ein subjektloses Recht zu sein scheint, bedarf hier keiner Beantwortung (vgl. BGH aaO 137; *Hirsch* Ehre und Beleidigung, S. 130 Anm. 19). Für das Strafrecht ist es nicht zweifelhaft, dass „die Rechtsordnung Gebote und Verbote für das Verhalten der Rechtsgenossen zum Schutz verletzungsfähiger Rechtsgüter unabhängig vom Vorhandensein eines lebenden Rechtssubjekts vorsehen kann" (BGH aaO). Die Ehre eines Verstorbenen kann nur retrospektiv erfasst werden. Der verdiente Achtungsanspruch bestimmt sich nach dem personalen und sozialen Geltungswert im Zeitpunkt des Todes. Die Auffassung, dass die – wenngleich in verminderter Intensität und mit eingeschränktem Schutzumfang – fortbestehende Ehre des Verstorbenen das geschützte Rechtsgut sei, macht die Vorschrift des § 189 nicht überflüssig. Die Bestimmung stellt klar, in welchem Umfang die Ehre Toter strafrechtlichen Schutz erfährt und setzt den Strafrahmen fest. Sie hat früher auch Fragen geregelt, die Verfolgungsvoraussetzungen prozessualer Art betrafen. Ihre Regelung findet sich nunmehr in § 194 Abs. 2.

II. Der objektive Tatbestand. Dem Verstorbenen steht der für tot Erklärte gleich 3
(*Lackner/Kühl*[25] 1). Das **Andenken** kann nur verunglimpft werden, wenn die ehrenrührige Äußerung von einem anderen wahrgenommen und in ihrem Sinngehalt verstanden wird (*Rudolphi* SK 5). Beides ist auch deshalb erforderlich, weil die Verunglimpfung ebenso wie die einfache Beleidigung, die üble Nachrede und die Verleumdung ein **Äußerungsdelikt** ist, das erst vollendet wird, wenn ein anderer von der verunglimpfenden Kundgabe des Täters Kenntnis erlangt und sie versteht (§ 185 Rdn. 26). Infolgedessen können Tätlichkeiten am Leichnam den Tatbestand nur verwirklichen, wenn sie erkennbar sind und erkannt werden (BayObLGSt. **1949/51** 456 = JZ **1951** 786; einschränkend *Zaczyk* NK 5). Das Andenken bezieht sich auf den personalen Geltungswert des Verstorbenen im Zeitpunkt seines Hinscheidens (Rdn. 2). Daraus folgt: Wer am Leichnam manipuliert, ohne einen Makel an der vom Verstorbenen hinterlassenen Ehre zu äußern, verunglimpft nicht. Eine **Verunglimpfung** ist eine Beleidigung schwereren Grades in Form einer Tatsachenäußerung oder eines Werturteils (BGHSt. **12** 364, 366; *Hirsch* Ehre und Beleidigung, S. 142 Anm. 39). Nach einer anderen Formulierung ist „eine besonders schwere Herabsetzung", „eine besonders schwere Ehrenkränkung" erforderlich (BayObLG JZ **1951** 786; NJW **1988** 2902; *Rudolphi* SK 3; *Sch/Schröder/Lenckner*[26] 2). Das Gewicht der Verunglimpfung kann eine ehrenrührige Äußerung aus ihrem Inhalt, ihrer Form, den Begleitumständen oder aus dem (erkennbar gewordenen) Beweggrund erlangen. Für die Verunglimpfung des Andenkens mehrerer Verstorbener unter einer Kollektivbezeichnung gelten die allgemeinen Grundsätze (BGH NJW **1955** 800; Rdn. 28 bis 32 vor § 185).

III. Für den **subjektiven Tatbestand** genügt bedingter Vorsatz (BayObLGSt. **1949/** 4
51 457). Die Lösung der **Irrtumsfälle** hängt davon ab, welche Position in der Rechtsgutsfrage (Rdn. 1 und 2) vertreten wird. Nach dem hier eingenommenen Standpunkt – das durch die Vorschrift des § 189 geschützte Rechtsgut ist die vom Verstorbenen hinterlassene Ehre – stellt sich die Verunglimpfung des Andenkens Verstorbener als ein **Beleidigungsfall** dar. Infolgedessen führt der Irrtum darüber, dass der Träger der Ehre lebt, oder darüber, dass er verstorben ist, nicht zur Straflosigkeit. Wenn der Täter irrtümlich annimmt, er beleidige einen Lebenden, wird er nach § 189 bestraft, wenn seine ehrenrührige Äußerung das Gewicht einer Verunglimpfung hat. Der dem Täter günstigere Strafrahmen, der Anwendung fände, wenn die Vorschrift des § 185 oder des § 186 zum Zuge käme, ist zu beachten (*Hirsch* Ehre und Beleidigung, S. 142 Anm. 39). Trifft die Verunglimpfung entgegen der Annahme des Täters einen Lebenden, so ist er nach § 185 (§ 186, § 187) zu bestrafen. Über den Strafrahmen des § 189 darf das Gericht nicht hinausgehen. Die Begrenzung kann in Fällen des § 187 Bedeutung erlangen (*Hirsch* Ehre und Beleidigung, S. 143 Anm. 43). Die „Nachwirkung des Schutzes der Persönlichkeit" (BGHSt. **40** 97, 105) ist der Sache nach ein nachwirken-

der Ehrenschutz, so dass die eben aufgezeigten Konsequenzen auch bei Zugrundelegung dieser Ansicht gelten. Wer dagegen der Meinung ist, § 189 schütze nicht hinterlassene Ehre, muss in den dargelegten Fallgruppen des Irrtums zum **Freispruch** kommen: Das Delikt, das der Täter in seine Vorstellung und seinen Verwirklichungswillen aufgenommen hat, kann er nicht begehen und die Straftat, die er in ihrem äußeren Tatbestand verwirklicht, ist mit seiner Vorstellung und seinem Verwirklichungswillen nicht kongruent. Die Anhänger der Aliudtheorie ziehen die aufgezeigte Konsequenz (vgl. RGSt. **26** 33, 34; *Lackner/Kühl*[25] 4: „missliches Ergebnis"). Sie ergibt sich auch dann, wenn zweifelhaft bleibt, ob die ehrenrührige Kundgabe vor oder nach dem Tode des Verunglimpften gemacht worden ist.

5 **IV.** Die Einordnung der Verunglimpfung des Andenkens Verstorbener in die Delikte gegen die **Ehre** hat weitere praktische Konsequenzen: Bei Verunglimpfungen, die keine Verleumdungen darstellen, ist der Strafrahmen des § 185 (oder des § 186) einzuhalten. § 189 will die Ehre von Verstorbenen nicht stärker als die von Lebenden schützen. Das in der Verunglimpfung liegende Plus qualifiziert nicht den Unrechtsgehalt, sondern begründet ihn. Der **Wahrheitsbeweis** erfährt keine Einschränkung, wenn der Täter durch Äußerung von Tatsachen verunglimpft hat (*Rudolphi* SK 8; *Lackner/Kühl*[25] 3). § 193 ist anwendbar (LG Göttingen NJW **1979** 1558, 1559; **aA** *Sch/Schröder/Lenckner*[26] 4). Da die Grundsätze der Kollektivbeleidigung gelten (oben Rdn. 3; *Lackner/Kühl*[25] 2), kann ein und dieselbe Äußerung (z. B. bei der Auschwitzleugnung, vgl. BGHSt. **40** 97, 103; BayObLG NStZ **1997** 283 mit krit. Anm. *Jakobs* JR **1997** 344), tateinheitlich Verstorbene verunglimpfen und Lebende beleidigen. Zum Strafantrag und der Fallgestaltung, bei der es eines Antrags nicht bedarf, vgl. § 194 Abs. 2. Zur Urteilsbekanntmachung vgl. § 200.

§ 190

Wahrheitsbeweis durch Strafurteil

[1]Ist die behauptete oder verbreitete Tatsache eine Straftat, so ist der Beweis der Wahrheit als erbracht anzusehen, wenn der Beleidigte wegen dieser Tat rechtskräftig verurteilt worden ist. [2]Der Beweis der Wahrheit ist dagegen ausgeschlossen, wenn der Beleidigte vor der Behauptung oder Verbreitung rechtskräftig freigesprochen worden ist.

Schrifttum

Helle Der Ehrenschutz des Freigesprochenen, GA **1961** 166; *Jansen* Die Rechtsfolgenseite des § 190 Satz 2 StGB (2003). Vgl. auch die Angaben vor der Übersicht zu § 186.

1 **I. Die Bedeutung des Wahrheitsbeweises.** Der Beweis der Wahrheit ist in Fällen der üblen Nachrede *Strafausschließungsgrund* (RGSt. **19** 387; **62** 83, 95; **65** 425; *Sch/Schröder/Lenckner*[26] § 186 Rdn. 13; *Hirsch* Ehre und Beleidigung, S. 171 und 203). Das folgt aus der tatbestandlichen Interpretation dieses Delikts (§ 186 Rdn. 1 bis 4). Der Strafausschließungsgrund wirkt aber nicht nur persönlich. Er lässt auch die Strafbarkeit eines Teilnehmers entfallen. Zu der Ansicht, die die Nichterweislichkeit der Wahrheit einer ehrenrührigen Tatsachenbehauptung als objektive Bedingung der Strafbarkeit auffasst (RGSt. **69** 81; BayObLGSt. **1964** 129 = NJW **1965** 58), besteht nur ein termi-

nologischer Unterschied (BGHSt. **11** 273, 274). Was für die üble Nachrede gilt, gilt auch in Fällen ehrenrühriger Tatsachenbehauptungen nur gegenüber dem Betroffenen (vgl. § 185 Rdn. 35).

II. Problematik des Wahrheitsbeweises. „Der Wahrheitsbeweis dient nicht der Belastung des Beleidigten, sondern der Entlastung des Beleidigers ... Es wäre eine gröbliche Verkennung des Verfahrenszwecks, wenn Versuche zugelassen würden, ganz allgemein die schmutzige Wäsche des Beleidigten zu waschen.“ Diese Sätze aus BGH bei Dallinger MDR **1955** 269 umreißen die wesentliche Problematik des Wahrheitsbeweises. Seinem Missbrauch soll vor allem mit dem Grundsatz der **Identität** des behaupteten und des zu beweisenden Geschehens begegnet werden (BGH VersR **1963** 945; BGH bei Dallinger aaO; RGSt. **55** 129, 133; **62** 83, 95; **64** 286): Dem Täter soll es nicht freistehen, an Stelle unbeweisbarer Äußerungen mit anderen ehrenrührigen, beweisbaren Behauptungen aufzuwarten, um – wenigstens für die Zwecke der Strafzumessung – ein allgemeines Unwerturteil über den Betroffenen aufrechtzuerhalten. Der Wahrheitsbeweis dient nicht nur der Entlastung des Täters, sondern soll auch dem Verletzten die Chance geben, von den ehrenrührigen Vorwürfen freigestellt zu werden. Die Gleichwertigkeit oder Gleichartigkeit der behaupteten und der beweisbaren Tatsache genügt nicht (*Sch/Schröder/Lenckner*[26] § 186 Rdn. 15). Der Grundsatz der Identität schließt aber nicht aus, dass der Angeklagte auf Vorkommnisse zurückgreift, die dem von ihm behaupteten Geschehen gleichartig oder ähnlich sind, wenn er damit bei widerstreitenden Zeugenaussagen (generell: in Fällen eines non liquet) Beweisanzeichen für die Richtigkeit seiner Darstellung erbringen kann (BGH VersR **1963** 945). Es ist auch zulässig, den Wahrheitsbeweis auf Geschehnisse zu erstrecken, die weitere Belege für die Wahrheit einer Behauptung sein sollen, in der ein Einzelvorgang nur beispielhaft für einen allgemeinen Vorwurf erwähnt wurde (RGSt. **55** 129, 132; **62** 83, 95; BGH bei Dallinger MDR **1955** 269). Doch hat der Täter keinen Freibrief, in äußerlicher Verbindung mit einem allgemeinen Vorwurf nicht beweisbare Einzeltatsachen nach Belieben zu behaupten. Sie können als selbständige Beleidigungen anzusehen sein, deren Strafbarkeit auch dann nicht entfällt, wenn die Wahrheit des Gesamtvorwurfs bewiesen wird (RGSt. **64** 284, 286). Die Subjektivierung einer ehrenrührigen Tatsachenbehauptung („ich bin überzeugt, dass X gestohlen hat“) führt nicht dazu, dass die Überzeugung beweiserheblich wird. Es kommt allein darauf an, ob der behauptete Vorgang (der Diebstahl) beweisbar ist (vgl. § 186 Rdn. 7). 2

III. Tragweite des Wahrheitsbeweises. Der Wahrheitsbeweis deckt auch die zur Charakterisierung ehrenrühriger Geschehnisse geäußerten Werturteile, wenn sie noch tatsachenbezogen und tatsachenbegrenzt sind (§ 185 Rdn. 5). Ist eine ehrenrührige Tatsachenbehauptung mit einem Werturteil verknüpft, das nicht mehr tatsachenbezogen, sondern abwegig, unvertretbar ist, wird durch den Beweis der Wahrheit die Strafbarkeit auf das Plus an Ehrabsprechung begrenzt, das in der überschießenden negativen Bewertung liegt (*Hirsch* Ehre und Beleidigung, S. 210, 217). Das ist einer der Fälle des § 192 (vgl. dort). Selbst für sehr vage, generalisierende Werturteile („Schuft“, „gemeiner Mensch“, „Verbrecher“) kann ein sie legitimierender Wahrheitsbeweis in Betracht kommen (§ 185 Rdn. 6). Die Wahrheitsfrage ist bei Werturteilen auch dann nicht gleichgültig, wenn der Täter erst **nachträglich** von einer – schon zur Tatzeit vorhandenen – Tatsachengrundlage erfährt und sich im Prozess darauf beruft. Denn nicht auf seine Kenntnis und Vorstellung im Zeitpunkt der Äußerung kommt es an, sondern auf ihren objektiven Aussagegehalt im Hinblick auf den wirklichen Status der Ehre des Betroffenen in diesem Zeitpunkt. Deshalb geht es nicht nur um die Relevanz nachträglich manifest gewordener ehrenrühriger Tatsachen für die Strafzumes- 3 sung (vgl. RG JW **1934** 692 Nr. 12). Aus ihnen kann sich auch ergeben, dass der verdiente Achtungsanspruch nicht verletzt worden ist (*Hirsch* Ehre und Beleidigung, S. 215). Es ist nach allem unrichtig, wenn die Bedeutung der Wahrheitsfrage für Werturteile auf die Strafzumessung beschränkt wird, und es erscheint bedenklich, bei Äußerungen, die Tatsachenbehauptungen und darauf sich beziehende Werturteile enthalten, im Falle des Überwiegens der Wertung den Wahrheitsbeweis für die „unselbständigen" Tatsachenbehauptungen zu versagen (so OLG Hamm NJW **1961** 1937; vgl. auch BGHSt. **6** 159, 162; **11** 329, 331). Er ist jedenfalls für die Strafzumessung von Bedeutung, es sei denn, die Tatsachenbehauptung bleibt für die Rechtsfolgenentscheidung außer Ansatz. Der Beweis der Wahrheit ist geführt, wenn die Tatsachenäußerung in ihrem wesentlichen Aussagegehalt (in ihrem Aussagekern) zutrifft. Einzelne Übertreibungen, unbewiesene oder widerlegte Nebensächlichkeiten sind unschädlich (BGHSt. **18** 182, 183; RGSt. **55** 129, 132; **62** 83, 95; **64** 284, 286; OLG Hamm JMBlNRW **1958** 112; *Sch/Schröder/Lenckner*[26] § 186 Rdn. 15).

4 **IV. Verfahrensrechtliche Aspekte des Wahrheitsbeweises.** Die Beweisführungslast trifft das Gericht. Es hat der Frage, ob die ehrenrührige Tatsache, die der Täter behauptete oder verbreitete, wahr ist, von Amts wegen nachzugehen (§ 244 Abs. 2 StPO). Aber ein non liquet geht zu Lasten des Täters, der Grundsatz „in dubio pro reo" gilt nicht (BGH bei Dallinger MDR **1954** 335 und **1955** 260; RG DJ **1937** 163; *Geppert* Jura **1983** 580, 582). Es ist gleichgültig, weshalb der Wahrheitsbeweis misslingt (etwa deshalb, weil ein Zeuge verstorben ist oder von einem Aussageverweigerungsrecht Gebrauch macht). Beweisinitiative des Angeklagten darf erwartet werden. Beruft er sich nicht auf unmittelbar oder mittelbar relevante Tatsachen, so hat das Gericht, wenn sich im Laufe der Verhandlung keine deutlichen Anhaltspunkte für das Vorliegen solcher Tatsachen ergeben, keine Veranlassung zur Beweiserhebung (*Hirsch* Ehre und Beleidigung, S. 215 Anm. 32). Im Falle eines non liquet folgt ein straferschwerender Gesichtspunkt nicht daraus, dass der Angeklagte die von ihm für wahr gehaltene Behauptung aufrechterhält (RGSt. **38** 208).

5 Der Wahrheitsbeweis muss selbst dann erhoben werden, wenn im Falle der Nichterweislichkeit (etwa in Anwendung des § 193) freizusprechen oder wenn im Falle des Beweisgelingens (etwa deshalb, weil ein überschießendes Werturteil gefällt wurde) zu verurteilen ist. Denn das Strafverfahren darf den Schutz der Ehre des Betroffenen und die Wiederherstellung seines verdienten guten Rufs im Rahmen des Möglichen nicht außer Acht lassen. Für die Notwendigkeit, stets den Wahrheitsbeweis zu erheben, spricht zudem die Überlegung, dass sich ohne vollständige Aufklärung des Sachverhalts häufig nicht sicher beurteilen lässt, ob die ehrenrührige Behauptung leichtfertig und ob sie wirklich zur Wahrnehmung berechtigter Interessen aufgestellt worden ist (BGHSt. **4** 194, 198; **7** 385, 392; **11** 273, 274, 277; **27** 290, 292; RGSt. **64** 10, 11; RG JW **1930** 2541 Nr. 10 mit Anm. *Engelhard*; **1936** 3461 Nr. 31; *Sch/Schröder/Lenckner*[26] § 186 Rdn. 14). Der Verletzte kann ein tatrichterliches Urteil mit der Begründung **anfechten**, der Wahrheitsbeweis sei nicht oder nicht vollständig erhoben oder die Frage der Wahrheit des ehrenrührigen Angriffs sei sachlich-rechtlich nicht rechtsirrtumsfrei geprüft worden (BGHSt. **11** 273, 279). Der ohne Klärung der Wahrheitsfrage freigesprochene, verfahrensrechtlich nicht beschwerte Angeklagte hat nicht die Möglichkeit, die Erhebung des Wahrheitsbeweises durch ein Rechtsmittel zu erzwingen (vgl. BGHSt. **11** 273, 278; **27** 290, 292f). Der Grundsatz, dass der Wahrheitsfrage stets nachzugehen ist, sollte eine Einschränkung in Fällen erfahren, in denen der Betroffene diese Frage nicht aufgeworfen wissen möchte und ein Äußerungsexzess sich eindeutig abhebt (*Hirsch* Ehre und Beleidigung, S. 225 Anm. 53; *Welzel* S. 319).

V. Die Beweisregeln des § 190

1. § 190 gehört zum Strafprozessrecht (*Regge* MK 6). Die Vorschrift enthält zwei **Beweisregeln**, die den Grundsatz der freien Beweiswürdigung (§ 261 StPO) verdrängen und die Beweislastregel des § 186 ergänzen (BGHZ **95** 212, 216; *Sch/Schröder/Lenckner*[26] 1). Zweck dieser Beweisregeln ist es zu verhindern, dass strafrechtliche Vorwürfe, die Gegenstand eines rechtskräftigen Strafurteils waren, im Rahmen eines Beleidigungsverfahrens erneut überprüft werden müssen. Die Beweisregeln beugen widersprechenden Entscheidungen vor. Die erste erspart es dem Beleidiger, trotz Vorliegens eines Strafurteils, das für die Richtigkeit seiner ehrenrührigen Tatsachenbehauptung streitet, den Wahrheitsbeweis erbringen zu müssen. Die zweite ermöglicht es dem Beleidigten, seine Rechtsposition allein durch die Berufung auf den rechtskräftigen Freispruch zu wahren (BayObLGSt. **1960** 229, 230 = NJW **1961** 85; Rdn. 7 und 8). Die Beweisregeln gelten auch für Fälle, in denen der Täter nur gegenüber dem Betroffenen behauptet, er, der Betroffene, habe eine Straftat begangen (BayObLG aaO; *Sch/Schröder/Lenckner*[26] 1), mag sich in dieser Behauptung die ehrenrührige Äußerung erschöpfen oder nicht erschöpfen (vgl. Rdn. 3). Nicht billigenswert ist die Auffassung, die § 190 S. 2 auch materiellrechtliche Bedeutung beilegt (so BayObLGSt. **1960** 229, 231 in dem Bestreben, sich mit BayObLGSt. **1958** 244, 246 nicht in Widerspruch zu setzen). 6

2. § 190 S. 1 schneidet jede Beweiserhebung über die Wahrheit des Straftatvorwurfs ab. Nur durch einen Wiederaufnahmebeschluss (§ 370 Abs. 2 StPO) wird der Weg für den Wahrheitsbeweis wieder frei (RGSt. **76** 48; RGRspr. **10** 430). § 190 S. 1 setzt voraus, dass die rechtskräftige Verurteilung gerade wegen der dem Beleidigten nachgesagten Straftat erfolgte, gleichviel, ob es zur Verurteilung vor oder nach der den Gegenstand des Beleidigungsverfahrens bildenden Kundgabe kam. Verurteilung durch Strafbefehl genügt (RGSt. **36** 313). Ein Schuldspruch wegen der behaupteten (oder verbreiteten) Straftat reicht aus, ein Rechtsfolgenausspruch ist nicht erforderlich. § 190 S. 1 trifft also auch dann zu, wenn nach § 199 für straffrei erklärt, nach § 59 mit Strafvorbehalt verwarnt oder nach § 60 von Strafe abgesehen worden ist (*Rudolphi* SK 5). Tilgung oder Tilgungsreife einer Verurteilung schließen die Anwendung der Beweisregeln nicht aus (arg. § 51 Abs. 2 BZRG; *Rudolphi* aaO; *Sch/Schröder/Lenckner*[26] 3; **aA** *Dähn* JZ **1973** 51). Die Verurteilung durch ein Gericht der früheren DDR ist eine Verurteilung i. S. v. § 190 S. 1 nur dann, wenn die Entscheidung nicht wegen schwerster Verstöße gegen rechtsstaatliche Grundsätze nichtig ist. Sie kann Rechtswirkungen auch nach § 190 S. 1 nicht mehr entfalten, wenn die Unzulässigkeit der Vollstreckung nach § 15 RHG (Gesetz über die innerdeutsche Rechts- und Amtshilfe in Strafsachen vom 2. 5. 1953) festgestellt worden ist (BGHZ **95** 212, 217). Solange die Verurteilung wegen der behaupteten oder verbreiteten Straftat Bestand hat, kann selbst derjenige, der ihre Unrichtigkeit kennt, nicht wegen Verleumdung bestraft werden, wenn er dem Verurteilten nachsagt, er habe die Straftat begangen. 7

3. Nach **§ 190 S. 2** ist der Beweis der Wahrheit als Entlastungsbeweis für den Angeklagten ausgeschlossen, wenn der Beleidigte vom Vorwurf der Straftat, die ihm der Angeklagte nachsagt, rechtskräftig freigesprochen worden ist. Der Freispruch muss **vor** der Behauptung oder Verbreitung der ehrenrührigen Tatsache erfolgt und rechtskräftig geworden sein. Es ist gleichgültig, ob der Beleidiger davon Kenntnis hatte oder nicht (*Kohler* GA Bd. **47** 203). Wenn die Beleidigung dem Freispruch vorausgeht, steht § 190 S. 2 dem Wahrheitsbeweis nicht entgegen (*Rudolphi* SK 6; *Sch/Schröder/Lenckner*[26] 4). Die Vorschrift hindert ihn nicht mehr, wenn ein Wiederauf- 8 nahmebeschluss ergangen ist (§ 370 Abs. 2 StPO). „Freigesprochen" i. S. v. § 190 S. 2 ist der Beleidigte nur, wenn durch eine Sachentscheidung festgestellt worden ist, dass er (möglicherweise) nicht tatbestandsmäßig, nicht rechtswidrig oder nicht schuldhaft gehandelt hat. Es genügen nicht die Einstellung des Verfahrens wegen Verjährung, wegen fehlenden Strafantrags, der Freispruch wegen Rücktritts vom Versuch oder wegen Vorliegens eines persönlichen Strafausschließungsgrundes, die Straffreierklärung nach § 199, die Ablehnung des Erlasses eines Strafbefehls (*Sch/Schröder/Lenckner*[26] 4; diff. *Regge* MK 17; *Zaczyk* NK 3). Wenn ein rechtskräftiges Urteil die Schuld verneint, ist auf Grund dieses Urteils § 190 S. 2 anzuwenden, mag auch festgestellt sein, dass der Beleidigte tatbestandsmäßig gehandelt hat (z. B. im Falle eines Jugendlichen, dem die erforderliche Einsicht fehlt; vgl. § 3 S. 1 JGG). Wenn allerdings die ehrenrührige Behauptung sich auf die Aussage beschränkt, dass der „Beleidigte" eine tatbestandsmäßige-rechtswidrige Handlung verübt habe, wenn also die Frage des schuldhaften Verhaltens ausdrücklich oder nach dem Sinngehalt der Äußerung ausgenommen worden ist, schließt ein Urteil, das lediglich die Schuld verneint hat, den Beweis der Tatbegehung nicht aus (*Rudolphi* aaO; *Sch/Schröder/Lenckner* aaO). Wenn der Täter die Unrichtigkeit des Freispruchs kennt, z. B. der Freigesprochene ihm gegenüber die Tat zugestanden hat, hindert § 190 S. 2 dennoch den Wahrheitsbeweis. Das Wissen um den Freispruch schließt in der Regel die Berufung auf § 193 aus (*Rudolphi* aaO; *Sch/Schröder/Lenckner* aaO. *Helle* GA **1961** 166ff will in einem solchen Falle § 193 stets ausschließen).

§ 191

– weggefallen –

§ 192

Beleidigung trotz Wahrheitsbeweises

Der Beweis der Wahrheit der behaupteten oder verbreiteten Tatsache schließt die Bestrafung nach § 185 nicht aus, wenn das Vorhandensein einer Beleidigung aus der Form der Behauptung oder Verbreitung oder aus den Umständen, unter welchen sie geschah, hervorgeht.

Schrifttum

Edenfeld Der Schuldner am Pranger (usw.), JZ **1998** 645; *Oppe* Ist eine Beleidigungsabsicht zur Strafbarkeit nach §§ 192, 193 StGB erforderlich?, MDR **1962** 947; *Scheffler* Zur Strafbarkeit der Schuldbeitreibung mittels „Schwarzen Mannes", NJ **1995** 573; *Weber* Die Bedeutung der Worte „das Vorhandensein einer Beleidigung" in §§ 192, 193 StGB, ZStW **53** (1934) 196.

I. Begriff und Anwendungsbereich der Formalbeleidigung

1 **1.** Zur Kennzeichnung dessen, was § 192 besagt, wird der Ausdruck „Formalbeleidigung" oder (so *Hirsch* Ehre und Beleidigung, S. 217) „Formbeleidigung" gebraucht.

Früher wurde dieser Ausdruck aber auch zur Benennung aller Beleidigungen, die nicht Tatsachenäußerungen sind, verwendet (vgl. *Kohlrausch/Lange*[43] § 185 Anm. IV 1). Im folgenden Text bedeutet er Beleidigung i. S. v. § 192. Die Vorschrift gilt für alle Fälle ehrenrühriger Tatsachenäußerungen, auch für diejenigen, die nach § 185 oder § 189 strafbar sind (BayObLGSt. **1958** 244, 246 = NJW **1959** 57; *Rudolphi* SK 1; *Sch/Schröder/Lenckner*[26] 2). Wenn eine solche Äußerung sich als wahr erweist, liegt in ihrem faktenbezogenen Inhalt keine strafbare Beleidigung. Eine solche Straftat kann sich aber daraus ergeben, dass Form oder Umstände einer ehrenrührigen Äußerung über den ehrrelevanten Erklärungswert der beweisbaren und bewiesenen Tatsachen hinausgehen und in ihrem objektiven Sinngehalt zusätzlich Missachtung, Nichtachtung oder Geringschätzung zum Ausdruck bringen. In ihnen liegt dann ein **Plus** an Herabsetzung der Ehre des Betroffenen, ein ungedecktes (exzessives) Mehr an ehrenrühriger Kundgabe, das den Tatbestand der einfachen Beleidigung (§ 185) erfüllt. Das und nichts anderes besagt § 192 (*Hirsch* aaO S. 217ff).

2. Nicht mit dem Fall der Formalbeleidigung hat man es dort zu tun, wo mit einer erweislich wahren Tatsachenäußerung ein **Werturteil** (z. B. eine Beschimpfung) **nur äußerlich** verknüpft ist. Sagt X zu einem anderen: „Y, der Sittenstrolch, hat mich bestohlen“, obgleich nur das Bestehlen zutrifft, im Übrigen aber weder objektiv noch in der Vorstellung des X für den „Sittenstrolch“ eine Tatsachengrundlage vorhanden ist, dann hat X bei Gelegenheit einer Tatsachenäußerung nach § 185 beleidigt. Die 8. Aufl. sprach (in Anm. II 1) von einem „extensiven Exzess“. In seinem Falle kommt es auf § 192 und die Theorien zur Interpretation der Vorschrift nicht an (vgl. RGSt. **21** 157, 159; **33** 50, 53). 2

3. Ein Exzess i. S. v. § 192 liegt **nicht schon** dann vor, wenn die geäußerten ehrenrührigen und als wahr erwiesenen Tatsachen eine (ausdrückliche oder konkludente) **Bewertung** erfahren haben. Denn der Beweis der Wahrheit deckt auch die zur Charakterisierung ehrenrühriger Verhaltensweisen gefällten Werturteile, wenn sie nicht in einer Weise herabwürdigen, die zu den Fakten außer jedem Verhältnis steht. Halten sie sich im Rahmen der **Adäquanz**, dann sind sie Bestandteil der üblen Nachrede. Mit dem Beweis, dass die Tatsachenbehauptung zutrifft, entfällt auch ihre Strafbarkeit (§ 185 Rdn. 41). Bei der Prüfung der Frage, ob ein abwertendes Urteil über das noch Verhältnismäßige und damit tatsachenadäquate hinausgegangen ist, darf die Grundanschauung des Urteilenden, falls sie „vertretbar und nicht offensichtlich abwegig“ ist, nicht völlig außer Betracht bleiben (BGHSt. **6** 159, 162; BGH NJW **1974** 1762; **1978** 1797, 1798; BayObLGSt. **1961** 46, 48; **1963** 174, 177f). Zur Frage der Behandlung des von Irrtum beeinflussten Wertungsexzesses vgl. § 193 Rdn. 31. 3

II. Der Tatbestand der Formalbeleidigung

1. Tatsachenäußerungen auf der einen Seite und Werturteile (zu denen auch konkludente Verhaltensweisen mit ehrenrührigem Sinngehalt gehören können) auf der anderen Seite bilden die Handlungen der Beleidigungsdelikte (§ 185 Rdn. 2, 15). Wird § 192 diesem Schema eingeordnet, so können die „Form“ und die „Umstände“ im Sinne dieser Bestimmung nichts anderes als eine Residualkategorie für das sein, was über den geäußerten Tatsacheninhalt hinaus den objektiven Erklärungsgehalt einer Kundgabe mitbestimmt, und zwar so – das folgt aus Rdn. 1 bis 3 –, dass es die ehrenrührigen Fakten mit einer Wertung verknüpft, die nicht nur additiv zu ihnen hinzutritt (vgl. RGSt. **21** 157, 159; **34** 80) und die ein exzessives Mehr an Ehrherabsetzung ent- 4 hält als tatsachenadäquater Bewertung entspräche. Bei solcher Einordnung der Vorschrift des § 192 in die große Gruppe der Beleidigungen durch **überschießende Wertung** kann die Beantwortung der Frage, ob die ehrenrührige Form oder die achtungsverletzenden Umstände die Tatbestandsverwirklichung selbst bewirken oder ob sie nur ein notwendiges Indiz (einen Beweisgrund, dem sie entnehmbar sein muss: RGSt. **6** 421; **40** 317, 318) für eine besonders festzustellende Beleidigungsabsicht darstellen, nicht zweifelhaft sein: Das tatsacheninadäquate Plus an Ehrabsprechung bildet den auch bei der Formalbeleidigung unerlässlichen (vgl. RGSt. **23** 40; BayObLG **20** 110), durch keine Beleidigungsabsicht ersetzbaren objektiven Tatbestand (im Ergebnis wie hier z. B. *Hirsch* Ehre und Beleidigung, S. 221ff; *Rudolphi* SK 2; *Sch/Schröder/Lenckner*[26] 1). „Entscheidend ist, dass eine Abwertung ausgedrückt wird, die über die vom Inhalt der Tatsachenäußerung gedeckte Minderung" der Ehre des Betroffenen hinausgeht (*Hirsch* aaO S. 222). Subjektiv genügt das Wissen des Täters, dass er tatsacheninadäquat (i. S. v. Rdn. 3) wertet. Dolus eventualis reicht aus.

5 **2.** Hat man den objektiven Tatbestand der Formalbeleidigung mithin darin zu sehen, dass die Form, in welcher eine Tatsachenäußerung erfolgt, oder die Umstände, unter denen sie gemacht wird, für sich allein ein **ehrenrühriges Werturteil** i. S. v. § 185 zum Ausdruck bringen, das nicht tatsachenadäquat ist, dann bietet der tatbestandliche Aufbau keine Besonderheiten. Wer dagegen mit dem Reichsgericht (vgl. RGSt. **1** 317; **20** 100; **23** 40; **34** 80; **40** 317; **41** 254; **59** 414; RG DR **1943** 189) meint, in das Gesetz sei eine Beleidigungsabsicht hineinzuinterpretieren, der gibt § 192 (und dem Schlussteil des § 193) eine andere Deutung und eine andere Struktur: Wegen Formalbeleidigung macht sich nur derjenige strafbar, dem es darauf ankommt, den Betroffenen zu beleidigen. Form oder Umstände sind die Beweisanzeichen, aus denen auf animus iniuriandi geschlossen werden kann. Das Abstellen auf eine Beleidigungsabsicht kann zu weitgehender Einschränkung der Straflosigkeit bei erweislich wahren Tatsachenäußerungen auf Grund der Form oder der Umstände vorbeugen (*Hirsch* Ehre und Beleidigung, S. 220). Denn aus ihrem indiziellen Gehalt ergibt sich in aller Regel kein zwingender Schluss auf animus iniuriandi (RGSt. **40** 317, 319; RG JW **1938** 1805 Nr. 6). Aber die Beleidigungsabsicht wird als Korrektiv nicht benötigt, wenn anerkannt wird, dass die Formalbeleidigung den Unrechts- und Schuldgehalt der Beleidigung durch Werturteil erfordert, dass der „Form" oder den „Umständen" dieser Unrechts- und Schuldgehalt innewohnen und durch sie manifest werden muss. Es kann für die Subsumtion unter § 185 nicht zwei Kategorien von Beleidigungen mit unterschiedlichem tatbestandlichen Aufbau geben. Auch im Gesetzeswortlaut findet die Forderung nach einer Beleidigungsabsicht keine Stütze. Mit der heute ganz h. M. (*Lackner/Kühl*[25] 3: *Maurach/Schroeder/Maiwald* BT I^9 26/21) ist sie deshalb abzulehnen.

6 **3.** Die Judikatur zur Beleidigungsabsicht, zu den sie indizierenden Beweisgründen und zu deren Abgrenzung vom Inhalt der Tatsachenäußerung (vgl. RGSt. **40** 317; RG JW **1938** 1805 Nr. 6; BayObLG **20** 108; BayObLGSt. **1961** 41) ist auch für die hier vertretene Auffassung von Interesse. Denn für sie gilt, dass dem Täter ein scharfer Ausdruck nicht als Formexzess vorgeworfen werden kann, wenn er inhaltlich das sagen wollte und sagen konnte, was sich aus dem Sinngehalt des Ausdrucks ergibt (vgl. BGHZ **70** 1, 5f; OLG Frankfurt NJW **1977** 1353, 1354; *Herdegen* Anm. zu BGHZ **70** 1 in LM DRiG Nr. 15 zu § 26). Auch bei der hier eingenommenen Position stellt sich die Frage, wie sich der Täter (noch) tatsachenadäquat hätte artikulieren können und ob die außer Verhältnis stehende Abwertung des Betroffenen in der Persönlichkeit des Täters (seiner Gemütsart, seiner sprachlichen Fähigkeit) und in ande-

ren Umständen des Einzelfalls (insbesondere im Anlass zur Äußerung) eine Erklärung findet, die dem Schluss auf vorsätzlich-tatsacheninadäquate Wertung entgegensteht (vgl. insbesondere RGSt. **40** 318; RG JW **1936** 3461 Nr. 31; BayObLG **20** 110; OLG Frankfurt aaO). Im Übrigen kann nur in Zusammenfassung von schon Gesagtem noch einmal klargestellt werden: Ein Schimpfwort (vgl. RG JW **1934** 905 Nr. 17 und **1934** 1852 Nr. 6), eine persönlichkeitsbezogene negative Qualifizierung (z. B. „Lügner" oder „dummdreiste Lüge", vgl. BGHZ **70** 1), die satirische Einkleidung (vgl. § 185 Rdn. 23, 24), eine boshafte oder gehässige Wendung (vgl. RGSt. **15** 74; BayObLG **17** 43), der überlaute Ton (vgl. RGSt. **54** 289) und jedes andere, mit einer Tatsachenäußerung verknüpfte und sie ausdrücklich oder konkludent wertende Formmoment muss, wenn es als Formalbeleidigung in Betracht kommen soll, den Achtungsanspruch des Betroffenen so tangieren, dass trotz der Minderung der Ehre, die durch die wahre Tatsachenäußerung manifest geworden ist, eine Verletzung dieses Anspruchs eintritt. Nur unter dieser Voraussetzung können auch (situative, temporale, lokale, personale) Umstände (vgl. dazu RGSt. **21** 157; **34** 80) tatbestandsverwirklichend sein, etwa die unsachliche Veröffentlichung längst vergangener Verfehlungen (*Tenckhoff* JuS **1989** 35, 38).

III. Publikationsexzess. Ehrverletzende Reaktualisierung.

1. Gegenstand verschiedener Entscheidungen war die Frage, ob die Kundgabe ehrenrühriger Tatsachen in der Zeitung (vgl. BayObLG **12** 266), durch öffentlichen Aushang in einem Schaukasten (vgl. OLG Frankfurt NJW **1948** 226) oder durch eine andere Art öffentlicher Verbreitung (vgl. OLG Braunschweig MDR **1948** 186) als Formalbeleidigung anzusehen ist. Von zunehmender Bedeutung sind in diesem Zusammenhang Publikationen im Internet. Es geht bei dieser Frage um das Problem des Publikationsexzesses, eine ebenso aktuelle wie vernachlässigte Kategorie der Steigerung der Ehrverletzung auf ein den wahren ehrenrührigen Tatsachen nicht angemessenes Ausmaß durch die modalen Umstände der Äußerung (*Hirsch* Ehre und Beleidigung, S. 223ff; *Rudolphi* SK 6). Es liegt eine Wertung darin, dass und wie ein ehrenrühriges Faktum publiziert wird (z. B. „in großer Aufmachung" und unter Nennung des Namens). Der Kommunikator bringt zum Ausdruck, dass das berichtete Geschehen (Verhalten, Versagen) das Gewicht eines die Öffentlichkeit überhaupt oder sogar im Ausmaß der großen Aufmachung interessierenden Vorgangs hat. Das kann inadäquat sein, außer Verhältnis zum Gewicht der Tatsachen stehen und infolgedessen den Tatbestand der Formalbeleidigung durch anprangernde Überzeichnung eines Ehrmangels erfüllen. Es kommt auf die Umstände des Einzelfalls an (vgl. BGH NJW **1964** 1471; LG Hamburg MDR **1992** 522; *Peglau* ZRP **1998** 249). Ein gewisser Ermessensspielraum muss eingeräumt werden. Deshalb kann von einem Publikationsexzess nur die Rede sein, wenn die Publizierung (oder die Aufmachung) in einem auffallenden Missverhältnis zum Gewicht der ehrenrührigen Tatsache steht (*Hirsch* aaO). Ein Beispiel aus jüngerer Zeit ist das besonders auffällige Gebaren als „Schwarzer Mann" beim Eintreiben von Schulden (LG Leipzig NJW **1995** 3190; *Scheffler* NJ **1995** 573, 575; *Edenfeld* JZ **1998** 645, 648). **7**

2. Zu den **Umständen**, unter welchen eine Äußerung geschieht, gehören temporale Aspekte, insbesondere der Zeitablauf. Er nimmt ehrenrührigen Tatsachen zunächst die Aktualität und sodann mehr und mehr ihr Gewicht. Wer sie **reaktualisiert**, kann eine ehrverletzende Handlung begehen (*Hirsch* Ehre und Beleidigung, S. 224; *Otto* Schwinge-Festschrift, S. 71, 86; *Rudolphi* SK 7; *Sch/Schröder/Lenckner*[26] 1). Stellt er **8**

die „verblasste" ehrenrührige Tatsache so heraus, dass ein auffälliges Missverhältnis zwischen dem geschrumpften Mangel an Ehre und seiner Verbalisierung besteht, erfüllt er den äußeren Tatbestand der Formalbeleidigung. Unterdrückt er das zeitliche Moment, dann behauptet oder verbreitet er eine Tatsache, die so, wie er sie kundmacht (als aktuelle, voll zu Buch schlagende), nicht gegeben ist. In einem solchen Falle kommt der Tatbestand der üblen Nachrede oder der Verleumdung in Frage, wenn die Äußerung nicht nur gegenüber dem Betroffenen gemacht worden ist.

9 IV. Erst wenn der **Wahrheitsbeweis** erbracht ist, steht die Frage der Formalbeleidigung zur Diskussion (§ 190 Rdn. 5; *Rudolphi* SK 10; *Sch/Schröder/Lenckner*[26] 3). Glaubt der Täter, dass nach allgemein gebilligten Maßstäben seine (verbale, symbolische, in der Publizierung oder in einem anderen Moment der Form oder der Umstände liegende) Wertung durch die ehrenrührigen Tatsachen legitimiert sei, handelt er möglicherweise nicht vorsätzlich (vgl. § 193 Rdn. 31). Auch im Falle der Wahrnehmung berechtigter Interessen kann adäquat nur die Wertung sein, die zum ehrenrührigen Gehalt der Tatsachen nicht außer Verhältnis steht. Ist sie es nicht, entfällt eine Rechtfertigung nach **§ 193** (RG JW **1932** 409 Nr. 12; *Rudolphi* SK 8; *Sch/Schröder/Lenckner*[26] 4; **aA** OLG Braunschweig NJW **1952** 237). Der Zweck der Wahrnehmung berechtigter Interessen ist jedoch für die Adäquanz einer in Form oder Umständen zum Ausdruck kommenden Bewertung nicht gleichgültig. Infolgedessen kann die Vorstellung, die der Täter in diesem Punkte hat, der Annahme eines auf inadäquate Wertung gerichteten (mit ihr rechnenden) Vorsatzes entgegenstehen (vgl. § 193 Rdn. 31).

§ 193

Wahrnehmung berechtigter Interessen

Tadelnde Urteile über wissenschaftliche, künstlerische oder gewerbliche Leistungen, desgleichen Äußerungen, welche zur Ausführung oder Verteidigung von Rechten oder zur Wahrnehmung berechtigter Interessen gemacht werden, sowie Vorhaltungen und Rügen der Vorgesetzten gegen ihre Untergebenen, dienstliche Anzeigen oder Urteile von seiten eines Beamten und ähnliche Fälle sind nur insofern strafbar, als das Vorhandensein einer Beleidigung aus der Form der Äußerung oder aus den Umständen, unter welchen sie geschah, hervorgeht.

Schrifttum

Adam Die Wahrnehmung berechtigter Interessen im Dienststrafverfahren, JR **1959** 12; *Coing* Ehrenschutz und Presserecht (1960); *von der Decken* Meinungsäußerungsfreiheit und Recht der persönlichen Ehre, NJW **1983** 1400; *Eser* Wahrnehmung berechtigter Interessen als allgemeiner Rechtfertigungsgrund (1969); *Fuhrmann* Die Wahrnehmung berechtigter Interessen durch die Presse, JuS **1970** 70; *Geppert* Wahrnehmung berechtigter Interessen, Jura **1985** 25; *Graul* Tatbestand vor Rechtswidrigkeit? – Zum Freispruch aus § 193 StGB, NStZ **1991** 457; *Groß* Zur Pressefreiheit, JR **1995** 485; *Helle* Die Rechtswidrigkeit der ehrenrührigen Behauptung, NJW **1961** 1896; *Isensee* Kunstfreiheit im Streit mit Persönlichkeitsschutz, AfP **1993** 619; *Kaiser* Grundrechte als Rechtfertigung für Vergehen der üblen Nachrede?, NJW **1962** 236; *Kastner* Die Crux der Kritik in der Literatur, auf der Bühne und in der Musik, NJW **1995** 822; *Kern* Die Beleidigung, Festgabe für Reinhard von Frank Bd. II (1930) 335; *Koebel* Namensnennung in Massenmedien, JZ **1966** 389; *Lenckner* Die Wahrnehmung berechtigter Interessen, ein „übergesetzlicher" Rechtfertigungsgrund?, Gedächtnisschrift für Peter Noll (1984) 243; *Lobe* Wahrnehmung berechtigter Interessen, Festschrift für R. Schmidt (1932) 79; *Löffler* Die Sorgfaltspflicht der Presse und des Rundfunks, NJW **1965** 942; *Merz* Strafrechtlicher Ehrenschutz und Meinungsfreiheit (1998); *Neumann-Duesberg* Keine Wahrnehmung berechtigter Interessen durch die Presse bei Mißbrauch der Pressefreiheit, JR **1957** 85; *Ossenbühl* Die Interpretation der Grundrechte in der Rechtsprechung des Bundesverfassungsgerichts, NJW **1976** 2100; *Otto* Ehrenschutz in der politischen Auseinandersetzung, JR **1983** 1; *ders.* Strafrechtlicher Ehrenschutz und Kunstfreiheit der Literatur, NJW **1986** 1206; *Praml* Beleidigungsdelikte bei anwaltlicher Interessenvertretung, NJW **1976** 1967; *Preuß* Untersuchungen zum erlaubten Risiko im Strafrecht (1974); *Rehbinder* Die öffentliche Aufgabe und rechtliche Verantwortlichkeit der Presse (1962); *Reinhardt* Zivilrechtlicher Schutz des Ansehens und berechtigte Interessenwahrung, Festschrift für Heinrich Lange (1970) 195; *Roeder* Der systematische Standort der Wahrnehmung berechtigter Interessen im Spiegel der Strafrechtsreform, Festschrift für Ernst Heinitz (1972) 229; *Schaffstein* Der Irrtum bei der Wahrnehmung berechtigter Interessen, NJW **1951** 691; *Scheu* Interessenwahrnehmung durch Rundfunk und Presse (1965); *Schlosser* Zur Beweislast im System des zivilrechtlichen Ehrenschutzes, JZ **1963** 309; *Schmid* Freiheit der Meinungsäußerung und strafrechtlicher Ehrenschutz (1972); *Schmidt* Wahrnehmung berechtigter Interessen ein Rechtfertigungsgrund?, JZ **1970** 8; *Schmitt Glaeser* Meinungsfreiheit und Ehrenschutz, JZ **1983** 95; *ders.* Die Meinungsfreiheit in der Rechtsprechung des Bundesverfassungsgerichts, AöR **97** (1972) 60 und 276 sowie AöR **113** (1988) 52; *Schwinge* Ehrenschutz im politischen Bereich, MDR **1973** 801; *Stark* Festschrift für Martin Kriele (1997) 235; *Stern* Ehrenschutz und „allgemeine Gesetze", Festschrift für Hübner (1984) 815; *Stoll* Freiheit der Meinungsäußerung und Schutz der Persönlichkeit in der neueren Rechtsprechung zur zivilrechtlichen Haftung, Jura **1979** 576; *ders.* Der Persönlichkeitsschutz in der neuesten Entwicklung der verfassungsgerichtlichen Rechtsprechung, Jura **1981** 135; *Tettinger* Der Schutz der persönlichen Ehre im freien Meinungskampf, JZ **1983** 317; *Tröndle* Festschrift für Walter Odersky (1996) 26; *Uhlitz* Politischer Kampf und Ehrenschutz, NJW **1967** 129; *Veith* Öffentlichkeit der Hauptverhandlung und üble Nachrede, NJW **1982** 2225; *Walchshöfer* Ehrverletzende Äußerungen in Schriftsätzen, MDR **1975** 11; *Walter* Ehrenschutz gegenüber Parteivorbringen im Zivilprozeß, JZ **1986** 614; *R. Weber* Ehrenschutz im Konflikt mit der Pressefreiheit, Festschrift für Faller (1984) 442; *Westermann* Der Anspruch auf Rücknahme ehrenkränkender, in Wahrnehmung berechtigter Interessen aufgestellter Behauptungen, JZ **1960** 692; *Würtenberger* Karikatur und Satire aus strafrechtlicher Sicht, NJW **1982** 610; *ders.* Satire und Karikatur in der Rechtsprechung, NJW **1983** 1144; *Zippelius* Meinungsfreiheit und Persönlichkeitsrecht, Festschrift für Hubmann (1985) 511.

Übersicht

1 **I. Rechtsnatur.** § 193 zählt Gründe auf, die dazu führen, dass wegen Beleidigung nicht bestraft wird. Nach dem systematischen Standort dieser Gründe und nach dem Gewicht, das ihnen zukommt, handelt es sich um sehr unterschiedliche Gesichtspunkte. „Tadelnde Urteile über wissenschaftliche, künstlerische oder gewerbliche Leistungen“ oder „Vorhaltungen und Rügen der Vorgesetzten“ sind keine den Tatbestand einer Beleidigung verwirklichenden Handlungen, wenn sie sich im Rahmen sachlich (noch) vertretbarer Kritik halten (*Geppert* Jura **1985** 25; *Joecks* MK 10; *Rudolphi* SK 5; *Sch/Schröder/Lenckner*[26] 5; *Tröndle/Fischer*[52] 6). Gehen sie darüber hinaus, werden tadelnde Urteile und die anderen Äußerungsakte häufig den Charakter von Formalbeleidigungen haben (vgl. Rdn. 33) und deshalb strafbar sein. Für den mit Abstand wichtigsten Anwendungsfall des § 193, die „Äußerungen, welche zur Wahrnehmung berechtigter Interessen gemacht werden“ (die „Äußerungen zur Ausführung oder Verteidigung von Rechten“ sind lediglich eine Unterart dieses Anwendungsfalls) streitet man über die Rechtsnatur. Nach herrschender Meinung handelt es sich um einen Rechtfertigungsgrund.[1] Vereinzelt gebliebene Entscheidungen sprechen von einem Schuldausschließungsgrund (so RGSt. **6** 405, 410; **64** 23, 24; RG JW **1939** 400 Nr. 2). Auch in der Literatur werden von der herrschenden Meinung abweichende Auffassungen vertreten (so z. B. *von Erdsiek* NJW **1966** 1385ff und JZ **1969** 311ff; *Kern* Frank-Festgabe II, S. 353f; *Roeder* Heinitz-Festschrift, S. 229ff; *Schmidt* JZ **1970** 8ff). Für das Zivilrecht ergeben sich aus den abweichenden Auffassungen, deren argumentative Grundlage hier übergangen werden muss, die (erstrebten) Konsequenzen für den Schutz der Ehre durch Unterlassungs- und Widerrufsansprüche. Er hängt in hohem Maße von der Beweislastverteilung ab. Für sie ist der systematische Standort der Wahrnehmung berechtigter Interessen nicht gleichgültig (vgl. *Schmidt* aaO 11f; *Westermann* JZ **1960** 692, 694). Für das Strafrecht wird die Einordnung der Wahrnehmung berechtigter Interessen unter die Schuldausschließungsgründe vor allem auf Überlegungen gestützt, die darauf abstellen, dass der Täter – wie sich aus dem nicht erbrachten Wahrheitsbeweis ergebe – Übelstände aufdecke, die „präsumtiv nicht bestehen“. Der Widerstreit der Interessen des Beleidigers und des Beleidigten sei nur fiktiv. Der Beleidiger sei aber entschuldigt, wenn er nach sorgfältiger Prüfung der Wahrheitsfrage das Vorhandensein eines nicht erweislich wahren Übelstands irrtümlich angenommen habe (*Roeder* aaO S. 239f). Dieser Auffassung kann nicht gefolgt, aber auch eine für alle Fälle geltende Antwort auf die Frage nach der Rechtsnatur der Wahrnehmung berechtigter Interessen nicht ohne weiteres gegeben werden. Es ist bei der Erörterung dieser Frage notwendig, zwischen der Behauptung (Verbreitung) ehrenrühriger Tatsachen und der Kundgabe herabsetzender Werturteile (Meinungsäußerungen) zu unterscheiden. Die Unterscheidung ist auch deshalb geboten, weil sich bei herabwürdigenden Meinungsäußerungen und Werturteilen die Rechtfertigung oder die Negation der Tatbestandsverwirklichung unabhängig von der Reichweite des § 193 aus den Grundrechten der Freiheit der Meinungsäußerung und der Kunstfreiheit (Art. 5 Abs. 1 S. 1 und Abs. 3 S. 1 GG) ergeben kann.

---

[1] In Auswahl: BVerfGE **12** 113, 125; BVerfG NJW **1992** 2815, 2816; BVerfG JR **1995** 160, 161; BGHSt. **12** 287, 293; **18** 182, 184; BGHZ **31** 308, 313; **95** 212, 220; *Geppert* Jura **1985** 25ff; *Lackner/Kühl*[25] Anm. 1; *Rudolphi* SK 1; *Sch/Schröder/Lenckner*[26] 1; *Tröndle/Fischer*[52] 1; *Deutsch* Haftungsrecht, S. 221ff differenziert: Die unwahre oder nicht erweislich wahre ehrenrührige Behauptung indiziert die Rechtswidrigkeit. Die Rechtswidrigkeit der abstrakten Beurteilung bedarf besonderer Feststellung.

II. Güter- und Interessenabwägung in Fällen der üblen Nachrede

1. Echter oder präsumtiver Interessenkonflikt? Die Wahrnehmung berechtigter Interessen ist in Fällen der üblen Nachrede ein Rechtfertigungsgrund. Die Behauptung oder Verbreitung einer nicht erweislich wahren Tatsache erfüllt einen der Verbotsmaterie nicht ermangelnden Tatbestand (§ 186 Rdn. 2 bis 4; *Deutsch* Haftungsrecht, S. 223; *Lenckner* Noll-Gedächtnisschrift, S. 245, 247; *Reinhardt* Festschrift für Heinrich Lange, S. 203ff; *Schlosser* JZ **1963** 309, 313; *Schmidt* JZ **1970** 8, 10; *Stoll* Jura **1979** 576, 580). Infolgedessen indiziert die nicht erweislich wahre herabsetzende Tatsachenkundgabe die Rechtswidrigkeit. Sie entfällt aus besonderem Grunde, ausnahmsweise, wenn der Täter Interessen wahrnimmt, die das Interesse des in seinem Achtungsanspruch Betroffenen am Schutz seiner Ehre überwiegen. Damit ist gesagt: Es wird eine Interessenkollision nach den Grundsätzen der Güter- und Interessenabwägung gelöst (BGHSt. **18** 182, 184; BGH NJW **1977** 1288, 1289; **1979** 266, 267; BGH bei Dallinger MDR **1953** 401; OLG Hamm NJW **1987** 1034, 1035; krit. zur Güterabwägung *Joecks* MK 2; *Zaczyk* NK 2), nach Grundsätzen also, auf die sich „letztlich alle Rechtfertigungsgründe zurückführen lassen" (*Geppert* Jura **1985** 25, 26). Gegen diese Betrachtung kann nicht eingewendet werden, dass die Interessen-(Wert-)kollision im Grunde nur **fiktiv** sei, weil die nicht erweislich wahren Tatsachen entweder wahr oder unwahr sind, woraus folge, dass der „Täter" im Falle ihrer Wahrheit nicht beleidige und dass im Falle ihrer Unwahrheit an ihrer Behauptung oder Verbreitung in aller Regel ein vom Recht anerkanntes Interesse nicht bestehe (vgl. BGH NJW **1975** 1882, 1883; **1986** 2503, 2504; *Schlosser* JZ **1963** 309, 312). Der Tatbestand der üblen Nachrede erstreckt den Schutzbereich der Ehre in die Sphäre des präsumtiven Achtungsanspruchs (§ 186 Rdn. 2), ermöglicht die Geltendmachung eines präsumtiven Interesses. Der Rechtfertigungsgrund der Wahrnehmung berechtigter Interessen „egalisiert" diese Ausweitung durch Anerkennung eines widerstreitenden, wenngleich ebenfalls präsumtiven Interesses. Die Präsumtionen heben sich auf. Wenn und solange das non liquet in der Wahrheitsfrage besteht, ist bei der Abwägung von einem **echten** Interessenkonflikt auszugehen. Dieser Gedanke steht wohl auch hinter der Rechtsprechung, welche besagt, dass bei der Prüfung, ob der Beleidiger berechtigte Interessen wahrnehmen, mangels gegenteiliger Feststellung die Wahrheit seiner Behauptung anzunehmen und auf der Grundlage dieser Unterstellung zu fragen sei, ob er seine ehrenrührige Äußerung zur Wahrung seines Interesses für geboten halten konnte (BGHZ **37** 187, 191 und BGH MDR **1986** 43 unter Berufung auf RGSt. **59** 414, 415 und RG DR **1939** 2009). Ob diese Judikatur für das Zivilrecht das Richtige trifft, ist hier nicht zu erörtern (vgl. *Schlosser* aaO 312). Im Strafprozess müssen in der Tat die nicht widerlegbaren Annahmen des Beleidigers zugrunde gelegt werden, wenn sie nicht die Folge eines vorwerfbaren Fehlverhaltens bei der Prüfung des Sachverhalts, also in der Wahrheitsfrage sind (OLG Hamm NJW **1987** 1034, 1035; Rdn. 31). Es kann für einen Interessenkonflikt durchaus genügen, dass der Beleidiger sowohl Wahrheit wie Unwahrheit seiner ehrenrührigen Tatsachenäußerung für möglich hält, die potentielle Unwahrheit in Rechnung stellt (Rdn. 3). **2**

2. Der Gesichtspunkt des erlaubten Risikos. In Fällen der üblen Nachrede ist im Rechtfertigungsgrund der Wahrnehmung berechtigter Interessen das Prinzip der Güterabwägung mit dem rechtfertigenden erlaubten Risiko verknüpft (*Hirsch* Ehre und Beleidigung, S. 201; *Lenckner* Noll-Gedächtnisschrift, S. 249; *Sch/Schröder/Lenckner*[26] 8; *Tröndle/Fischer*[52] 1; **aA** *Rudolphi* SK 1; *Joecks* MK 1): Der Beleidiger hat die Wahrheitsfrage sorgfältig zu prüfen; er darf seinen Vorwurf nicht auf haltlose Vermutun- **3**

gen stützen.[2] Das Maß der zu beachtenden Sorgfalt oder – was dasselbe besagt – die Höhe des Risikos, das in der Wahrheitsfrage eingegangen werden darf, ist situations- und konfliktsabhängig (BGHSt. **3** 75; BGH NJW **1977** 1288, 1289; *Geppert* aaO; *Hansen* JuS **1974** 104, 107; *Hirsch* Ehre und Beleidigung, S. 200 Anm. 34; *Lenckner* aaO). Es ist nicht ausgeschlossen, dass der Beleidiger sogar die mögliche Unwahrheit seiner ehrenrührigen Tatsachenäußerung in Rechnung stellen, also sehr riskant handeln darf (Rdn. 21). Das Prinzip der Güter- und Interessenabwägung wird aber durch den Aspekt des erlaubten Risikos nicht verdrängt. Gesichtspunkte, die bei der Abwägung als positive Vorzugstendenzen zu berücksichtigen sind und schwerer als die negativen wiegen, gestatten das zur Interessenwahrung erforderliche riskante Handeln (vgl. Rdn. 17). Soweit Wahrnehmung berechtigter Interessen in Fällen der Verleumdung in Betracht kommt (§ 187 Rdn. 5), ist offensichtlich, dass es um die Lösung echter Interessenkonflikte geht. Von bloßen Präsumtionen kann hier keine Rede sein. Der Gesichtspunkt des erlaubten Risikos spielt keine Rolle.

III. Wahrnehmung berechtigter Interessen in Fällen ehrenrühriger Meinungsäußerungen

4 **1. Die Konsumtion von § 193 durch Art. 5 Abs. 1 S. 1 GG.** In Fällen ehrenrühriger Werturteile oder Meinungsäußerungen hat § 193 seine konstitutive Bedeutung fast völlig verloren (*Joecks* MK 36; *Lackner/Kühl*[25] 1; *Lenckner* Noll-Gedächtnisschrift, S. 254; *Reinhardt* Festschrift für Heinrich Lange, S. 197 und 203; *Sch/Schröder/Lenckner*[26] 1). Wer seine Meinung äußert, macht von einem Grundrecht Gebrauch, nimmt berechtigte Interessen wahr, wenn er sich an die ihm gesetzten Schranken hält (Art. 5 Abs. 1 S. 1 und Abs. 2 GG). Äußert er Ehrenrühriges über einen anderen, verletzt er das „Recht der persönlichen Ehre". Die Verletzung ist nur gestattet, wenn das mit der Meinungsäußerung verfolgte Interesse das Interesse an der Achtung der Ehre **überwiegt**. Das Reichsgericht befand einst, dass das in der Verfassung garantierte Recht der freien Meinungsäußerung ohne Einfluss auf die Rechtswidrigkeit der Beleidigung sei (RGSt. **15** 15, 17; **56** 380, 384; *Frank* Anm. III 2a). Aber das Bundesverfassungsgericht hat den Grundrechten neue Dimensionen und „Wirkkräfte" (vgl. BVerfGE **7** 198, 207; **61** 1, 6) erschlossen. Sie sind nicht mehr nur Abwehrrechte des Bürgers gegen den Staat, sondern auch und sogar in erster Linie **„objektive Wertordnung"**, „Wertsystem", „Wertmaßstab", „wertentscheidende Grundsatznormen", „verfassungsrechtliche Grundentscheidungen", die für alle Bereiche des Rechts gelten (BVerfGE **7** 198, 205). Infolgedessen strahlen sie in die gesamte übrige Rechtsordnung aus, determinieren und dirigieren den Gesetzgeber und den Gesetzesanwender (*Ossenbühl* NJW **1976** 2100, 2102). Der Wandel der Grundrechte oder ihres Verständnisses hat auch und vor allem das Grundrecht der Freiheit der Meinungsäußerung und -verbreitung in eine „wertentscheidende Grundsatznorm" transformiert (BVerfGE **7** 198). Sie liefert nicht nur den Maßstab für die Konkretisierung des § 193, sondern ist selbst der in Frage kommende Rechtfertigungsgrund (**aA** *Zaczyk* NK 6). Zu beachten gilt dabei, dass Art. 5 Abs. 1 GG nur Meinungsäußerungen rechtfertigen kann, die Äußerung unwahrer Tatsachen fällt nicht in den Schutzbereich (BVerfG NJW **1993** 916 mit

[2] BGHSt. **14** 48, 51; *Geppert* Jura **1985** 25, 30f; *Lackner/Kühl*[25] 10, *Rudolphi* SK 24; *Sch/Schröder/Lenckner*[26] 11; *Tröndle/Fischer*[52] 9.

Bspr. *Hufen* JuS **1994** 165 und zur „Auschwitzlüge" BVerfGE **90** 241, 247 mit Bspr. *Schulze-Fielitz* JZ **1994** 902). Bei Äußerungen, die zugleich wertende und tatsächliche Elemente enthalten, kann jedoch die Unrichtigkeit der Tatsache, auf der das Werturteil beruht, bei der Abwägung berücksichtigt werden (BVerfG NJW **2003** 1856; NJW **2004** 277).

2. Die Kollision von Meinungsfreiheit und Recht der persönlichen Ehre. Die Ausstrahlung der aus dem Grundrecht der Meinungsfreiheit abgeleiteten Grundsatznorm führt zu einer „**Wechselwirkung** in dem Sinne, dass die ‚allgemeinen Gesetze' zwar dem Wortlaut des Art. 5 Abs. 2 GG nach dem Grundrecht Schranken setzen, ihrerseits aber aus der Erkenntnis der wertsetzenden Bedeutung dieses Grundrechts im freiheitlichen demokratischen Staat ausgelegt und so in ihrer das Grundrecht begrenzenden Wirkung selbst wieder eingeschränkt werden müssen" (BVerfGE **7** 198, 208f). Wörtlich oder dem Sinne nach übereinstimmende Aussagen finden sich in vielen Entscheidungen (Beispiele: BVerfGE **12** 113, 124f; **42** 143, 150; BVerfG NJW **2004** 3619). Zwischen dem Grundrecht der freien Meinungsäußerung und dem „Recht der persönlichen Ehre" findet nach Auffassung des Bundesverfassungsgerichts die gleiche Wechselwirkung statt (BVerfGE **42** 143, 150; **93**, 266, 290ff; **99** 185, 195; BVerfG NJW **2000** 199, 200; NJW **2003** 3760; NJW **2004** 590). Das ist überraschend, weil es insoweit nicht um eine Beziehung des konstitutionellen zum subkonstitutionellen Recht geht, sondern um die Zuordnung von **gleichrangigem** Recht. Denn durch Art. 5 Abs. 2 GG ist die persönliche Ehre als „eigenständiger **Wert von Verfassungsrang**" anerkannt, das „Recht der persönlichen Ehre" von den „Vorschriften der allgemeinen Gesetze" prononciert abgehoben worden (*von der Decken* NJW **1983** 1400, 1402). Darüber hinaus ist es als Teil des allgemeinen Persönlichkeitsrechts nach Art. 2 Abs. 1 in Verbindung mit Art. 1 Abs. 1 GG verfassungsrechtlich geschützt (BVerfGE **54** 153ff; **93** 266, 290; *Schmitt Glaeser* AöR **113** 98; *Stern* Hübner-Festschrift, S. 824: Die persönliche Ehre ist „Verfassungsrechtsgut"). 5

Wenn bei Meinungsäußerungen und Werturteilen das Grundrecht, das die Freiheit dieser Äußerungsakte verfassungsrechtlich gewährleistet (sie verstünde sich allerdings auch ohne diese Gewährleistung im Rechtsstaat von selbst – vgl. *A. Weber* JW **1927** 2671ff), und das Recht der persönlichen Ehre kollidieren, gibt es keine abstrakten Präferenzen für eines dieser Rechte. Es kann nur eine Lösung nach dem Prinzip der **praktischen Konkordanz**, der verhältnismäßigen Zuordnung in Betracht kommen: Beiden Rechten müssen Grenzen gezogen werden und zwar so, dass der nach den Umständen des Einzelfalls schonendste Ausgleich (vgl. BVerfGE **42** 143, 152) ermöglicht wird (*von der Decken* NJW **1983** 1400, 1402f; *Schmitt Glaeser* AöR **113** 91ff; *Stern* Hübner-Festschrift, S. 827 m.w.N.). Steht der Kernbereich des einen Rechts auf dem Spiel, muss das andere im Randbereich Einschränkungen hinnehmen. Aber auch im Rahmen des Prinzips der praktischen Konkordanz müssen Kollisionen vielfach dadurch behoben werden, dass dem einen Recht und den von ihm geschützten Interessen der **Vorrang** vor dem anderen Recht eingeräumt wird. Das Ausmaß der Betroffenheit des einen und des anderen Rechtsguts und damit das Ausmaß der Betroffenheit der ideellen Persönlichkeitssphäre des Beleidigers und des Beleidigten und andere wesentliche Gesichtspunkte – wie Motive und Zwecke, die hinter einer Äußerung stehen, der Grad des Informationsinteresses der Öffentlichkeit, die Plumpheit oder Aggressivität formaler Entgleisungen (vgl. BVerfGE **42** 143, 151) – erlangen (wie in Fällen ehrenrühriger Tatsachenäußerungen) die ihnen gebührende Berücksichtigung in einer **einzelfallbezogenen Gesamtabwägung** (BVerfGE **42** 143, 152; BVerfG NStZ **1988** 124; NJW **1992** 2815f; JR **1995** 160 mit Anm. *Grasnick*; NJW **1999** 2263; 6

NJW **2000** 199, 200), die den Rechts- und Rechtsgüterkonflikt in allen seinen positiven und negativen **Vorzugstendenzen** erfasst (*Lenckner* Noll-Gedächtnisschrift, S. 248; *Zippelius* Hubmann-Festschrift, S. 514ff). Der Wertvorzug der persönlichen Ehre kann nach der Wertordnung des Grundgesetzes und nach den zu berücksichtigenden Vorzugstendenzen eindeutig sein. „Geistige Entfaltung und freie Artikulation" (*von der Decken* aaO 1403) leiden nicht darunter, dass „reine Schmähungen", „gehässige und böswillige Schmähkritik", der Hetze dienende Diffamierung, Verunglimpfungen, die darauf abzielen, den Betroffenen „als Person zu entwerten", marktschreierische Herabsetzungen oder polemische Ausfälle, „die jedes Maß an Sachlichkeit vermissen lassen", oder pure Beschimpfungen (vgl. BVerfGE **75** 369, 380; **82** 272, 283; **93** 266, 294; BVerfG NJW **1993** 1462; BGHZ **143** 199, 208f; BayObLG NStZ **1983** 265, 266; NJW **1991** 1493; NJW **2000** 3079; OLG Brandenburg NJW **1996** 1002; NJW **1999** 3339; OLG Frankfurt JR **1996** 250f mit Anm. *Foth;* OLG Hamm **1982** 659, 660f; OLG Koblenz NJW **1978** 1816, 1817; OLG Celle NStZ **1998** 88; KG NJW **2003** 685, 687; *Groß* JR **1995** 485, 487) als tatbestandsmäßig-rechtswidrige Beleidigungen angesehen werden. Artikulationen dieser „Güte" treffen die Ehre in ihrem Kernbereich. Der ihr zuteil werdende Schutz nimmt dem Grundrecht der Meinungsfreiheit nichts von seiner Substanz, beeinträchtigt es nicht einmal unter dem Aspekt der Begrenzung der Ausübung, wenn man sie unter den Standard des civiliter uti stellt. Enthält die ehrverletzende Äußerung auch einen Angriff auf die Menschenwürde, so tritt die Meinungsfreiheit stets zurück (BVerfGE **93** 266, 293).

7 Auch wenn der „Wertvorzug" der persönlichen Ehre weniger eindeutig ist, gestattet der Rang des Rechtsguts keine Präsumtionen zugunsten des Rechtsguts der Freiheit der Meinungsäußerung. Vielmehr muss bei der Erfassung und Abwägung der positiven und negativen Vorzugstendenzen für die beiden Güter von Verfassungsrang penible Arbeit geleistet werden (vgl. *Stern* Hübner-Festschrift, S. 828 und auch BVerfG NStZ **1988** 124, 125), jede präjudizierende Formel ist von Übel. Das Bundesverfassungsgericht ist anderer Ansicht: Handelt es sich um einen Beitrag zum geistigen Meinungskampf in einer die Öffentlichkeit wesentlich berührenden Frage, dann, so erklärt das Gericht, spricht die **Vermutung** für die Zulässigkeit der freien Rede (BVerfGE **7** 198, 212; **68** 226, 232; vgl. auch BVerfGE **12** 113, 127; **24** 278, 282f; **42** 163, 170; **54** 129, 137; **93** 266, 193; BVerfG NJW **1992** 2815; NJW **1999** 2262). Diese Vermutung wird verstärkt, wird fast zur praesumtio iuris et de iure, wenn es um ehrenrührige Äußerungen in Wahlkämpfen geht (BVerfGE **61** 1, 11). Die Argumentationsfiguren der Vermutung und der Wechselwirkung, die zumindest dort unangebracht sind, wo eine Lösung für die Kollision gleichrangiger Rechtsgüter zu finden ist, sind – wie es bei Leerformeln häufig der Fall zu sein pflegt – Teil eines operativen Instrumentariums, dessen Gebrauch und Resultate nicht überzeugen. In Verbindung mit dem Nimbus, der bestimmten Zwecken der Meinungsäußerung in idealtypischer Betrachtung verliehen wird, und der Abwertung von Verlautbarungen desjenigen, der in privatum parliert oder gar „im wirtschaftlichen Verkehr eigennützige Zwecke verfolgt" (vgl. BVerfGE **7** 198, 212; **42** 163, 170; **54** 129, 137; **61** 1, 11; *Otto* NJW **1986** 1206, 1210 m.w.N.), bewirken sie, dass „Ehrenschutz im öffentlichen Meinungskampf … im Zweifel nicht stattfindet, es sei denn, der Äußernde verbreitet unrichtige Tatsachenbehauptungen oder falsche Zitate" (*Schmitt Glaser* JZ **1983** 95; kritisch auch *Kriele* NJW **1994** 1898; *Tettinger* Die Ehre – ein ungeschütztes Verfassungsgut? (1995) S. 28; *Tröndle* Odersky-FS, S. 266; *Buscher* NVwZ **1997** 1057, 1059; *Stark* Kriele-FS, S. 235, 237). Richtigerweise ist im methodischen Vorgehen an dem festzuhalten, was auch bei Anwendung des § 193 geboten wäre. Die Lösung ist mit Hilfe des Prinzips des überwiegenden Interesses zu suchen, also danach zu fragen, welche Interessen in

Berücksichtigung aller Wertungsfaktoren (Vorzugstendenzen positiver und negativer Art) des Einzelfalls mehr Gewicht haben. Im Rahmen der Gesamtabwägung erlangt auch der Gesichtspunkt der **reaktiven Verknüpfung** einer Äußerung mit den „von der Gegenseite erhobenen Ansprüchen oder aufgestellten Behauptungen", mit der Rolle, die der Beleidigte im Rahmen einer Auseinandersetzung oder eines Geschehens spielte, mit dem Verhalten, das er an den Tag legte (vgl. BVerfGE **12** 113, 131; **24** 278, 286; **54** 129, 138; **61** 1, 13; BGHSt. **12** 287, 294; **36** 83; OLG Koblenz NJW **1978** 1816), einen nicht geringen Stellenwert, weil die Veranlassung eines Interessenkonflikts in der Regel als ein wesentlicher negativer Bewertungsfaktor zu Buche schlägt (BVerfGE **61** 1, 13; *Lenckner* Noll-Gedächtnisschrift, S. 250). Wenn die Reaktion auf das Verhalten des Beleidigten „adäquat" und vergleichbar formuliert (BVerfGE **75** 369, 380) ist, handelt es sich – wie das Attribut besagt – um eine tatsachenbezogene und tatsachenbegrenzte Wertung, die lediglich den evaluativen Gehalt der Fakten offenlegt. Sie kann infolgedessen nicht rechtswidrig sein (§ 185 Rdn. 6 und 7; BVerfGE **24** 278, 282 f; **54** 129, 138; BayObLG NStZ **1983** 265, 266; OLG Düsseldorf NStZ-RR **1996** 164, 166; OLG Koblenz aaO; OLG Köln NJW **1977** 398; *Otto* JR **1983** 1, 7). Der Begriff der Adäquanz darf zwar nicht eng ausgelegt werden. Aber es versteht sich von selbst, dass nicht jede Reaktion adäquat ist (vgl. BGH NJW **1974** 1762ff; OLG Hamm NJW **1982** 659, 661; § 185 Rdn. 6). Dieses Recht zum Gegenschlag erlaubt auch dem Verfahrensbeteiligten die Benutzung starker und eindringlicher Ausdrücke zur Unterstreichung seiner Rechtsposition (BVerfG StV **1991** 458, 459). Scharfe und drastische Formulierungen ebenso wie die übertreibende und verallgemeinernde Kennzeichnung des Gegners können im Hinblick auf die Wechselwirkung zwischen Meinungsfreiheit und den allgemeinen Gesetzen auch außerhalb des Gegenschlags gerechtfertigt sein (BGH NJW **2000** 3421; OLG Frankfurt NJW **1989** 1367; NStZ **1991** 493).

3. Die Konsumtion von § 193 durch Art. 5 Abs. 3 S. 1 GG. Werke der Kunst sind in **8**
der Regel Äußerungen mit Sinngehalt. Erschließt er sich dem Betrachter nur schwer oder nur mit Hilfe eines Kommentars, spricht man von „Reflexionskunst". Der Sinngehalt kann ehrenrührig sein. Was gilt dann? Die Kunst ist frei, sagt Art. 5 Abs. 3 S. 1 GG. *Tucholsky* und andere Künstler meinten, sie dürfe – jedenfalls in Gestalt der Satire – „alles" (vgl. BVerfGE **75** 369; *Geppert* JR **1985** 430; *Würtenberger* NJW **1982** 610, 612). „Alles" ist des Guten zuviel. Wenn es einen „alles" gestattenden Künstlerbonus (*Otto* JR **1983** 1, 10) gäbe, wenn man eine ehrenrührige Kundgabe „durch Einkleidung in eine besonders gelungene Form gegen Rechte anderer immun machen könnte", würde das zu einer kaum erträglichen Privilegierung derjenigen führen, die in der Lage sind, ihre Äußerungen als Emanationen künstlerischen Schaffens zu verlautbaren (OLG Stuttgart NJW **1976** 628, 629). Das ist zwar, wenn man den Kunstbegriff des Bundesverfassungsgerichts zugrunde legt (BVerfGE **30** 173, 188f; **67** 213, 226; **75** 369, 377; **81** 298, 305; umfassend *Würkner*, Das Bundesverfassungsgericht und die Freiheit der Kunst [1994]), nicht allzu schwer, denn eine Niveaukontrolle findet danach nicht statt. Aber es wird immerhin eine „freie schöpferische Gestaltung" gefordert, und manche meinen, dieses Postulat bedinge eine geistige oder gar eine „vergeistigte" Auseinandersetzung des Künstlers mit der Welt (*Otto* NJW **1986** 1206, 1209; *Würtenberger* NJW **1982** 610, 614 und **1983** 1144, 1145f). Eine solche Auseinandersetzung ist nun freilich nicht jedermanns Sache, und man muss sich hüten, in Belangen der Ehre ein Zweiklassenrecht zu schaffen.

Zwei Ausgangserwägungen dürften dem Streit der Meinungen entrückt sein: (1.) **9**
Allein mit Hilfe des Kunstbegriffs lassen sich Kollisionen künstlerischer Aussagen mit der Ehre der von solchen Aussagen Betroffenen nicht lösen. (2.) Die Schranken der

Kunstfreiheitsgarantie und des Grundrechts der Kunstfreiheit können Art. 5 Abs. 2 GG nicht entnommen werden (vgl. BVerfGE **30** 173, 191, 200; **67** 213, 228; **75** 369, 377). Daraus folgt: Die Schranken sind im Wege der **Verfassungsinterpretation** zu finden. Das Grundgesetz macht „die Beachtung bestimmter Werte und Sinnbezüge zur Pflicht“ (*Larenz* Methodenlehre[5] [1983] S. 346). Die Ehre wird von ihm unmittelbar, als **Verfassungsrechtsgut**, geschützt (Rdn. 5). Gerät eine künstlerische Aussage im „Werk- oder Wirkbereich“ (BVerfGE **30** 173, 189; **67** 213, 224; BVerfG NStZ **1988** 124) in Konflikt mit der „persönlichen Ehre“, handelt es sich um einen intrakonstitutionellen Konflikt. Er ist „nach Maßgabe der grundgesetzlichen Wertordnung und unter Berücksichtigung der Einheit dieses grundlegenden Wertsystems“ zu lösen (BVerfGE **30** 173, 193; vgl. auch BVerfGE **67** 213, 228, *Isensee* AfP **1993** 619, 625). Das heißt: Auch die Freiheit der Kunst ist kein isolierter Höchstwert der verfassungsmäßigen Wertordnung, dem alle anderen Werte unterzuordnen wären (BGHZ **50** 133, 146). Vielmehr sind die persönliche Ehre und die Freiheit der Kunst einander zuzuordnende Werte von **gleichhohem** (Verfassungs-)Rang. Die Entscheidung darüber, ob eine ehrenrührige künstlerische Aussage nicht tatbestandsmäßig oder zwar tatbestandsmäßig, aber gerechtfertigt ist, kann nur das Ergebnis einer Abwägung sein, die unter Einbeziehung aller Umstände des Einzelfalls (BVerfGE **30** 173, 195; BVerfG NStZ **1988** 124) nach Maßgabe des verfassungsrechtlichen Wertgefüges getroffen wird, das in der Würde des Menschen seinen obersten, nicht zur Disposition stehenden Wert hat (BVerfGE **30** 173, 193f; **75** 369, 380). Es erfolgt eine Abwägung nach dem Verhältnismäßigkeitsprinzip (BVerfGE **81** 278, 291 mit krit. Anm. *Gusy* JZ **1990** 640; BGHSt. **37** 55; BayObLG MDR **1994** 80, 81). Methodisch verläuft die Abwägung nicht anders als in Fällen der Kollision des Grundrechts der Meinungsfreiheit mit dem Recht der persönlichen Ehre (Rdn. 6 und 7; *Lenckner* Noll-Gedächtnisschrift, S. 249; *Otto* NJW **1986** 1206, 1210; *Würtenberger* NJW **1982** 610, 615).

10 Aber die Abwägung spielt sich in aller Regel auf der Ebene des Tatbestands ab und in sie sind **kunstspezifische** Gesichtspunkte einzubringen. Um die Frage der Tatbestandsverwirklichung geht es, weil (anders als in Fällen der Meinungsäußerung mit eindeutiger Schranke) ein Regel-Ausnahme-Verhältnis nicht positiviert ist. Die Verletzung der Ehre durch eine künstlerische Äußerung indiziert nicht ohne weiteres die Rechtswidrigkeit. Die Freiheit der künstlerischen Gestaltung schiebt in Relation zur jeweiligen künstlerischen Äußerungsform (vgl. BVerfGE **30** 173, 189; **67** 213, 224; **75** 369, 378; § 185 Rdn. 22 bis 24) die tatbestandlichen Grenzen hinaus (BGHZ **50** 133, 145; **aA** *Geppert* JR **1985** 430, 431). Damit wird nicht in Abrede gestellt, dass – wie in Fällen der Meinungsäußerung – der Wertvorzug der persönlichen Ehre eindeutig sein kann (vgl. BVerfGE **30** 173, 193f; **75** 369, 380; BGHZ **50** 133, 147; Rdn. 6). Eine Verletzung der Menschenwürde kann dabei nie gerechtfertigt sein (BVerfGE **75** 369, 380 mit Bspr. *Würkner* NStZ **1988** 23 [zur Darstellung eines Politikers als kopulierendes Schwein]; OLG Karlsruhe NJW **1994** 1963; BayObLG NJW **1994** 952; NJW **1995** 145, 146). Zu den für die Freiheit der künstlerischen Äußerungen sprechenden kunstspezifischen Vorzugstendenzen gehören die Eigenheiten, die eine Kunstgattung prägen, ein Bewertungsfaktor, der insbesondere bei **Karikaturen** und **Satiren** eine wesentliche Rolle spielt (BVerfGE **75** 369, 378; § 185 Rdn. 23 und 24). Zu den negativen Bewertungsfaktoren gehört die Nähe einer Kundgabe in künstlerischer Form zur direkten ehrenrührigen Äußerung, also zu einer Aussage, in der die Ebene der Lebenswirklichkeit nicht verlassen, ohne Verfremdung des Stoffes in eine aktuelle geistige (politische) Auseinandersetzung eingegriffen wird oder mit dem Anspruch der Dokumentation, der Evidenz oder der historischen Wahrheit Fakten behauptet werden. Denn der Verzicht auf **Verfremdung**, auf Umformung und Sublimierung der „Realien“ (BVerfGE

30 173, 193) und auf ihre Einbeziehung in eine „poetische Wirklichkeit" (vgl. BVerfGE **30** 173, 195 und 198; BGHZ **50** 133, 146; BGH NJW **1975** 1882, 1884; **1983** 1194, 1195 mit Anm. *Zechlin*; OLG Stuttgart NJW **1976** 628, 629; § 185 Rdn. 22) nimmt der künstlerischen Aussage den ästhetischen Aspekt. „Wo aber der Künstler auf der sozialen Wirklichkeitsebene verharrt und den ‚Realitätsbezug' selbst als Gestaltungsmittel einsetzt, ist die dadurch herbeigeführte Konfliktssituation nicht unvermeidbar mit dem Wesen künstlerischer Gestaltung verknüpft, mag auch das so Geschaffene der Kunst zuzurechnen sein und der Autor sein Anliegen anders nicht verwirklichen können" (BGH NJW **1975** 1882, 1884). Nach anderer Auffassung ist Art. 5 Abs. 2 GG anzuwenden, wenn „die Meinungsäußerung des Künstlers eindeutig vor der ästhetischen Wirkung des Kunstwerks steht" (*Otto* JR **1983** 1, 10 m. w. N.; *ders.* NJW **1986** 1206, 1210; vgl. auch OLG Stuttgart NJW **1976** 628, 630). Zu dieser Auffassung, die von der höchstrichterlichen Rechtsprechung nicht geteilt wird (vgl. BVerfGE **30** 175, 191, 200; **67** 213, 228; **75** 369, 377; BVerfG NStZ **1988** 124; BGHZ **50** 133, 145), besteht in der Sache kein erheblich ins Gewicht fallender Unterschied. Nicht in den Schutzbereich der Kunstfreiheit fällt die Kritik an künstlerischen Leistungen (BVerfG NJW **1993**, 1462; *Kastner* NJW **1995** 822, 827; *Tröndle/Fischer*[52] 37).

IV. Anwendungsbereich des § 193. Die Gründe, die nach § 193 dazu führen, dass wegen Beleidigung nicht bestraft wird, kommen bei allen Tatbeständen des 14. Abschnitts in Betracht (§ 187 Rdn. 5; § 189: BGH StV **1987** 533, 534; *Lackner/Kühl*[25] 3; *Tröndle/ Fischer*[52] 3; *Zaczyk* NK 9; **aA** *Rudolphi* SK 2; *Sch/Schröder/Lenckner*[26] 2). Den primären Anwendungsbereich bilden die Fälle der ehrenrührigen Tatsachenbehauptungen. Für die einfache Beleidigung durch Werturteil (Meinungsäußerung) hat § 193 allerdings seine konstitutive Bedeutung weitgehend verloren (Rdn. 4 bis 7). Dass sie – sei es nach Art. 5 Abs. 1 S. 1 GG, sei es nach § 193 (vgl. BGHSt. **12** 287, 293) – gerechtfertigt sein kann, steht außer Frage.[3] Den Bereich der formalen Beleidigung schließt § 193 selbst aus (vgl. dazu RGSt. **60** 335, 336; OLG Frankfurt aaO; OLG Hamm NJW **1982** 659, 661; OLG Koblenz aaO 1817; *Reinhardt* Festschrift für Heinrich Lange, S. 203; *Tröndle/Fischer*[52] 3; **aA** *Lackner/Kühl*[25] 3). § 193 gilt nicht für Straftaten, die keine Ehrverletzungsdelikte sind (RGSt. **10** 272; **31** 66; OLG Stuttgart NStZ **1987** 121, 122; *Lackner/Kühl*[25] 4; *Lenckner* Noll-Gedächtnisschrift, S. 243ff – klare Darlegung des Diskussionsstands und überzeugende Stellungnahme; *Rudolphi* SK 3; *Sch/Schröder/Lenckner*[26] 3). Straftaten nach Vorschriften der Landespressegesetze machen keine Ausnahme (BGH bei *Herlan* GA **1955** 79; RGSt. **64** 134, 135; BayObLGSt. **1962** 93, 94; **aA** OLG Hamburg NJW **1954** 1297). Eine Rechtfertigung nach § 193 erstreckt sich nicht auf ein mit der Beleidigung tateinheitlich zusammentreffendes Delikt. Allein aus diesem Zusammentreffen kann aber andererseits nicht abgeleitet werden, dass § 193 auf das Ehrverletzungsdelikt nicht anwendbar sei (*Sch/Schröder/Lenckner*[26] 3; **aA** RGSt. **39** 182; **50** 56). Zur Anwendbarkeit des § 193 in Dienststrafsachen vgl. *Adam* JR **1959** 12. 11

§ 193 kann erst angewendet werden, wenn der äußere und innere Tatbestand einer Beleidigung nachgewiesen ist (BayObLGSt. **1983** 32, 35 = NJW **1983** 2040, 2041; NJW **1999** 1982; OLG Köln NJW **1964** 2111; *Tröndle/Fischer*[52] 2). In Fällen ehren- 12

[3] Ständige Rechtsprechung, vgl. z. B. BGH NJW **1965** 1476; **1974** 1762; BGH StV **1987** 533; BayObLG **20** 115; OLG Frankfurt NJW **1977** 1353, 1354; OLG Hamm GA **1974** 62; OLG Hamm NJW **1982** 659, 660; OLG Koblenz NJW **1978** 1816; OLG Köln NJW **1977** 398; und die Rechtsprechung des Bundesverfassungsgerichts zu Art. 5 Abs. 1 S. 1 GG (z.B. BVerfGE **12** 113ff; **24** 278ff; **42** 143ff; **42** 163ff; **54** 129ff; **61** 1ff; **68** 226ff; **93** 266ff; **99** 185ff).

rühriger Tatsachenäußerung darf die Frage der Rechtfertigung nach § 193 erst gestellt werden, wenn die Wahrheit dessen, was behauptet oder verbreitet wurde, geprüft worden und der Wahrheitsbeweis gescheitert ist (§ 190 Rdn. 5; BGH NJW **1959** 2011, 2013; OLG Frankfurt NJW **1989** 1367; BayObLG NJW **1999** 1982; **aA** *Lackner/Kühl*[25] 4; *Graul* NStZ **1991** 457).

V. Tadelnde Urteile über wissenschaftliche und andere Leistungen

13 **Sachliche Kritik** ist nicht tatbestandsmäßig. Tadelnde Urteile über wissenschaftliche, künstlerische oder gewerbliche Leistungen (und in „ähnlichen Fällen") bedürfen der Rechtfertigung erst dann, wenn der Tadelnde dem, der die Leistung erbracht hat, einen Mangel an Ehre (ein schuldhaftes Versagen gegenüber einer ethischen oder rechtlichen Pflicht oder eine elementare menschliche Unzulänglichkeit) vorwirft (*Lenckner* Noll-Gedächtnisschrift, S. 246; *Rudolphi* SK 5; *Sch/Schröder/Lenckner*[26] 5; *Tröndle/Fischer*[52] 6). Nicht tatbestandsmäßig ist auch das zwar ehrenrührige, aber erwiesenen Tatsachen adäquate Werturteil (§ 185 Rdn. 5). Wird der personale Geltungsanspruch durch eine ad personam zielende Kritik oder eine überschießende Wertung verletzt, fragt es sich, ob die Verletzung auf Grund der Umstände des Falles sich als eine noch erlaubte (gerechtfertigte) Form der Kritik (oder Meinungsäußerung) darstellt (OLG Hamm NJW **1982** 1656, 1658; *Sch/Schröder/Lenckner*[26] 5; Rdn. 6 und 7).

14 Der Umfang dessen, was dem Bereich der wissenschaftlichen, künstlerischen oder gewerblichen Leistungen und dem der „ähnlichen Fälle" zuzurechnen ist, war von jeher umstritten. Die Einbeziehung von Urteilen über Leistungen von Anwälten und Ärzten (RG JW **1913** 940 Nr. 17), von Krankenanstalten und versorgungsrechtlichen Untersuchungsstellen (BGH MDR **1956** 735), von öffentlichen Verkehrsbetrieben (vgl. RGSt. **64** 10, 13), Landwirten, Kaufleuten, Artisten und Berufssportlern (vgl. *Frank* Anm. III 5; *Welzel* S. 323) stieß nicht auf Widerspruch. Gegen die Qualifizierung richterlicher Urteile als wissenschaftliche Leistungen im Sinne des § 193 wandte sich das Reichsgericht (vgl. RGSt. **40** 348) jedoch ebenso wie gegen die Einbeziehung der „Dienstführung öffentlicher Behörden und Beamten" in den Bereich der Kritikfreiheit. Die „sachgemäße Wirksamkeit" behördlichen Tuns sei gewährleistet. Kritik gegenüber den Behörden und Beamten, die sich zu Beleidigungen „versteige", könne das Ansehen untergraben und diene „nicht zum allgemeinen Besten" (RGSt. **39** 312; RG JW **1923** 516 Nr. 1 mit Anm. *Alsberg*; RG HRR **1930** 1776). Diese Zeiten sind vorbei. Unter dem Aspekt des Grundrechts der Meinungsfreiheit (Art. 5 Abs. 1 S. 1 GG) ist eine Aktualisierung geboten, die den gesamten Bereich der Tätigkeit der öffentlichen Behörden und Beamten, der Gerichte und Richter, der Parlamente und Abgeordneten, der politischen Parteien und ihrer Funktionäre den tadelnden Urteilen bis zur Schranke der Formalbeleidigung eröffnet (OLG Düsseldorf NJW **1992** 1336; *Rudolphi* SK 6; *Sch/Schröder/Lenckner*[26] 5; *Tröndle/Fischer*[52] 6; *Uhlitz* NJW **1967** 129, 133), wenn und soweit der Begriff der Leistung anwendbar ist. Unter diesem Begriff ist das auf einem bestimmten Sachgebiet erzielte Ergebnis menschlichen Wirkens zu verstehen, dessen sich der Leistende entäußert hat und das selbständiger Gegenstand der Beurteilung durch andere sein kann (so die Begründung zu § 178 E 1962). Da das Gesetz selbst „ähnliche Fälle" einbezieht, ist eine enge Interpretation fehl am Platze. Der Begriff setzt eine Verkörperung nicht unabdingbar voraus. Auch Unterlassungen können zu bewertbaren Ergebnissen führende Entäußerungen sein. Gegenüber der Presse und anderen Massenmedien gilt „gewerbliche Leistungen" erfassende Kritikfreiheit mindestens insoweit, wie die verbreiteten Äußerungen im Dienste des Informationsinteresses der Allgemeinheit stehen (vgl. BVerfGE **12** 113, 131f; BGHZ **45** 296, 308ff; wie hier *Rudolphi* SK 6; *Sch/Schröder/Lenckner*[26] 5). Es spielt für die Kritikfreiheit keine Rolle, ob eine „richtige" oder eine „falsche", eine „wertvolle" oder „wertlose" Meinung vertreten wird. Die Meinung des Außenseiters und des Dilettanten hat nicht weniger Spielraum als die des Konformisten oder des Experten (BVerfGE **61** 1, 7; BGHZ **45** 296, 306; BGH NJW **1965** 294; **1974** 1762). Ob den Tadelnden der Gegenstand seiner Kritik „nahe angeht" oder nicht, ist ohne Bedeutung (*Uhlitz* aaO 132). In Uneinsichtigkeit und Unsachlichkeit allein liegt noch keine Formalbeleidigung im Sinne von § 193 (vgl. BGHSt. **19** 311, 317).

VI. Ausführung oder Verteidigung von Rechten. Zu den Äußerungen zur Ausführung oder Verteidigung von Rechten gehören alle Handlungen, welche die Geltend- **15**
machung eines Rechts vorbereiten oder sichern oder der Abwehr eines eingeleiteten oder erwarteten Rechtsangriffs dienen sollen (*Welzel* S. 323). Bei der Anwendung des § 193 sind die Ausstrahlung des Anspruchs auf rechtliches Gehör nach Art. 103 Abs. 1 GG und das Grundrecht der freien Meinungsäußerung zu berücksichtigen (BVerfG NJW **1991** 2074, 2075; NJW **2000** 199; KG StV **1997** 485; OLG Düsseldorf NJW **1998** 3214, 3215; *Tröndle/Fischer*[52] 7). Der Rechtfertigungsgrund gilt nicht nur für den, dessen Rechte ausgeübt oder verteidigt werden, sondern auch für seinen (gesetzlichen oder gewählten) Vertreter, insbesondere für den Prozessbevollmächtigten und den Verteidiger. Parteien und Anwälte dürfen im Verfahren vortragen, was rechtserheblich sein kann, wenn seine „Unhaltbarkeit oder besondere Bedenklichkeit nicht von vornherein offen auf der Hand liegt" (RGZ **140** 392, 397; ähnlich BGH NJW **1962** 243, 244 = JZ **1962** 486, 487 mit Anm. *Weitnauer*). „Unhaltbar" ist außer dem unwahren Vortrag insbesondere das willkürliche, nicht auf Anhaltspunkte gestützte Vorbringen (BayObLGSt. **1952** 164 = JR **1953** 192). Aus den vorgetragenen Tatsachen dürfen die mit dem Prozessgegenstand in Zusammenhang stehenden Folgerungen bis zur Grenze der Formalbeleidigung gezogen werden, sofern es sich nicht um haltlose (willkürliche) Vermutungen handelt (BGH aaO; OLG Hamburg MDR **1980** 953). Solange diese Grenze nicht überschritten wird, dürfen Wertungen „auch in starken, eindringlichen Ausdrücken und sinnfälligen Schlagworten" geäußert werden (BVerfG NJW **2000** 199, 200; OLG Hamburg MDR **1984** 940). Es kommt nicht darauf an, ob eine ehrenrührige Kundgabe sich gegen den Prozessgegner richtet (vgl. OLG Celle NJW **1961** 231: Der Beklagte trägt im Unterhaltsprozess vor, der verheiratete X habe in der Empfängniszeit mit der Mutter des Kindes Geschlechtsverkehr gehabt; BayObLG **11** 295: Anzweiflung der Glaubwürdigkeit eines Zeugen; OLG Hamburg JW **1938** 3104 Nr. 6; JR **1997** 521: Angriffe gegen einen Zeugen). Der Mandant darf sich gegenüber seinem Anwalt frei aussprechen. Er darf auch einen ungeprüften Verdacht äußern und sich darauf verlassen, dass der Anwalt sich Gedanken darüber macht, was schriftsätzlich verwertbar ist (KG DStR **8** 62; OLG Celle aaO 232). Der Mandant kann aber eine Beleidigung in mittelbarer Täterschaft begehen, wenn er durch Irreführung seines Prozessbevollmächtigten erreicht, dass der Tatsachenvortrag unwahre oder haltlose ehrenrührige Behauptungen enthält (OLG Celle aaO). Der Anwalt seinerseits hat nur minimale Prüfungspflichten. Er kann „weitgehend" auf der Grundlage der Informationen seines Mandanten argumentieren und darf sich sagen, dass der Gegner schon seine Sicht der Dinge vorbringe und der streitige Sachverhalt im gerichtlichen Beweisverfahren seine Klärung erfahren wird (BGH aaO; OLG Köln NJW **1979** 1723). Eine regelmäßige Kontrolle der vom Mandanten mitgeteilten Tatsachen ist nicht erforderlich, es sei denn, es liegen konkrete Anhaltspunkte für eine ehr-

verletzende Tatsachenbehauptung vor (BVerfG NJW **2003** 3263, 3264). Leichtfertig darf der Anwalt allerdings weder in Bezug auf die Tatsachengrundlage seiner Argumentation noch in seinen Folgerungen sein (OLG Hamburg MDR **1980** 953). Er muss insbesondere Tatsachenbehauptungen nachprüfen, wenn er konkrete Anhaltspunkte für ihre Unrichtigkeit oder Haltlosigkeit hat und die Überprüfung schnell und mit zuverlässigem Ergebnis vorgenommen werden kann. Ein Verteidiger darf in seinem Plädoyer dem Verteidigungsinteresse den Vorrang vor den Gefühlen der Opfer einräumen. Die nachdrückliche Wahrnehmung dieses Interesses kann auch Verunglimpfungen rechtfertigen (BGH StV **1987** 533, 534). Werden neben wertenden Äußerungen auch ehrverletzende Tatsachen vorgetragen, so ist bei Überwiegen der wertenden Elemente auch eine drastische und polemische Sachverhaltsbehauptung zulässig, es sei denn, die Tatsachen werden bewusst unrichtig dargestellt, ihre Unhaltbarkeit liegt auf der Hand oder die wertenden Schlussfolgerungen stehen in keinem vertretbaren Verhältnis zur zutreffenden Tatsachenbehauptung (OLG Düsseldorf NJW **1998** 3214; BayObLG JZ **2001** 717 mit Anm. *Otto*; NStZ-RR **2002** 40, 41f; HansOLG Bremen NStZ **1999** 621; *Tröndle/Fischer*[52] 28).

16 Für ehrenrührige Tatsachenbehauptungen, die ein Anwalt von sich aus aufstellt, trägt er die volle Verantwortung (RG HRR **1941** 840). Die Verurteilung wegen übler Nachrede in einem Verfahren, das in der Wahrheitsfrage mit einem non liquet endete, steht der Wiederholung der ehrenrührigen Tatsachenäußerung in einer Klage nicht entgegen, wenn die Annahme der Möglichkeit eines anderen Beweisergebnisses nicht haltlos ist (OLG Hamm NJW **1961** 520). Zur Aufrechterhaltung beleidigender Äußerungen im Sühnetermin und im Strafverfahren und zur Erweiterung (Vertiefung) des ehrenrührigen Vorwurfs vgl. BayObLGSt. **1958** 244, 245 und OLG Braunschweig GA **1962** 83. Was ein Beschuldigter und sein Verteidiger im Rahmen der Stoffsammlung oder aus anderen auf das Verfahren bezogenen Gründen tun, gehört zur Rechtsverteidigung. Die Auskunft, die jemand erteilt, der von ihnen darum angegangen worden ist, gehört in die Kategorie der „ähnlichen Fälle" (RGSt. **59** 172, 174; BayObLGSt. **1953** 109; **1964** 131). Sie erstreckt sich auch auf die Aussagen von Zeugen und Sachverständigen (BGH bei Dallinger MDR **1953** 147; OLG Stuttgart NJW **1967** 792 mit Anm. *Roxin*). Wer dem Angeklagten oder dessen Verteidiger eine Auskunft erteilt oder wer als Zeuge aussagt und dabei ehrenrührige Bekundungen über einen anderen macht, handelt nicht rechtswidrig, wenn die Bekundungen zur Sache gehören, dem Wissen oder der Überzeugung entsprechen und die Form oder die Umstände nicht den Tatbestand der Formalbeleidigung erfüllen. Für Auskünfte, die eine Prozesspartei zum Zwecke der Beschaffung von Prozessmaterial einholt, gilt nichts anderes (BayObLGSt. **1953** 109). Zum Problem des zivilrechtlichen Ehrenschutzes gegenüber Parteivorbringen und Zeugenaussagen im Zivilprozess vgl. BGH NJW **1962** 243 = JZ **1962** 486 mit Anm. *Weitnauer*; BGH NJW **1971** 284; BGH MDR **1973** 304; OLG Hamburg MDR **1984** 940; *Helle* GRUR **1982** 297; *ders.* NJW **1987** 233; *Walchshöfer* MDR **1975** 11; *Walter* JZ **1986** 614.

VII. Äußerungen zur Wahrnehmung berechtigter Interessen

17 **1. Die Interessenkollision.** Die Wahrnehmung berechtigter Interessen setzt nicht voraus, dass das Schutzgut, um das es dem Täter geht (es kann auch seine Ehre sein: RG JW **1926** 1185 Nr. 27), höherwertig als der Anspruch des Betroffenen auf Achtung seiner Ehre ist. Die rechtfertigende Interessenkollision ist aber nicht zutreffend gekennzeichnet, wenn gesagt wird, das Interesse des Täters dürfe nicht geringer zu

bewerten sein (so aber BGHSt. **18** 182, 184), es müsse zumindest gleichrangig sein (OLG Frankfurt NJW **1991** 2032, 2035; *Tröndle/Fischer*[52] 9), es müsse ein „vertretbares Verhältnis" zwischen dem von ihm erstrebten Zweck und der Herabsetzung fremder Ehre bestehen (BGHZ **31** 308, 313), Mittel und Zweck dürften nicht in einem „auffälligen Missverhältnis" zueinander stehen (*Maurach* BT[5] § 19 II C 2b). Das Interesse des Täters muss **überwiegen** (BayObLG NJW **1995** 2501, 2503; OLG Hamm NJW **1987** 1034, 1935; *Hubmann* Persönlichkeitsrecht § 20; *Lenckner* Noll-Gedächtnisschrift, S. 248f; *Rudolphi* SK 9; *Schl/Schröder/Lenckner*[26] 12). Beim Interessenvergleich kommt es aber nicht nur auf die abstrakte Rangordnung der (in aller Regel nicht kommensurablen) Schutzgüter an, sondern auf **alle** sich aus den Umständen des Einzelfalls ergebenden Bewertungsfaktoren. Sie können das Gewicht kollidierender Werte verstärken oder abschwächen. Damit wird nicht geleugnet, dass Werte als solche von so überragender Bedeutung sein können, dass sie einer in jeder Abwägung liegenden Relativierung entzogen sind (vgl. BVerfGE **47** 187, 227; **75** 369, 380) oder doch in aller Regel Vorrang beanspruchen dürfen (vgl. BGH StV **1987** 533, 534 zum Verteidigungsinteresse im Falle eines schweren Tatvorwurfs). Ist abzuwägen, sind positive oder negative **Vorzugstendenzen** (Bewertungsfaktoren) z. B. aus der Schwere eines Vorwurfs oder Verdachts, aus dem Verbreitungsgrad und der Intensität der ehrenrührigen Äußerung des Täters, aus dem Risiko, das in der Wahrheitsfrage eingegangen werden muss (also aus der guten oder schlechten Fundierung einer Behauptung oder Meinungsäußerung), aus der reaktiven Verknüpfung, aus dem höheren oder geringeren Informationsinteresse der Öffentlichkeit, aus der persönlichen Nähe oder Distanz des Täters zu den wahrgenommenen Interessen, aus dem Zweck, den er verfolgt, abzuleiten (vgl. Rdn. 7; BGHZ **31** 308, 313; **45** 296, 309; **95** 212, 219; BGH NJW **1974** 1762, 1763; **1975** 1882, 1885; **1977** 1288, 1289; **1978** 1797, 1798; RGSt. **62** 83, 93; OLG Hamm NJW **1982** 659, 660; **1982** 1656, 1658; **1987** 1034, 1035; *Hubmann* aaO; *Zippelius* Hubmann-Festschrift, S. 514f).

2. Die Berechtigung des wahrgenommenen Interesses. Das wahrgenommene Interesse muss berechtigt sein. Es muss ein Zweck verfolgt werden, der dem Recht oder den guten Sitten nicht zuwiderläuft (BGHZ **39** 124, 128; RGSt. **15** 15, 17; **34** 222, 223; *Lackner/Kühl*[25] 5; *Rudolphi* SK 11). An der Erörterung eines Skandals oder einer Sensation kann ein echtes Informationsinteresse der Öffentlichkeit bestehen. Es ist etwas missverständlich, wenn (in BGHSt. **18** 182, 187) gesagt wird, dass Berichte und Kommentare, denen es auf Skandal und Sensation ankomme, von vornherein ausscheiden. Neugier, Sensationslust und Gefallen am Klatsch allein begründen allerdings kein berechtigtes Informationsbedürfnis (BGHZ **24** 200, 208; **39** 124, 128). Die Unterrichtung der Öffentlichkeit über Angelegenheiten aus der Privat- und Familiensphäre kann nur in Ausnahmefällen und nicht allein schon deshalb, weil sie eine im öffentlichen Leben stehende Person betrifft, als berechtigt angesehen werden (BGHSt. **18** 182, 186; BGH JZ **1965** 411, 413 mit Anm. *Koebel*; BGHZ **39** 124, 128f; **73** 120, 122ff). Nicht anerkennenswert ist das Interesse an der Herbeiführung eines Verfahrens wegen Beleidigung, um in diesem Verfahren einen abgeschlossenen Rechtsstreit wieder „aufrollen" (RGSt. **74** 261) oder um mit Hilfe des erhofften Beweisergebnisses die Lage in einer anderen Rechtsangelegenheit verbessern zu können (BGH bei *Dallinger* MDR **1956** 10). Bei Prüfung der Frage, ob ein Interesse berechtigt ist, muss von den Vorstellungen des Täters ausgegangen werden, wenn sie nicht die Folge eines vorwerfbaren Fehlverhaltens bei Klärung des Sachverhalts, also in der Wahrheitsfrage sind (Rdn. 2). 18

19 3. **Die Berechtigung des Täters.** Der Täter muss das anerkennenswerte Interesse als dazu Berechtigter wahrnehmen. Es muss ihn persönlich angehen. Es kann ein eigenes oder ein fremdes sein, dem er so nahe steht, dass er sich nach billiger und vernünftiger Beurteilung der Verhältnisse zu seinem Verfechter machen darf. Das wird insbesondere der Fall sein bei naher Verwandtschaft, enger Freundschaft, langjährigen Arbeitsverhältnissen (RGSt. **63** 229, 231; BayObLG NJW **1965** 58; *Lackner/Kühl*[25] 6; *Rudolphi* SK 13; *Tröndle/Fischer*[52] 11). Die Wahrnehmung eigener Interessen kann einem anderen übertragen werden, z. B. einem Rechtsanwalt, einer Auskunftei, den Organen oder bestimmten Arbeitnehmern einer Gesellschaft, eines Vereins, eines Interessenverbandes (vgl. RGSt. **30** 42; OLG Hamm NJW **1987** 1034, 1035; OLG Köln NJW **1979** 1723; *Rudolphi* SK 14; *Tröndle/Fischer*[52] 12). Die Befugnis zur Interessenwahrnehmung kann sich auch aus einer Amtsstellung (z. B. der des Vormunds oder der des Konkursverwalters) ergeben (*Rudolphi* SK 14). Gemeinsame Interessen kann das Mitglied einer Gruppe (Personengemeinschaft) wahren, wenn ihr Kreis abgegrenzt und überschaubar ist. Dass Landtagsabgeordnete öffentliche Belange verfechten (BGH bei Dallinger MDR **1955** 270) und Gemeinderatsmitglieder die Interessen der Gemeinde wahrnehmen dürfen (BayObLGSt. **1955** 158 = NJW **1956** 354), versteht sich heute von selbst. Ein Teil des Schrifttums lehnt einschränkende Kriterien ab. Jedermann dürfe jedes berechtigte Interesse wahrnehmen, wenn er die im Übrigen der Interessenwahrnehmung gezogenen Grenzen beachtet (*Frank* Anm. III 2b; *Welzel* S. 321; differenzierend *Sch/Schröder/Lenckner*[26] 13). Diese weitgehende „Kompetenzerstreckung" gilt zwar für die „tadelnden Urteile" (Rdn. 13, 14), im Übrigen aber nur dort, wo Interessen der Allgemeinheit wahrgenommen werden. Für **jeden** Staatsbürger steht „seine Sache" auf dem Spiel, wenn es um die staatlichen Funktionen (in allen ihren Bereichen und auf allen Ebenen), die politische Willensbildung, die Formung der öffentlichen Meinung, das Informationsinteresse der Öffentlichkeit geht (vgl. BVerfGE **12** 113, 125; BGHSt. **12** 287, 293; **18** 182, 187; BGHZ **31** 308, 312; BayObLGSt. **1961** 47; OLG Frankfurt NJW **1977** 1353, 1354; *Rudolphi* SK 15). Die Rechtsprechung des Reichsgerichts, die auch in „öffentlichen Angelegenheiten" ein eigenes oder ihn nahe angehendes Interesse des Täters forderte, für die Presse und die anderen Massenmedien keine Ausnahme machte (vgl. RGSt. **41** 277, 285; **56** 380, 383; **62** 83, 93; **63** 229, 231) und nur die Anzeige strafbarer Handlungen oder von Beamtenverfehlungen bei der zuständigen Behörde für jedermann „freigab", weil das Interesse an der Verwirklichung der Rechtsordnung und demgemäß an der Verfolgung solcher Handlungen jeden berühre (vgl. RGSt. **62** 83, 93; **66** 1), hat ihre Bedeutung verloren.

20 **Presse**, Rundfunk, Fernsehen und Film nehmen keine Sonderstellung ein. Was sie im „Öffentlichkeitsbereich" dürfen, darf jedermann (BVerfGE **10** 118, 121; **12** 113, 125; BGHSt. **18** 182, 187; BGHZ **66** 182, 187; *Rudolphi* SK 16; *Weitnauer* DB **1976** 1413, 1415: „Ein Mensch kann unmöglich dadurch ein Mehr an Rechten erlangen, dass er in das Gewand eines Journalisten oder Verlegers schlüpft. Der Leserbrief in der Zeitung kann nicht mit anderen Maßstäben gemessen werden als ein vom Verfasser selbst vervielfältigter und in Umlauf gesetzter Rundbrief"). Das Bundesverfassungsgericht prädiziert dann und wann, dass die Vermutung für die Zulässigkeit der freien Rede spreche, wenn ein **„dazu Legitimierter"** einen Beitrag zum geistigen Meinungskampf in einer die Öffentlichkeit wesentlich berührenden Frage erbringe (BVerfGE **7** 198, 212; **61** 1, 11). Die Vermutung ist eine etwas mysteriöse Argumentationsfigur (Rdn. 7). Das Bundesverfassungsgericht ist der Ansicht, dass es für die Gewährleistung des Grundrechts der Meinungsfreiheit gleichgültig sei, ob eine Äußerung „wertvoll" oder „wertlos", „richtig" oder „falsch", „emotional" oder „rational" begründet ist (BVerfGE **33** 1, 14; **61** 1, 7; **85** 15; **90** 241, 247; **93** 266, 289; vgl. auch Rdn. 14).

Wir brauchen also nicht zu rätseln, welche Qualifikationen es sind, die den in besonderem Maße zur Meinungsäußerung Berufenen auszeichnen. Wenn die Presse und die anderen Massenmedien keine rechtliche, sondern nur eine faktische Sonderstellung auf dem Meinungsmarkt haben, dann kann es nicht darauf ankommen, ob eine Interessenwahrnehmung durch sie (genauer: durch den, der sich mit seiner Äußerung an das Publikum wendet) „im Rahmen ihrer öffentlichen Aufgabe" liegt (**aA** BGHZ **31** 308, 312; *Lackner/Kühl*[25] 8; *Tröndle/Fischer*[52] 33). Es kann sich nur darum handeln, ob **berechtigte Informationsinteressen** der Allgemeinheit wahrgenommen werden (vgl. BGHZ **24** 200, 208; **39** 124, 128; BGH JZ **1965** 411, 413 mit Anm. *Koebel*; *Rudolphi* aaO; *Sch/Schröder/Lenckner*[26] 15). Was in BVerfGE **20** 174/175 zur öffentlichen Aufgabe der Presse gesagt ist, kennzeichnet den zentralen Bereich des Informationsinteresses. Es soll damit nicht abschließend umschrieben sein. Auch die Landespressegesetze stellen keine Beziehung zu § 193 in dem Sinne her, dass der Bereich des wahrnehmbaren Interesses und die öffentliche Aufgabe der Presse zur Deckung gebracht werden. In BVerfGE **34** 269, 283 wird ausdrücklich klargestellt, dass die Pressefreiheit nicht auf die seriöse Presse beschränkt ist.

4. Das situationsabhängige Risiko. Ein berechtigtes Interesse, das der Täter wahrnehmen darf, gestattet den Angriff auf die Ehre eines anderen nur, wenn ein zureichender Verdacht für das Vorliegen eines Mangels an Ehre besteht. Der Täter muss sorgfältig prüfen, ob er von einem solchen Verdacht ausgehen kann. Ihn trifft eine **Informationspflicht**. Verhält er sich in der Verdachts(Wahrheits-)frage „leichtfertig", ist sein Tun nicht gerechtfertigt.[4] Es ist, wie schon in BayObLGSt. **1956** 13, 16 zutreffend ausgeführt wird, unrichtig, die These zu vertreten, „leichtfertig" handele, wer von der Wahrheit eines Verdachts nicht überzeugt sei, sondern zweifele. Nicht in allen Fällen, in denen der Sachverhalt für den Täter ungewiss ist oder er sogar mit der Möglichkeit rechnen muss und rechnet, dass der Verdacht sich nicht bestätigt, kann von ihm verlangt werden, untätig zu bleiben, damit er nicht Gefahr laufe, fremde Ehre zu Unrecht herabzusetzen. Zum Eingehen dieses Risikos ermächtigt ihn § 193, wenn die Abwägung der widerstreitenden positiven und negativen Vorzugstendenzen für ein Handeln „hier und jetzt" und für die Art und Weise der Kundgabe spricht (BGHSt. **3** 73, 75; BGH NJW **1977** 1288, 1289; *Deutsch* JZ **1967** 95, 96; *Hansen* JuS **1974** 104, 107). Daraus folgt: Die Sorgfalt, die der Täter in der Verdachts(Wahrheits-)frage walten lassen muss (oder: die Höhe des Risikos, das er eingehen darf), ist **situations- und konfliktsabhängig**. Wer in definitiven Behauptungen einen schweren Vorwurf der Öffentlichkeit unterbreiten will, hat (wenn der Zeitfaktor keine Rolle spielt, keine Gefahr im Verzug ist) das Äußerste an Anstrengungen zu unternehmen, um das Risiko auszuschalten. Für ihn wird gelten, dass er keinen Zweifel mehr haben dürfe. Aus der „Natur der Sache" ergibt sich also, in welchem Ausmaß der Täter „sorgfältig zu prüfen", sich „gewissenhaft zu erkundigen" (BGHSt. **14** 48, 51) hat, welchen „Mindestbestand an Beweistatsachen" er „zusammentragen" muss (BGH NJW **1977** 1288, 1289; vgl. außerdem OLG Hamburg ZIP **1992** 117 zur Informationspflicht bei Berichten über inoffizielle „Stasimitarbeiter"; BGH NJW **1993** 525 zur Prüfungspflicht bei einer betriebsinternen Warnung vor unlauteren Geschäftspartnern und OLG Dresden NJW **2004** 1181 zur Informationspflicht bei Behördenauskünften). Die Judikatur, die 21

[4] BVerfG NJW **2000** 199; 200; BGHSt. **14** 48, 51; BGHZ **31** 308, 313; BGH NJW **1966** 647, 648; **1977** 1288, 1289; **1986** 2503, 2504; BayObLGSt. **1956** 13, 14; **1961** 46, 48; *Geppert* Jura **1985** 25, 30f; *Lackner/Kühl*[25] 10; *Lenckner* Noll-Gedächtnisschrift, S. 249; *Sch/Schröder/Lenckner*[26] 11; *Tröndle/Fischer*[52] 9.

davon spricht, dass den Täter eine mehr oder weniger weit gehende Informationspflicht treffe und dass er rechtswidrig handele, wenn er „leichtfertig", nur „auf haltlose Vermutungen hin", beleidige, ist eine späte Frucht der Interpretation des Tatbestands der Wahrnehmung berechtigter Interessen. An Stelle der Informationspflicht fungierten zunächst andere Voraussetzungen, wie z. B. der gute, nicht mit Zweifeln behaftete Glaube (vgl. *Graf zu Dohna* JW **1930** 1757 und **1930** 2580).

22 Dass es um die situations- und konfliktsadäquate Sorgfalt (um das nach der jeweiligen Sachlage erlaubte Risiko) geht, zeigt sich besonders bei der **Anzeige** von mit Strafe bedrohten Handlungen, von Dienstvergehen oder von Verstößen gegen Standesethik und Standesrecht. In der Tatsache, dass die Stelle angerufen wird, deren Aufgabe die Klärung des Sachverhalts ist (wozu der Anzeigende weder die Befugnis noch in der Regel vergleichbare Möglichkeiten hat), und in dem billigenswerten Ziel der Ermittlungen (Überführung eines Schuldigen oder Entkräftung des Verdachts) liegen Vorzugstendenzen für das Aufklärungsinteresse, die seine Wahrnehmung als gerechtfertigt erscheinen lassen, wenn für den Verdacht gewisse Anhaltspunkte gegeben sind, wenn er nicht jeder Grundlage entbehrt. Der Anzeigende braucht von der Berechtigung des Vorwurfs keineswegs überzeugt zu sein. Er darf allerdings nicht Tatsachen als gewiss behaupten, an deren Richtigkeit er zweifelt (vgl. RGSt. **29** 54, 56; **62** 83, 93; **66** 1, 3; OLG Köln NJW **1997** 1247 zur Aufklärungsanzeige; *Sch/Schröder/Lenckner*[26] 20; *Tröndle/Fischer*[52] 32). Was für Anzeigen gesagt wurde, gilt entsprechend für **Petitionen** nach Art. 17 GG. Sie lösen eine sachliche Prüfung aus. Auch im Übrigen sind auf ehrenrührige Behauptungen oder herabsetzende Werturteile in solchen Petitionen die Regeln des § 193 anzuwenden, wenn es um die Frage der Rechtfertigung aus Gründen der Interessenwahrnehmung geht (BGH bei Herlan GA **1959** 338; OLG Düsseldorf NJW **1972** 650, 652; OLG München NJW **1957** 795). Art. 17 GG umschreibt nicht einen selbständigen Rechtfertigungsgrund (OLG Düsseldorf aaO 651; *Sch/Schröder/Lenckner*[26] 21; **aA** *Arndt* NJW **1957** 1073). Wer eine bereits gerichtlich oder von der zuständigen Stelle geprüfte und als unwahr festgestellte ehrenrührige Behauptung wiederholt, kann (wenn nicht wichtige Beweismittel unberücksichtigt geblieben sind) kaum mit einer Rechtfertigung seines Verhaltens rechnen. Er handelt zu riskant (vgl. BGH NJW **1966** 647, 648; RG JW **1933** 961 Nr. 16 mit Anm. *Graf zu Dohna*; BayObLGSt. **1951** 421). Zum besonderen Fall, dass das frühere Verfahren wegen übler Nachrede betrieben wurde und in der Wahrheitsfrage mit einem non liquet endete, vgl. OLG Hamm NJW **1961** 520. Mit dem Gesichtspunkt der überschrittenen Risikotoleranz lassen sich Querulantenreprisen erfassen. Denn dem Querulanten eignet die bona fides nicht weniger als der Angriffswille (*Graf zu Dohna* aaO).

23 Information und Meinungsbeeinflussung müssen im Dienste der **Wahrheit** stehen. An „Enthüllungen", die falsch sind, besteht kein anerkennenswertes Interesse (vgl. BGHZ **31** 308, 318; BGH NJW **1974** 1762; **1975** 1882, 1883; **1986** 2503, 2504). Deshalb sind **Presse**, Rundfunk und Fernsehen zur wahrheitsgemäßen Berichterstattung verpflichtet.[5] Aber diese Aussage ist sogleich mit dem Zusatz „im Rahmen des Möglichen" zu versehen (BVerfG aaO). Die Methoden wissenschaftlicher oder gerichtlicher Wahrheitsermittlung kann die Presse (und für die anderen Massenmedien gilt

[5] BVerfGE **12** 113, 130; BGHZ **31** 308, 312f; vgl. auch BGH JZ **1965** 411, 413 mit Anm. *Koebel*; **1967** 94, 95 mit Anm. *Deutsch*; BGH NJW **1961** 1913, 1914; **1965** 2395, 2396; **1966** 647, 648; **1977** 1288, 1289; **1986** 2503, 2504; OLG Düsseldorf NJW **1980** 599f; OLG Frankfurt NJW **1980** 597, 598; *Lackner/Kühl*[25] 11; *Tröndle/Fischer*[52] 33.

Entsprechendes) auf Grund ihrer besonderen Arbeitsbedingungen in der Regel nicht praktizieren (*Coing* Ehrenschutz und Presserecht, S. 27). Schon durch den Zwang, **aktuell** zu bleiben, sind ihre Mittel zur Ermittlung der Wahrheit verkürzt (BGH NJW **1977** 1288, 1289). Erforderlich ist „**pressemäßige** (berufsmäßige) **Sorgfalt**", die Prüfung der Wahrheitsfrage mit „pressemäßigen Mitteln" (BGH aaO; OLG Frankfurt NJW **1980** 597, 598; OLG Köln NJW **1963** 1635; **1987** 2682, 2683). Erhöhten Informationsmöglichkeiten im Einzelfall entspricht ein Mehr an Erkundigungspflicht. Die Schwere eines Vorwurfs und die Folgen seiner Verlautbarung in aller Öffentlichkeit müssen Anlass zu verstärkten Aufklärungsbemühungen sein. Gefahr im Verzug und der Zwang zur Aktualität sind risikofreundliche Faktoren. Im Bereich der Aufgabe, berechtigte Informationsinteressen wahrzunehmen und an der Bildung der öffentlichen Meinung mitzuwirken, kann es durchaus liegen, sogleich „auf einen Verdacht ehrenrühriger Vorgänge hinzuweisen, dem mit pressemäßigen Mitteln nicht rechtzeitig auf den Grund zu kommen ist, sofern der Mangel einer Bestätigung der Information der Leserschaft nicht vorenthalten wird" (BGH aaO; vgl. auch OLG Düsseldorf NJW **1980** 599, 600; OLG Köln NJW **1987** 2682, 2683). In jedem Falle muss aber ein „Mindestbestand an Beweistatsachen", die für die Richtigkeit einer Behauptung sprechen, „zusammengetragen" sein (BGH aaO). Mit pressemäßiger Sorgfalt ist es nicht zu vereinbaren, eine Mitteilung oder einen Bericht ohne weiteres ungeprüft zu übernehmen (BGH NJW **1963** 904; OLG Brandenburg NJW **1995** 886, 888) Auf die Richtigkeit von Behördenauskünften darf allerdings in der Regel vertraut werden (OLG Dresden NJW **2004** 1181).

Nur den erwiesenermaßen **unwahren** Behauptungen kann die Rechtfertigung nach 24
§ 193 mit der Begründung versagt werden, der Täter habe sich in der Wahrheitsfrage leichtfertig verhalten. Das Merkmal der **Leichtfertigkeit** bezieht sich nicht auf die Erweislichkeit, sondern auf die **Wahrheit** einer Behauptung (RGSt. **63** 92, 94; **66** 1, 2; RG JW **1936** 389 Nr. 21; vor allem BayObLGSt. **1956** 13, 14f; OLG Celle NJW **1961** 231). Ist eine Behauptung möglicherweise wahr, kann dem Täter nicht vorgeworfen werden, er habe aus Mangel an Sorgfalt die Wahrheit verfehlt. Dass in Fällen des § 193 die Nichterweislichkeit der behaupteten ehrenrührigen Tatsache nicht zu Lasten des Täters gehen kann, ergibt sich auch aus folgender Überlegung: Wenn es nicht einmal dem Gericht gelingt, in der Wahrheitsfrage über ein non liquet hinauszukommen, kann dem Täter nicht der Vorwurf gemacht werden, dass er sich in einer für den „Erfolg" (die Annahme einer Interessenkollision) ursächlichen Weise über seine Informationspflicht hinweggesetzt habe.

5. Die Angemessenheit der Interessenwahrnehmung. Der Angriff auf die Ehre eines 25
anderen muss nach Inhalt, Form, begleitenden Umständen und nach seinen von diesen Faktoren abhängigen Auswirkungen das angemessene Mittel zur Wahrnehmung des verfolgten Interesses sein.[6] Unangemessen sind ehrenrührige Äußerungen, die sich zur Interessenwahrnehmung nicht eignen oder die dazu nicht erforderlich sind (BGH MDR **1956** 735; OLG Köln NJW **1979** 1723; RGSt. **42** 441, 443), herabsetzende Behauptungen, die den Sachverhalt verfälschen oder einseitig darstellen, die einen Verdacht als feststehendes Faktum erscheinen lassen oder die Umstände verschweigen, durch welche ein Verdacht entkräftet, erheblich abgeschwächt oder in Frage gestellt wird (BGH NJW **1965** 647, 648; **1977** 1288, 1289; OLG Düsseldorf NJW **1980**

---

[6] BVerfGE **12** 113, 131; BGHZ **39** 124, 129; *Rudolphi* SK 22; *Schl/Schröder/Lenckner*[26] 9a; *Tröndle/Fischer*[52] 15.

599f; OLG Frankfurt NJW **1980** 597, 598; OLG Köln NJW **1987** 2682, 2683). Unangemessen sind Meinungsäußerungen, die reine Schmähungen, gehässige und böswillige Schmähkritik, der Hetze dienende Diffamierungen, pure Beschimpfungen oder aus anderen Gründen keine sachbezogenen Kundgaben, sondern lediglich „vorsätzliche Kränkungen" sind (Rdn. 6; BVerfGE **42** 163, 171; **61** 1, 12; **82** 272, 284; **85** 1, 16; **93** 266, 294; BGH NJW **1974** 1762, 1764; **1978** 1797, 1798; **1982** 2246, 2247). Der Spielraum, den die Judikatur belässt, ist jedenfalls dort, wo es um „Beiträge zum geistigen Meinungskampf in einer die Öffentlichkeit wesentlich berührenden Frage" oder um die „Kritik staatlichen Handelns" zum Zwecke „öffentlicher Meinungsbildung" geht, groß. Der Begriff der Schmähung ist eng auszulegen, sie liegt nur dann vor, wenn nicht mehr die Auseinandersetzung mit der Sache, sondern die Diffamierung der Person im Vordergrund steht (BVerfGE **82** 272, 284; **93** 266, 294; BVerfG NJW **2003** 3760). Im Bereich der politischen Auseinandersetzung liegt eine Schmähkritik nur ausnahmsweise vor (BVerfGE **93** 266, 294; krit. *Sch/Schröder/Lenckner*[26] 16). Bei der Bezeichnung von Soldaten als (potentielle) Mörder liegt eine nicht von § 193 oder Art. 5 Abs. 1 GG gerechtfertigte Schmähkritik dann vor, wenn dieser Äußerung ein über das moralische Meinen hinausgehender Tatsachenkern innewohnt, durch den eine bestimmbare Vielzahl von Personen als sittlich verachtenswert dargestellt wird (BVerfGE **93** 266; BVerfG NJW **1994** 2943). Teilweise wird vertreten, dass hier das durch Art. 5 Abs. 1 GG geschützte Meinen überwiegt (*Tröndle/Fischer*[52] 22). Nach anderer Ansicht liegt eine unzulässige Schmähkritik vor, da Soldaten als Mörder diffamiert werden (BayObLG NJW **1991** 1493, 1495; *Herdegen* NJW **1994** 2933; *Rudolphi* SK 23; *Sch/Schröder/Lenckner*[26] 16). Je gewichtiger die fragliche Angelegenheit für die Öffentlichkeit ist, desto eher überwiegt der Schutz der freien Meinungsäußerung (BGH NJW **1994** 124, 126f; OLG Frankfurt NJW **1989** 1367, 1368; *Sch/Schröder/Lenckner*[26] 16). Wenn sie „nicht offensichtlich abwegig ist", darf der Täter in abwertenden Urteilen seine Grundeinstellung und Grundanschauung nachdrücklich zur Geltung bringen, Angriffe auf sie, die er als unangemessen oder anstößig empfinden konnte, mit Schärfe abwehren (BGHZ **45** 296, 308; BGH NJW **1971** 1655, 1657; **1974** 1762, 1763; BayObLGSt. **1961** 46, 48; **1963** 174, 178; OLG Hamm NJW **1982** 1656, 1658; OLG Köln NJW **1977** 398). Gleiches gilt für andere **reaktive Verknüpfungen**, insbesondere für den „Gegenschlag" (Rdn. 7; BGH NJW **1974** 1762, 1763; **1978** 1797, 1801; RGZ **140** 392, 398f; OLG Hamm NJW **1982** 661; **1982** 1656, 1657). Die ehrenrührige Kritik desjenigen, der einen Beitrag zum geistigen (politischen) Meinungsstreit liefert, darf unsachlich, falsch, ungerecht, polemisch, banal, geschmacklos, übertreibend, schrill im Ton, ironisch-spöttisch, reißerisch, auf Blickfang bedacht, schonungslos, ausfällig sein, sie darf sich einprägsamer, starker Redewendungen bedienen, der Reizüberflutung durch plakative Formulierungen Rechnung tragen; in Wahrnehmung und Akzentuierung eines nicht völlig unsachlichen Standpunkts darf sich der Täter auch in der Wahl seiner Worte vergreifen.[7]

26 „Jedes Maß an Sachlichkeit" darf er allerdings nicht vermissen lassen, „subjektiv weit überzogene abwegige Beurteilungen", **„offenkundige Wertungsexzesse"** werden weder nach Art. 5 Abs. 1 S. 1 GG noch nach § 193 gerechtfertigt (BayObLG NStZ **1983** 265, 266; vgl. auch BGH NJW **1974** 1762, 1763; OLG Frankfurt NJW **1977**

---

[7] BVerfGE **12** 113, 131; **24** 278, 286; **42** 143, 151; **42** 163, 171; **54** 129, 139; **61** 1, 9; **93** 266, 289; BVerfG NJW **1992** 2815, 2816; **2003** 3760; BGH NJW **1974** 1762, 1763; **1978** 1797, 1801; **1994** 124, 126; BayObLG NStZ **1983** 265; OLG Brandenburg NJW **1995** 886, 887; OLG Frankfurt NJW **1977** 1353, 1354; OLG Hamm NJW **1982** 1656, 1658; OLG Koblenz NJW **1978** 1816, 1817; OLG Köln NJW **1977** 398, 399; KG StV **1997** 485, 486; NStZ-RR **1998** 13.

1353, 1354; OLG Hamm NJW **1982** 659, 661). Es ist nicht erforderlich, dass den Kundgabeempfängern Tatsachen mitgeteilt werden, die es ihnen ermöglichen, sich mit den Wertungen des Täters kritisch zu befassen. Meinung darf auch haben und äußern, wer die Meinungsadressaten im Unklaren über die faktischen Grundlagen seines Dafürhaltens lässt (BVerfGE **42** 163, 170; BGH NJW **1974** 1762, 1763; OLG Hamm NJW **1982** 659, 661). Immerhin kann der Verzicht auf die Angabe von „Bezugspunkten" ein Anzeichen für Diffamierungsabsicht des Kritikers sein (BGH aaO 1764). Auch droht ihm, wenn er zur Substantiierung außerstande ist, im zivilen Rechtsstreit der Prozessverlust (BGH NJW **1974** 1710, 1711; **1974** 1762, 1764). Für das Resultat besagt das Kriterium der Angemessenheit, dass die dem Betroffenen abverlangte Einschränkung des Schutzes seiner Ehre in einem (noch) vertretbaren Verhältnis zum Gewinn an Wertverwirklichung für die vom Täter verfolgten Interessen stehen muss (BGH NJW **1977** 1288, 1289; **1978** 1797, 1801). Die Frage nach diesem Verhältnis spielt eine Rolle, wenn sich der Täter mit seinen Behauptungen über die **Unschuldsvermutung** (Art. 6 Abs. 2 MRK) hinwegsetzt (OLG Köln NJW **1987** 2682, 2684; vgl. auch OLG Frankfurt NJW **1980** 597, 598f; OLG Brandenburg NJW **1995** 886; OLG Dresden NJW **2004** 1181, 1182).

In Zusammenfassung der Gesichtspunkte, auf welche die Rechtsprechung abstellt 27
(Rdn. 25, 26) und in Stellungnahme dazu lässt sich sagen: Ehrenrührige Tatsachenbehauptungen geben zu Wertungen Anlass. Wer entfaltet, was sie implizit enthalten, greift die Ehre nicht stärker an als derjenige, der sich auf die Fakten beschränkt (§ 185 Rdn. 5). Wertungen muss ein **Spielraum** eingeräumt werden. Formulierungen, die diesen Spielraum umschreiben,[8] führen dem Richter vor Augen, dass sich auch bei den Rechtfertigungsgründen der freien Meinungsäußerung und der Wahrnehmung berechtigter Interessen das **Übermaßverbot** auswirkt (OLG Frankfurt NJW **1977** 1353, 1354). Auf dieses Verbot sollte auch und gerade bei der Beurteilung ehrenrühriger Äußerungen, die im politischen Meinungskampf fallen, stärker Bedacht genommen werden. Bei Tatsachenbehauptungen steht die Sorgfalt in der Wahrheitsfrage (Rdn. 21 bis 24) im Vordergrund. Unangemessen ist die Verfälschung von Fakten (durch einseitige Auswahl, entstellende Akzentuierung oder Anreicherung) und das sinnentstellende Zitieren (BVerfGE **54** 208ff; BGH NJW **1978** 1797ff; *Stoll* Jura **1981** 135ff). Eine Wertung, die sich auf manipulierte Tatsachen stützt, ist nicht vertretbar. Der Bereich der nicht rechtswidrigen tadelnden Urteile ist größer als es der Wortlaut des § 193 andeutet (Rdn. 13, 14). In diesem Bereich bedarf es keiner Abwägung. Die Grenze liegt bei der Formalbeleidigung. Dort liegt sie aber stets. Der Gesichtspunkt der öffentlichen Meinungsbildung gewährt kein „publizistisches Verunglimpfungsrecht auf Gegenseitigkeit" (*Maurach* BT[5] § 19 II C 3b). Die reaktive Verknüpfung (Rdn. 7) erwächst aus dem gemeinsamen Bezug auf die Sache (OLG Köln NJW **1977** 398), nicht aus der Anwendung der Maxime „wie du mir, so ich dir". Sie hat ihren Platz in der Kompensation.

---

[8] BGH NJW **1979** 266, 267: Nur das Recht zur freien Meinungsäußerung ist geschützt, nicht ein Recht zu „freier", nämlich bloß subjektiv für richtig gehaltener Meinungsmissdeutung; BGH NJW **1974** 1762, 1763: Auch ein „Recht zum Gegenschlag" gibt keinen Freibrief für polemische Ausfälle, die jedes Maß vermissen lassen; BayObLG NStZ **1983** 265, 266: § 193 deckt nicht subjektiv weit überzogene Beurteilungen; OLG Hamm NJW **1982** 659, 661: Weder Art. 5 Abs. 1 S. 1 GG noch § 193 rechtfertigen offenkundige Wertungsexzesse. Vgl. auch BayObLGSt. **1963** 174, 177; OLG Frankfurt NJW **1977** 1353, 1354; LG Kaiserslautern NJW **1989** 1369, 1371; LG Nürnberg-Fürth NJW **1998** 3423f.

28 Die „Flucht in die Öffentlichkeit" in Angelegenheiten, für die nicht von vornherein ein berechtigtes Informationsinteresse der Allgemeinheit besteht (im Falle OLG Braunschweig MDR **1948** 186 war es bereits vorhanden), kommt in Ausnahmefällen in Betracht, z. B. dann, wenn Vorstellungen bei der zuständigen Behörde erfolglos geblieben sind oder von vornherein als nutzlos erscheinen (vgl. BGHSt. **18** 182, 186; RGSt. **15** 15, 19; *Rudolphi* SK 23; *Sch/Schröder/Lenckner*[26] 10). Die Information eines beliebigen Dritten kann in aller Regel nicht gebilligt werden (RGSt. **59** 172, 173). Wer ein berechtigtes privates Informationsinteresse hat, darf aber informiert werden. Es ist gleichgültig, ob er die Information einholt oder ob der Täter von sich aus Mitteilung macht (BayObLGSt. **1953** 109f). Diese Ausnahme vom Grundsatz der Täterrelevanz des verfolgten Interesses ist aus zwei Gründen berechtigt: Wer nur informiert, überlässt das Weitere und Entscheidende dem Träger des Interesses. Das berechtigte Informationsinteresse des Einzelnen verdient nicht weniger Anerkennung als das der Allgemeinheit. Auch das berechtigte Informationsinteresse von Interessenverbänden darf erfüllt werden. Im Einzelfall bedarf es allerdings sehr kritischer Prüfung, ob es berechtigt ist (vgl. OLG Köln NJW **1958** 802).

29 Wenn die Presse dem Informationsinteresse der Allgemeinheit genügen kann, ohne dass sie denjenigen, über den ehrenrührige Fakten verbreitet werden, eindeutig oder erkennbar individualisiert, dann überschreitet die **Namensnennung**, die Abbildung (OLG Köln NJW **1987** 2682, 2684) oder die Individualisierung auf andere Weise die Angemessenheit (BGH JZ **1965** 411, 413 mit Anm. *Koebel*; OLG Frankfurt NJW **1980** 597, 598; *Rudolphi* SK 23; *Sch/Schröder/Lenckner*[26] 10; *Tröndle/Fischer*[52] 34). Auch an der Individualisierung – oder gerade an ihr (vgl. BGHSt. **19** 235, 238) – muss ein berechtigtes Informationsinteresse bestehen. Das gilt auch für die Gerichtsberichterstattung. Die Schwere der Tat, das Aufsehen, das sie hervorrief, die Öffentlichkeitssphäre, in welcher ein Angeklagter steht, können dieses Interesse begründen. Die Art der Anschuldigung, der Grad der Unsicherheit über den Verfahrensausgang, Gesichtspunkte der Resozialisierung (insbesondere bei Jugendlichen und Ersttätern) können entgegenstehen (vgl. BGH NJW **1963** 904; OLG Nürnberg NJW **1996** 530). Die Namensnennung im Rahmen der Verdachtsberichterstattung im Ermittlungsverfahren ist nur zulässig, wenn ein Mindestbestand an Beweistatsachen vorliegt, die Darstellung keine Vorverurteilung des Beschuldigten enthält und eine Stellungnahme des Beschuldigten eingeholt wurde (BGH NJW **2000** 1036f m. w. N.). Generell gilt, dass nicht ohne weiteres aus dem Interesse an der Unterrichtung über bestimmte Vorgänge ein berechtigtes Interesse an der Individualisierung von Personen folgt, die daran beteiligt waren oder davon betroffen sind (BGH JZ **1965** 411, 413; *Koebel* JZ **1966** 389).

30 **6. Der vom Täter verfolgte Zweck.** Nach h. M. muss die Wahrnehmung berechtigter Interessen der vom Täter verfolgte Zweck seines Handelns sein (BGHSt. **18** 182, 186; BGH bei Dallinger MDR **1953** 401; *Zaczyk* NK 46; *Wessels/Hettinger* BT I[28] 517). Dieser Auffassung wird entgegengehalten, dass es auch in Fällen des § 193 genügen müsse, wenn der Täter in Kenntnis der rechtfertigenden Sachlage handle. Das Prinzip des erlaubten Risikos begründe zwar eine besondere Pflicht zur Prüfung der Wahrheitsfrage (vgl. Rdn. 3, 21 bis 23), beschränke aber die Interessenwahrnehmung nicht auf absichtliches Handeln (*Lackner/Kühl*[25] 9; *Roxin* AT I[3] 18/48; *Rudolphi* SK 25; *Sch/Schröder/Lenckner*[26] 24). Auch nach h. M. wird durch eine **Motivbündelung** (damit ist gemeint, dass für den Täter auch nicht anerkennenswerte Interessen oder verwerfliche Beweggründe wie Hass, Rache, Wille zur Schädigung mitbestimmend waren) die Rechtfertigung nicht ausgeschlossen (z. B. RGSt. **61** 401; BGH NStZ **1987**

554; BayObLGSt. **1956** 13; OLG Köln NJW **1997** 1247; OLG Hamburg JR **1952** 203). Sie entfällt aber, wenn für den Täter der Zweck der Wahrnehmung berechtigter Interessen überhaupt keine Rolle gespielt hat (BGHSt. **18** 182, 187; BGHZ **39** 124, 128; BGH NJW **1977** 1288, 1289; RGSt. **36** 422, 423; **61** 401). Eine dritte Ansicht stellt das Erfordernis des subjektiven Rechtfertigungselements der auf Wahrnehmung berechtigter Interessen gerichteten Intention zwar nicht allgemein, aber doch für den Bereich des **Informationsinteresses** der Allgemeinheit in Frage. Entscheidend müsse sein, ob ein solches Interesse vorhanden gewesen sei und ob der Täter es in angemessener Weise wahrgenommen habe. Auf seine Absicht komme es nicht an. Halte man an ihr als einem subjektiven Tatbestandsmerkmal fest, dann führe das möglicherweise (bei der „seriösen" Presse) zu positiven oder (bei der „Skandalpresse") zu negativen, vereinfachenden Unterstellungen (*Dagtoglou* DÖV **1963** 636). Für das subjektive Rechtfertigungselement sprechen die besseren Gründe. Konstruktive Zwecke sind auf die Dauer nur die, welche in den Mitteln praeexistent sind. Das gilt auch für die Zwecke der Meinungsformung und der Information. Sie können nur praeexistent sein, wenn der Täter sie verwirklichen will. Ehrenrührige Äußerungen, die nur bei Gelegenheit einer Wahrnehmung berechtigter Interessen gemacht werden, weisen weder einen objektiven noch einen subjektiven Bezug zum Rechtfertigungsgrund auf (RGSt. **29** 54, 57; BayObLGSt. **1962** 48, 50; *Sch/Schröder/Lenckner* aaO).

7. Irrtümer des Täters. Nimmt der Täter irrtümlich die Voraussetzungen deskripti- **31**
ver oder normativer Merkmale des Rechtfertigungsgrunds der Wahrnehmung berechtigter Interessen an, liegt nach der eingeschränkten Schuldtheorie ein Erlaubnistatbestandsirrtum vor, der zwar den Vorsatz als Tatbestandsvorsatz unberührt lässt, aber den Vorsatz als Schuldform ausschließt (*Herdegen* BGH-Festschrift, S. 195, 206ff; *Sch/Schröder/Lenckner*[26] 24; *Tröndle/Fischer*[52] 42). Durch einen Irrtum kann ein Erlaubnistatbestand nicht über seine Grenzen hinaus ausgedehnt werden. Auf Grund seiner Vorstellungen kommt der Täter zu der Annahme, er nehme als Berechtigter ein berechtigtes und überwiegendes Interesse angemessen wahr. Trifft diese Annahme auf der Basis des Vorgestellten zu, bleibt das Rechtfertigungsbewusstsein innerhalb des Erlaubnistatbestands. Ein Irrtum in den Vorstellungen führt zum **Erlaubnistatbestandsirrtum**. Trifft die Annahme auf der Basis des Vorgestellten nicht zu, liegt ein **Subsumtionsirrtum** vor, der in aller Regel einen Verbotsirrtum bewirken wird (*Herdegen* aaO). Das bedeutet: Wenn sich der Täter über die Sachlage ein zutreffendes Bild macht, aber irrtümlich annimmt, sie rechtfertige seine ehrenrührige Tatsachenbehandlung oder sein ehrenrühriges Werturteil (hier und jetzt und in der Art der Kundgabe), dann wertet er falsch. Er befindet sich im Subsumtions(Verbots-)irrtum. Er kann sich z. B. über die Erforderlichkeit oder die Eignung seiner Äußerung zur Wahrnehmung berechtigter Interessen irren, er kann ein nur vermeintliches Interesse verfolgen (vgl. RGSt. **25** 355, 357) oder er kann einen Wertungsexzess begehen, also nicht im Rahmen dessen bleiben, was angemessen ist (OLG Hamm NJW **1982** 659, 661). Irrt der Täter über deskriptive oder normative Tatumstände (über die „Sachlage") und entnimmt er den vorgestellten Umständen die Berechtigung zum Handeln, dann befindet er sich im Erlaubnistatbestandsirrtum, wenn die Berechtigung zu bejahen wäre, falls die Vorstellungen der Realität entsprächen. Ein Erlaubnistatbestandsirrtum darf aber, wenn er zur Straflosigkeit des Täters führen soll, nicht darauf zurückzuführen sein, dass der Täter sorgfaltswidrig zur Klärung der Wahrheitsfrage zu wenig oder nicht das Gebotene getan hat (BayObLGSt. **1961** 46, 48; OLG Hamm NJW **1987** 1034, 1035; *Geppert* Jura **1985** 25, 30; *Schaffstein* NJW **1951** 691, 692; *Lackner/Kühl*[25] 10; *Tröndle/Fischer*[52] 42; **aA** *Rudolphi* SK 28; *Zaczyk* NK 47).

32 **VIII. Rügen, dienstliche Anzeigen, ähnliche Fälle.** „Vorhaltungen und Rügen der Vorgesetzten" haben ihren Platz vor allem in (beamten-)rechtlich geregelten Verhältnissen der Über- und Unterordnung. Zu den „ähnlichen Fällen", die unter dem Vorhalte- und Rügeaspekt Bedeutung erlangen können, gehören der Tadel und die Ermahnung des Lehrherrn und des Lehrers, vgl. auch Rdn. 1. Bei den „dienstlichen Anzeigen oder Urteilen eines Beamten" handelt es sich um Erklärungen, die er gemäß einer von ihm wahrzunehmenden öffentlich-rechtlichen Pflicht abgibt (BayObLG **20** 46, 48). Mit der Erwähnung der „ähnlichen Fälle" ermächtigt das Gesetz zur analogen Anwendung der einzelnen Kategorien des § 193. Beispiele sind in Rdn. 14 und 16 genannt.

33 **IX.** Eine **Formalbeleidigung** i.S.v. § 193 liegt nicht vor, wenn eine Beleidigung bei Gelegenheit einer Interessenwahrnehmung begangen wird (vgl. RGSt. **29** 54, 57; **33** 50, 53). Eine solche Beleidigung wird unmittelbar von § 185 erfasst. Mit den Schlussworten des § 193 ist ein für eine angemessene Interessenwahrnehmung nicht erforderliches Plus an Herabsetzung gemeint, das sich aus der **Form** (der Ausdrucksweise, nicht dem sachlichen Gehalt einer Äußerung, dem „Gewand, in das sie gekleidet wurde") oder den begleitenden (situativen, temporalen, lokalen, personalen) **Umständen** (vgl. RGSt. **21** 157, 158f; **34** 80; **40** 317, 318; **44** 111, 113; RG HRR **1941** 164; BayObLGSt. **1961** 46, 49) ergibt. Es kann sein, dass die überschießende negative Wertung nur für einen Teil von dem, was der Täter sagt, gilt (RGSt. **21** 254; RG DJ **1936** 1269). Der Richter muss erörtern, wie der Täter (von seinem Standpunkt aus) das, was er zur Interessenwahrnehmung sagen wollte und sagen durfte, in der ihm zu Gebote stehenden Redeweise ohne inhaltliche Einbuße hätte ausdrücken sollen und ausdrücken können (BGHZ **70** 1, 5f; RGSt. **40** 317, 318; **44** 111, 114; RG HRR **1941** 164; OLG Frankfurt NJW **1977** 1353, 1354; *Herdegen* Anm. zu BGHZ **70** 1 in LM DRiG Nr. 15 zu § 26). Von einer Formalbeleidigung kann nicht gesprochen werden, wenn die Ausdrucksweise für den Sinngehalt der Äußerung notwendig ist, wenn der zu äußernde Gedanke eine „Einkleidung" findet, ohne welche er nicht so vermittelt wird, wie er vermittelt werden soll. Die nicht unangemessene Wertung ehrenrühriger Tatsachen enthält kein exzessives Mehr an Ehrherabsetzung, sondern erst der **Wertungsexzess** (vgl. BayObLG NStZ **1983** 126, 127; **1983** 265, 266; OLG Frankfurt NJW **1977** 1353, 1354; OLG Hamm NJW **1982** 659, 661). Es kann auf Grund der die rechtliche Würdigung bestimmenden Umstände des Falles nicht zu beanstanden sein, dass der Täter den Angegriffenen einen „Kurpfuscher" nennt (RG JW **1933** 2045), dass ein Politiker als „zwiespältiger Charakter" bezeichnet (BGHSt. **12** 287, 293) oder eine Wochenschrift als „eine Gattung von Publizistik, die auf dem Gebiet der Politik das ist, was die Pornographie auf dem Gebiet der Moral" (BVerfGE **12** 113, 118, 132), abgestempelt wird. Der politische Tageskampf und der Vorgang der Bildung der öffentlichen Meinung kommen ohne überspitzte, scharfe, schlagwortartige Formulierung nicht aus (vgl. Rdn. 25 bis 27). Die noch zulässige Niveauhöhe lässt sich nicht exakt bestimmen. Das verwerfliche Werturteil lebt vor allem von der Verzerrung der Tatsachen. Ihrer Enthüllung muss in erster Linie die Aufmerksamkeit des Richters gelten. Für Fälle der einfachen Beleidigung durch Werturteil (§ 185) spielen die den Tatbestand der Formalbeleidigung umschreibenden Schlussworte des § 193 keine Rolle. Eine einfache Beleidigung, die als Akt der Wahrnehmung berechtigter Interessen anzusehen ist, kann keine Formalbeleidigung mehr sein (vgl. OLG Hamm GA **1974** 62, 63). Gesichtspunkte, die für eine Formalbeleidigung in Betracht kommen, können allerdings verhindern, dass eine einfache Beleidigung als Akt der Wahrnehmung berechtigter Interessen, als erlaubtes „tadelndes Urteil" oder als bloße „Rüge" eines Vorgesetzten akzeptiert werden kann.

Es liegen dann die Voraussetzungen des § 193 schon an sich nicht vor (*Graul* NStZ **1991** 457, 461; *Sch/Schröder/Lenckner*[26] 26). Im Falle einer Formalbeleidigung i. S. v. § 193 kommt nur Bestrafung nach § 185 in Betracht. Denn lediglich diese Beleidigung, das Plus an Ehrherabsetzung, ist strafbar (*Sch/Schröder/Lenckner*[26] 26; *Tröndle/Fischer*[52] 43; **aA** *Zaczyk* NK 49; RG JW **1936** 3461 Nr. 31). Hingewiesen wird auf § 192 Rdn. 1 bis 6. Das dort Gesagte gilt auch hier.

X. Beteiligung mehrerer. Ist eine Beleidigung nach § 193 gerechtfertigt, so ist strafbare Teilnahme an ihr ausgeschlossen. Es fehlt an einer Haupttat (RGSt. **64** 23, 24; BayObLGSt. **1962** 93, 94). Im Falle mittelbarer Täterschaft (vgl. RG aaO; OLG Celle NJW **1961** 231) kommt es darauf an, ob die nach § 193 rechtfertigenden Voraussetzungen beim Täter vorliegen. Bei mehreren Tätern kann die Frage rechtmäßigen Handelns verschieden zu beantworten sein (vgl. RGSt. **64** 134, 135; BayObLG aaO). 34

§ 194
Strafantrag

(1) Die Beleidigung wird nur auf Antrag verfolgt. Ist die Tat durch Verbreiten oder öffentliches Zugänglichmachen einer Schrift (§ 11 Abs. 3), in einer Versammlung oder durch eine Darbietung im Rundfunk begangen, so ist ein Antrag nicht erforderlich, wenn der Verletzte als Angehöriger einer Gruppe unter der nationalsozialistischen oder einer anderen Gewalt- und Willkürherrschaft verfolgt wurde, diese Gruppe Teil der Bevölkerung ist und die Beleidigung mit dieser Verfolgung zusammenhängt. Die Tat kann jedoch nicht von Amts wegen verfolgt werden, wenn der Verletzte widerspricht. Der Widerspruch kann nicht zurückgenommen werden. Stirbt der Verletzte, so gehen das Antragsrecht und das Widerspruchsrecht auf die in § 77 Abs. 2 bezeichneten Angehörigen über.

(2) Ist das Andenken eines Verstorbenen verunglimpft, so steht das Antragsrecht den in § 77 Abs. 2 bezeichneten Angehörigen zu. Ist die Tat durch Verbreiten oder öffentliches Zugänglichmachen einer Schrift (§ 11 Abs. 3), in einer Versammlung oder durch eine Darbietung im Rundfunk begangen, so ist ein Antrag nicht erforderlich, wenn der Verstorbene sein Leben als Opfer der nationalsozialistischen oder einer anderen Gewalt- und Willkürherrschaft verloren hat und die Verunglimpfung damit zusammenhängt. Die Tat kann jedoch nicht von Amts wegen verfolgt werden, wenn ein Antragsberechtigter der Verfolgung widerspricht. Der Widerspruch kann nicht zurückgenommen werden.

(3) Ist die Beleidigung gegen einen Amtsträger, einen für den öffentlichen Dienst besonders Verpflichteten oder einen Soldaten der Bundeswehr während der Ausübung seines Dienstes oder in Beziehung auf seinen Dienst begangen, so wird sie auch auf Antrag des Dienstvorgesetzten verfolgt. Richtet sich die Tat gegen eine Behörde oder eine sonstige Stelle, die Aufgaben der öffentlichen Verwaltung wahrnimmt, so wird sie auf Antrag des Behördenleiters oder des Leiters der aufsichtführenden Behörde verfolgt. Dasselbe gilt für Träger von Ämtern und für Behörden der Kirchen und anderen Religionsgesellschaften des öffentlichen Rechts.

(4) Richtet sich die Tat gegen ein Gesetzgebungsorgan des Bundes oder eines Landes oder eine andere politische Körperschaft im räumlichen Geltungsbereich dieses Gesetzes, so wird sie nur mit Ermächtigung der betroffenen Körperschaft verfolgt.

Schrifttum

Bertram Noch einmal: Die „Auschwitzlüge" (usw.), NJW **1994** 2397; *Fischer* Sind Behörden beleidigungsfähig?, JZ **1990** 68; *Köhler* Zur Frage der Strafbarkeit des Leugnens von Völkermordtaten, NJW **1985** 2389; *Ostendorf* Die strafrechtliche Verfolgung der „Auschwitzlüge", NJW **1985** 1062; *Vogelsang* Die Neuregelung der sog. „Auschwitzlüge" (usw.), NJW **1985** 2386; *Wehinger* Kollektivbeleidigung – Volksverhetzung (1994).

Weitere Angaben bei §§ 130, 131.

1 **I. Bemerkungen zur Entstehungsgeschichte und zur jüngsten Fassung.** § 194 enthielt ursprünglich nur zwei Sätze: „Die Verfolgung einer Beleidigung tritt nur auf Antrag ein. Die Zurücknahme des Antrags … ist zulässig." Durch Art. 19 Nr. 82 EGStGB ist die Vorschrift erweitert, die Materie, die Gegenstand des § 189 Abs. 2 und Abs. 3 und der §§ 196, 197 war (Bestimmungen, die durch Art. 19 Nr. 79 und Nr. 83 EGStGB gestrichen oder aufgehoben wurden), ist einbezogen worden. Seine jetzige Fassung hat § 194 durch das 21. StÄG v. 13.6.1985 (BGBl. I S. 965) erhalten. Der Gesetzgeber hat in Abs. 1 S. 2 bis 5 und in Abs. 2 S. 2 bis 4 eine Regelung getroffen, die es ermöglichen soll, „dem Leugnen des unter der Herrschaft des Nationalsozialismus oder einer anderen Gewalt- oder Willkürherrschaft begangenen Unrechts strafrechtlich zu begegnen" (BTDrucks. 10/3242 S. 8). Gemeint war vor allem die „Auschwitzlüge", besser „Auschwitzleugnung", also die Leugung des fabrikmäßig durchgeführten Massenmordes an Juden in der Zeit des „Dritten Reiches" (umfassend *Wehinger* Kollektivbeleidigung – Volksverhetzung [1994]). Die Regelung hat **verfahrensrechtlichen** Charakter und beruht auf der Annahme, dass nach geltendem Recht ein solches Leugnen als Beleidigung derjenigen anzusehen ist, die Betroffene des Unrechts sind. Von dieser Annahme kann jedoch nicht ohne weiteres ausgegangen werden. Nach materiellem Recht ist das Absprechen (Leugnen) eines besonders schweren Schicksals (es mag die Folge von Not, Krankheit, höherer Gewalt in irgendeiner Form oder von Verfolgung durch irdische Machthaber sein) nur unter erheblichen begrifflichen Verwerfungen als Beleidigung zu erfassen (§ 185 Rdn. 27; *Sch/Schröder/Lenckner*[26] Rdn. 3), weil durch ein solches Absprechen weder die sittliche Integrität des Betroffenen in Frage gestellt, noch ihm eine elementare menschliche Unzulänglichkeit nachgesagt wird. Auch das äußere Ansehen der Betroffenen wird durch ein solches Absprechen nicht berührt. Die zivilrechtliche Judikatur mag das mit Hilfe der Argumentationsmöglichkeiten, die das allgemeine Persönlichkeitsrecht bietet, anders sehen (vgl. BGHZ **75** 160ff). Die zweite materiellrechtliche Hürde, die durch die verfahrensrechtliche Lösung nicht aus dem Weg geräumt worden ist, ergibt sich aus den Grundsätzen, die für Beleidigungen unter einer Kollektivbezeichnung gelten: Es ist bei richtigem Verständnis von verbal weitgreifenden **Kollektivurteilen** kaum möglich, im Leugnen des durch Verfolgung auferlegten Schicksals einer Bevölkerungsgruppe eine Beleidigung **aller** ihrer Mitglieder zu sehen (Vor § 185 Rdn. 28 bis 32). In der politisch gut gemeinten, dogmatisch jedoch problematischen Ausweitung des § 194 liegt deshalb keine beifallswürdige Leistung des Gesetzgebers (vgl. auch *Sch/Schröder/Lenckner*[26] 1). Um die Leugnung des Massenmordes an Juden im „Dritten Reich" strafrechtlich zu erfassen (wofür gute Gründe sprechen), wäre es besser gewesen, eine neue Strafnorm zu formulieren.

2 **II. Strafantrag.** Die Vorschrift des § 194 Abs. 1 S. 1 bezieht sich auf alle Delikte, die der 14. Abschnitt umschreibt. Zu ihrer Verfolgung ist ein Strafantrag erforderlich, wenn nicht eine der in Abs. 1 S. 2 und in Abs. 2 S. 2 statuierten Ausnahmen vorliegt oder an die Stelle des Antrags die Ermächtigung (Abs. 4) tritt. Der Antrag kann nicht analog § 230 Abs. 1 durch eine Entscheidung der StA ersetzt werden (BGHSt. **7** 256;

krit. *Günther* Lüderssen-FS, S. 195, 215). Auch die Erfordernisse der Ausnahmen sind **Prozessvoraussetzungen.** Sind sie nicht erfüllt und fehlt auch ein Strafantrag, muss das Verfahren eingestellt werden (*Sch/Schröder/Lenckner*[26] 2). Er kann vor Fristablauf auch noch in der Revisionsinstanz gestellt werden (BGHSt. **3** 73, 74; **6** 155, 157; RGSt. **68** 120, 124). Antragsberechtigt ist grundsätzlich der Verletzte, also der Beleidigte (§ 77 Abs. 1; BGHSt. **31** 207, 210). Durchbrechungen dieses Grundsatzes ergeben sich aus Abs. 3. Sind mehrere unter einer **Kollektivbezeichnung** beleidigt worden, kann jeder der Betroffenen den Strafantrag nur für sich selbst stellen (OLG Frankfurt JR **1991** 390 mit Anm. *Hilger*), für andere nur, wenn er zu ihrer Vertretung in der Erklärung (RGSt. **21** 231, 233) oder auch in der Willenskonkretisierung (vgl. BGHSt. **9** 149, 152) bevollmächtigt ist (RGSt. **23** 246, 248; **68** 120, 124; BGH aaO 151; *Sch/Schröder/Lenckner*[26] 3). Infolgedessen kann der Vorstand eines Vereins Strafantrag wegen Beleidigung eines Vereinsmitglieds nur als dessen Bevollmächtigter stellen, nicht schon deshalb, weil er nach der Satzung die Standesinteressen der Mitglieder wahrnehmen soll (RGSt. **37** 37, 38). Für den Geschäftsunfähigen oder in der Geschäftsfähigkeit Beschränkten trifft § 77 Abs. 3 die erforderliche Regelung. Ein bloßer Interessengegensatz zum Vertretenen beseitigt das Antragsrecht des nach dieser Vorschrift zur Antragstellung Berufenen nicht (BGHSt. **6** 155, 157). Wenn man annimmt, dass nicht nur Behörden (vgl. Abs. 3) und politische Körperschaften (vgl. Abs. 4), sondern alle Personengemeinschaften, die eine rechtlich anerkannte soziale Funktion erfüllen und einen einheitlichen Willen bilden können, beleidigungsfähig sind (vgl. dazu Vor § 185 Rdn. 25), dann muss man in Fällen der Beleidigung einer solchen Gemeinschaft das vertretungsberechtigte Organ als strafantragsberechtigt ansehen (BGHSt. **6** 186, 187), allerdings nur für das Kollektivgebilde als solches, nicht für einzelne Mitglieder, die persönlich beleidigt worden sind (vgl. RGSt. **40** 164, 185f; **47** 63, 64; KG JR **1980** 290). Ist das Andenken eines Verstorbenen verunglimpft, steht das Antragsrecht den in § 77 Abs. 2 bezeichneten Angehörigen in der in dieser Vorschrift festgelegten Reihenfolge zu (Abs. 2 S. 1). Der überlebende Ehegatte verliert das Antragsrecht nicht dadurch, dass er wieder heiratet. War die Ehe im Zeitpunkt des Todes bereits aufgelöst, erlangt der überlebende Ehegatte kein Antragsrecht (*Sch/Schröder/Lenckner*[26] 9).

Die Erhebung der öffentlichen Klage (§ 376 StPO) hindert nicht die **Zurücknahme** 3
des Strafantrags (die in § 77 d geregelt ist). Durch Verzeihung oder durch Erklärung des Verzichts auf Strafverfolgung gegenüber dem Täter geht das Antragsrecht nicht verloren, wohl aber durch eine Verzichtserklärung gegenüber der mit der Strafverfolgung befassten Behörde (RGSt. **14** 202, 204; **76** 345, 346). Zur **Stellvertretung** bei der Rücknahme und zur Rücknahme unter der Bedingung, dass dem Beleidigten keine Kosten zur Last fallen, vgl. BGHSt. **9** 149, 152 ff. In der Reihenfolge, die sich aus § 77 Abs. 2 ergibt, geht das Strafantragsrecht auf Angehörige über, wenn der Verletzte nach der Tat gestorben ist. Es geht nicht über, wenn der Verletzte wirksam auf Strafverfolgung verzichtet hat oder die Strafverfolgung dem auf andere Weise erklärten Willen des Verstorbenen widerspricht (§ 77 Abs. 2 S. 4).

III. Strafverfolgung von Amts wegen in Fällen des Abs. 1 S. 2

1. Trotz der Strafverfolgung von Amts wegen, die Abs. 1 S. 2 ermöglicht, bleibt die 4
Tat **Privatklagedelikt** (§ 374 Abs. 1 Nr. 2 StPO). Die materielle Rechtslage ist durch die Vorschrift nicht verändert worden (Rdn. 1). Vom Antragserfordernis sind Beleidigungen mit Breitenwirkung ausgenommen worden. Doch werden öffentliche münd-

liche Äußerungen nur zum Teil erfasst, weil die Tat durch Verbreiten oder öffentliches Zugänglichmachen einer Schrift, in einer Versammlung oder durch eine Darbietung im Rundfunk begangen sein muss. Den **Schriften** stehen Ton- und Bildträger, Datenspeicher, Abbildungen und andere Darstellungen gleich (§ 11 Abs. 3). Zum Merkmal des Verbreitens vgl. § 186 Rdn. 14. Das Merkmal des Zugänglichmachens umfasst namentlich das Ausstellen, Anschlagen und Vorführen (BTDrucks. 10/3242 S. 10). Um ein öffentliches Zugänglichmachen handelt es sich, wenn die Schrift durch einen nach Zahl und Zusammensetzung der Personen unbestimmten Kreis oder durch einen nicht durch eine spezifische Beziehung verbundenen größeren, wenn auch bestimmten Personenkreis wahrgenommen werden kann (§ 186 Rdn. 13). Eine **Versammlung** ist das Zusammensein einer größeren Anzahl von Personen zu einem bestimmten Zweck (RGSt. **21** 71, 75; OLG Düsseldorf JR **1982** 299, 300). **Darbietungen** im Rundfunk sind nicht nur Direktsendungen (Live-Sendungen), sondern auch Ausstrahlungen von Aufzeichnungen.

5 **2.** Der Verletzte selbst muss auf Grund seiner Gruppenzugehörigkeit unter der nationalsozialistischen oder einer anderen Gewalt- und Willkürherrschaft verfolgt worden sein. Es genügt nicht, dass er ein Nachkomme von Verfolgten ist (*Sch/Schröder/Lenckner*[26] 5; *Tröndle/Fischer*[52] 17; anders BVerfGE **90** 241, 251; NJW **1993** 916, 917; BGHZ **75** 160, 166; OLG Celle NJW **1982** 1545 zur Beleidigung der heute in Deutschland lebenden Juden durch Leugnen der NS-Judenmorde). In seiner Eigenschaft als Gruppenangehöriger kann der Verletzte nur verfolgt worden sein, wenn die Gruppe insgesamt Verfolgungen ausgesetzt war. § 6 Abs. 1 VStGB zählt bestimmte Gruppen auf. § 194 Abs. 1 S. 2 nimmt eine solche Beschränkung nicht vor. Die Vorschrift bezieht auch politische, wirtschaftliche, gesellschaftliche Gruppen und Gruppen des Widerstands ein. Unter einer **Gruppe** ist eine Mehrzahl von Personen zu verstehen, die gemeinsame Attribute haben, durch welche sie sich von der übrigen Bevölkerung abheben und durch die sie sich (im Sinne eines Wir-Bewusstseins) verbunden wissen (ähnlich *Sch/Schröder/Lenckner*[26] 5). Die ausdrückliche Erwähnung der nationalsozialistischen Gewalt- und Willkürherrschaft verdeutlicht nicht nur den Schwerpunkt der Bestimmung, sondern auch, dass es im Übrigen um ihr „ebenbürtige“ Herrschaftssysteme geht, um Systeme der Macht, die sich über elementare Menschenrechte hinwegsetzen (*Sch/Schröder/Lenckner* aaO). **Verfolgungen** sind Akte des Unrechts von erheblicher Intensität (wie physische Quälereien oder Liquidation, KZ-Haft, Ausweisung, Absonderung, Verschleppung, schwere Diskriminierung, Entzug materieller oder seelischer Lebensgrundlagen).

6 **3.** Das Erfordernis, dass die Gruppe, als deren Mitglied der Verletzte verfolgt wurde, **„Teil der Bevölkerung“** sein muss, soll den Anwendungsbereich von Abs. 1 S. 2 begrenzen: Noch zur Zeit der Tat muss die Gruppe existent sein. Das ist nicht der Fall, wenn die Gruppenmerkmale verlorengegangen sind, das Wir-Bewusstsein erloschen ist. Von einem „Teil“ der Bevölkerung (des Inlands) kann nicht die Rede sein, wenn die einstmals verfolgte Gruppe nur noch wenige Mitglieder zählt (*Sch/Schröder/Lenckner*[26] 5 a).

7 **4.** Die Beleidigung muss mit der Verfolgung zusammenhängen. Ein **Zusammenhang** besteht, wenn die Verfolgung für den Täter motivatorisch eine Rolle spielte oder sein Bezugspunkt war. Das braucht im Wortlaut seiner Äußerung nicht zum Ausdruck zu kommen. Es genügt, wenn der Zusammenhang aus den Umständen, welche den Sinngehalt der Kundgabe mitbestimmen, erkennbar wird. Ein Zusammenhang besteht auch, wenn es nicht um Verfolgungsmaßnahmen und ihre Auswirkungen für

den Betroffenen, sondern um die Gründe der Verfolgung geht. Der Täter muss sich des Zusammenhangs bewusst sein (*Sch/Schröder/Lenckner*[23] 6).

5. Hat der Verletzte kein Interesse an einem Strafverfahren gegen den Täter, kann er der Verfolgung von Amts wegen widersprechen (Abs. 1 S. 3). Der **Widerspruch** ist eine Prozesshandlung, die nicht zurückgenommen werden kann (Abs. 1 S. 4). Sie umfasst den Verzicht auf das Antragsrecht. Infolgedessen ergibt sich aus dem Widerspruch ein definitives **Prozesshindernis**. Der Widerspruch kann formlos erklärt und auf das Verfahren gegen einen von mehreren Tätern beschränkt werden. Er ist bedingungsfeindlich und ist bis zum rechtskräftigen Abschluss des Verfahrens möglich. Widerspricht nur einer von mehreren Verletzten, ist das Verfahren fortzuführen. Das den Widersprechenden betreffende Tatgeschehen bleibt außer Betracht (*Sch/Schröder/Lenckner*[26] 6a). Ist der Verletzte nach der Tat verstorben, geht das Widerspruchsrecht in der Reihenfolge, die § 77 Abs. 2 festlegt, auf die Angehörigen über (Abs. 1 S. 4). Mehrere Angehörige gleichen Ranges können das Recht nur gemeinsam ausüben (§ 77d Abs. 2 S. 2 analog). Ein Übergang ist ausgeschlossen, wenn die Nichtverfolgung dem erklärten Willen des Verletzten widerspricht (§ 77 Abs. 2 S. 4 analog). 8

IV. Strafverfolgung von Amts wegen in Fällen des Abs. 2 S. 2. Auch die **Verunglimpfung** des Andenkens Verstorbener ist grundsätzlich Antragsdelikt (Abs. 1 S. 1, Abs. 2 S. 1; Rdn. 2). Eines Strafantrags bedarf es jedoch nicht, wenn die Verunglimpfung (§ 189 Rdn. 3) durch Verbreiten oder öffentliches Zugänglichmachen einer Schrift, in einer Versammlung oder durch eine Darbietung im Rundfunk (vgl. Rdn. 4) begangen wurde, der Verstorbene sein Leben als Opfer der nationalsozialistischen oder einer anderen Gewalt- und Willkürherrschaft (Rdn. 5) verloren hat – das ist auch dann der Fall, wenn sein Tod die **mittelbare** Folge erlittener Verfolgung war (sie kann z. B. zum Freitod des Verfolgten geführt oder die physische Ursache für den Tod nach Beendigung der Gewaltherrschaft gesetzt haben; vgl. *Rudolphi* SK 13; *Schafheutle* JZ **1960** 474; *Sch/Schröder/Lenckner*[26] 9a) – und wenn die Verunglimpfung damit zusammenhängt (Rdn. 7). Widerspricht auch nur ein Antragsberechtigter, ist die Verfolgung von Amts wegen ausgeschlossen (Abs. 2 S. 3). 9

V. Strafantrag des Dienstvorgesetzten

1. Das Antragsrecht, das Abs. 3 S. 1 dem Dienstvorgesetzten einräumt, ist ein **selbständiges**, im öffentlichen Interesse gewährtes Recht. Es ermöglicht dem Berechtigten, das durch die Tat (möglicherweise) mittelbar betroffene Ansehen der Behörde zu wahren, Aufklärungsinteressen und der Fürsorgepflicht Rechnung zu tragen (BGHSt. **7** 256, 260; RGSt. **27** 179; **67** 49; **74** 313). Im Hinblick auf das Kostenrisiko des Privatklägers (vgl. § 471 Abs. 2 StPO) ist das Strafantragsrecht des Dienstvorgesetzten auch von materieller Bedeutung. Es ist unabhängig davon, ob der Beleidigte selbst Strafantrag stellt oder ob er den gestellten Antrag zurücknimmt. Das Antragsrecht des Beleidigten muss aber zur Entstehung gelangt sein (RG JW **1932** 3267, 3268). Wenn der Dienstvorgesetzte Strafantrag stellt, erübrigt sich nicht die Prüfung des öffentlichen Interesses an der Strafverfolgung (§ 376 StPO). Wird das öffentliche Interesse verneint, hat der Dienstvorgesetzte ein selbständiges Privatklagerecht (§ 374 Abs. 2 S. 2 StPO). Der Beleidigte muss ein Amtsträger (§ 11 Abs. 1 Nr. 2), ein für den öffentlichen Dienst besonders Verpflichteter (§ 11 Abs. 1 Nr. 4) oder ein Soldat der Bundeswehr sein. Gleichgestellt sind Angehörige der NATO-Stationierungstruppen in der Bundesrepublik (Art. 7 Abs. 2 Nr. 9 des 4. StÄG). Der Amtsträger, besonders Ver- 10 pflichtete oder Soldat muss zur Tatzeit noch im Dienst stehen (RGSt. **13** 95; **27** 193). Ist das Antragsrecht des Dienstvorgesetzten einmal entstanden, erlischt es nicht durch den Tod oder das Ausscheiden des Beleidigten aus dem Dienst. Antragsberechtigt ist derjenige Dienstvorgesetzte, dem der Betroffene zur Zeit der Tat unterstellt war (§ 77a Abs. 1). **Dienstvorgesetzter** ist, wer in einem durch Bundes- oder Landesrecht organisatorisch festgelegten Verhältnis der Über- und Unterordnung das Recht und die Pflicht zur Aufsicht über das dienstliche Verhalten des Beleidigten hat und kraft seiner Kompetenz zur Entscheidung der Frage, ob das öffentliche Interesse die Strafverfolgung gebietet, berufen erscheint (RGSt. **59** 134; BayObLGSt. **1956** 227). Berufsrichter haben keinen Dienstvorgesetzten im beamtenrechtlichen Sinn. An seine Stelle tritt, wer die Dienstaufsicht über die Richter führt. Bei Soldaten ist Dienstvorgesetzter der Disziplinarvorgesetzte (§ 77a Abs. 1). Neben dem unmittelbaren Dienstvorgesetzten hat stets auch der mittelbare höhere Vorgesetzte ein selbständiges Antragsrecht (RGSt. **46** 203; BayObLG aaO 230). Der Verletzte, der selbst nicht rechtzeitig Strafantrag gestellt hat, kann sich nicht als Nebenkläger der öffentlichen Klage anschließen, der ein Strafantrag des Dienstvorgesetzten zugrunde liegt (BayObLGSt. **1964** 154).

11 **2.** Das Antragsrecht des Dienstvorgesetzten (und des mittelbaren höheren Vorgesetzten) kommt nur in Fällen in Betracht, in denen die Beleidigung eines Amtsträgers, eines besonders Verpflichteten oder eines Soldaten während der **Ausübung** seines Dienstes oder in **Beziehung** auf seinen Dienst begangen wird. Die erste Alternative setzt voraus, dass die Beleidigung mit der Dienstverrichtung zeitlich zusammentrifft und zu ihr in einer örtlichen Beziehung steht. Es ist aber nicht erforderlich, dass der Täter während der Dienstausübung örtlich und zeitlich zugegen ist (RGSt. **76** 366, 368). Es kommt nicht darauf an, ob die dienstliche Verrichtung rechtmäßig ausgeübt wird (RGSt. **3** 185, 189). Die erste Alternative wird auch verwirklicht, wenn eine schriftliche Beleidigung den Betroffenen in seiner Dienststelle erreicht. Denn eine schriftliche Beleidigung ist auch dort begangen, wo sie dem Beleidigten zugeht (RGSt. **76** 366, 368). Die selbständige Gutachtertätigkeit eines Hochschullehrers wird nicht dadurch zu einer Ausübung des Haupt- oder Nebenamts, dass sie mit seinen Lehr- oder Forschungsaufgaben in einem fachlichen Zusammenhang steht (BayObLG JZ **1978** 482; vgl. auch RGSt. **32** 276). Die zweite Alternative liegt vor, wenn die ehrenrührige Äußerung die dienstliche Tätigkeit oder die dienstliche Stellung erkennbar zum Gegenstand hat oder wenn ein sonstiger erkennbarer Zusammenhang zur Tätigkeit oder Stellung hergestellt wird (RGSt. **12** 49, 52; **39** 361; **66** 128; BayObLG aaO). Betrifft ein ehrenrühriger Vorwurf **außerdienstliches** Verhalten, so ist die Beleidigung in Beziehung auf den Dienst des Betroffenen begangen, wenn das Verhalten mit der dienstlichen Stellung oder Tätigkeit im Zusammenhang steht oder in Zusammenhang gebracht wird (RGSt. **12** 49, 52; **12** 267, 269). Das ist namentlich der Fall, wenn der Vorwurf dahin geht, dass der Beleidigte sich seiner Stellung unwürdig erwiesen habe (RGSt. **3** 244; **21** 340; **44** 191; **76** 366, 369). Wird ein Zusammenhang nicht hergestellt, dann genügt es nicht, dass dem Betroffenen ein Verhalten nachgesagt wird, das ihn, träfe es zu, als amtsunwürdig erscheinen ließe (RGSt. **12** 267, 269; *Sch/Schröder/Lenckner*[26] 14). Allerdings ist die Beziehung der Beleidigung auf den Dienst kein Tatbestandsmerkmal. Infolgedessen reicht es aus, wenn die ehrenrührige Äußerung nach ihrem objektiven Sinngehalt den Zusammenhang impliziert (RGSt. **76** 366, 369; **aA** *Tröndle/Fischer*[52] 7).

12 **VI. Beleidigung einer Behörde.** Richtet sich eine Beleidigung gegen eine Behörde oder eine sonstige Stelle, die Aufgaben der öffentlichen Verwaltung wahrnimmt, so

wird sie auf Antrag des Behördenleiters oder des Leiters der aufsichtsführenden Behörde verfolgt (Abs. 3 S. 2). Zum Begriff der **Behörde** vgl. § 11 Rdn. 99 und § 164 Rdn. 23, 24. Die (als Person gedachte) Behörde muss beleidigt sein. Aus ihrer Beleidigung kann nicht ohne weiteres auf eine Beleidigung auch (einzelner oder aller) ihrer Bediensteten geschlossen werden. Eine Beleidigung, die gegen Behördenangehörige gerichtet ist (sie mag einzelne, eine Mehrheit oder alle betreffen), ist nicht ohne weiteres eine Beleidigung auch der Behörde (RGSt. **4** 75, 76; **4** 264, 266; **7** 404, 408; **41** 168, 170; **47** 63, 64). Den Behörden und sonstigen Stellen, die Aufgaben der öffentlichen Verwaltung wahrnehmen (dazu gehören z. B. Krankenkassen und Berufsgenossenschaften), sind Behörden der Kirchen und der anderen Religionsgesellschaften des öffentlichen Rechts gleichgestellt (Abs. 3 S. 3). Aus Art. 7 Abs. 2 Nr. 9 des 4. StÄG ergibt sich die Gleichstellung von Dienststellen der in der Bundesrepublik stationierten NATO-Truppen.

VII. Beleidigung einer politischen Körperschaft. Wenn eine Beleidigung gegen ein Gesetzgebungsorgan oder eine andere politische Körperschaft im Geltungsbereich des Gesetzes begangen wird, tritt die **Ermächtigung** zur Strafverfolgung als Verfahrensvoraussetzung an die Stelle des Strafantrags (Abs. 4). Eine politische Körperschaft ist eine öffentlich-rechtliche Institution, die, ohne Behörde zu sein (RGSt. **7** 382, 384), berufen ist, staatliche Zwecke zu verwirklichen oder zu fördern (vgl. RGSt. **33** 66; **69** 145; OLG Düsseldorf **1966** 1235). Zu den politischen Körperschaften gehören z. B. Parlamente, Kreistage, Stadt- und Gemeinderäte, Stadtverordnetenversammlungen (RGSt. **40** 184, 185; **41** 168, 170), nicht aber Teile einer politischen Körperschaft (z. B. eine Parlaments- oder eine Rathausfraktion). Politische Parteien sind keine politischen Körperschaften i. S. v. Abs. 4 (OLG Düsseldorf aaO; *Sch/Schröder/Lenckner*[26] 18). Die Beleidigung muss gegen die Körperschaft als solche gerichtet sein (RGSt. **40** 184, 185; **41** 168, 170; **47** 63, 64; KG JR **1980** 290). Das ist z. B. der Fall, wenn ehrenrührige Äußerungen ihre Tätigkeit, ihre Entstehung, ihr Vorhandensein oder ihre Zusammensetzung betreffen (vgl. RGSt. **41** 168, 170; **47** 63, 64). Die Beleidigung der Körperschaft hängt nicht davon ab, dass auch jedes ihrer Mitglieder beleidigt worden ist. Die gegen Mitglieder gerichtete Beleidigung kann zugleich eine Beleidigung der Körperschaft sein (RG aaO). **13**

Die **Ermächtigung** ist nichts anderes als die formwirksame Erklärung, dass der Wille der Körperschaft der Strafverfolgung nicht entgegensteht (RGSt. **41** 168, 171). Die Strafverfolgungsbehörde hat von Amts wegen der beleidigten Körperschaft Gelegenheit zur Erklärung der Ermächtigung zu geben (Nr. 229 Abs. 3 S. 3 RiStBV). Die Ermächtigung muss von der Körperschaft selbst erteilt werden. Ein Ausschuss kann sie nur erteilen, wenn er dazu die Befugnis ausdrücklich erhalten hat. In der die Ermächtigung betreffenden Beschlussfassung liegt in aller Regel **kein** Strafantrag einzelner Mitglieder der Körperschaft (RGSt. **40** 184, 186; **41** 168, 171f; KG JR **1980** 290). Politische Körperschaften sind ständige, vom Wechsel ihrer Mitglieder unabhängige Institutionen. Es ist deshalb ohne Bedeutung, wenn sie im Zeitpunkt der Erklärung der Ermächtigung anders zusammengesetzt sind als zur Zeit der Tat (RGSt. **7** 382, 386). Das gilt auch für den Fall der Auflösung und Neukonstituierung. Die Ermächtigungsbefugnis einer Einzelperson geht jedoch nicht auf den Amtsnachfolger über (BGHSt. **29** 282, 283). In Fällen der Ermächtigung gelten die Vorschriften der §§77 und 77d entsprechend (§ 77e). Daraus folgt, dass die Ermächtigung (wie der Strafantrag) sachlich und persönlich teilbar ist und dass sie zurückgenommen werden kann. Die Ermächtigung ist jedoch nicht fristgebunden. **14**

§ 195

Aufgehoben durch das 3. StÄG v. 4. 8. 1953 (BGBl. I S. 735).

§ 196 bis 198

Aufgehoben durch Art. 19 Nr. 83 EGStGB. Vgl. jetzt § 194 Abs. 3 und 4 sowie § 77c.

§ 199

Wechselseitig begangene Beleidigungen

Wenn eine Beleidigung auf der Stelle erwidert wird, so kann der Richter beide Beleidiger oder einen derselben für straffrei erklären.

Schrifttum

Baumann Die Beweislast bei § 199 StGB, NJW **1958** 452; *Kargl* Beleidigung und Retorsion, Festschrift für E. A. Wolff (1998) 189; *Kern* Grade der Rechtswidrigkeit, ZStW **64** (1952) 255; *Kiehl* Strafrechtliche Toleranz wechselseitiger Ehrverletzungen (1986); *Küper* Zur irrigen Annahme von Strafmilderungsgründen, GA **1968** 321; *ders.* Die Grundlagen der Kompensation und die Voraussetzungen der Straffreierklärung nach § 199 StGB, JZ **1968** 651; *Küster* Zum Wesen der strafrechtlichen Kompensation, NJW **1958** 1659; *Reif* Vom Wesen und Anwendung der Kompensation, NJW **1958** 982; *Schwarz* Erwiderung von Beleidigungen (§ 199 StGB), NJW **1958** 19.

1 **I.** § 199 handelt von der Straffreierklärung im Falle der sog. **Aufrechnung** (Kompensation oder Retorsion). Die gesetzliche Regelung beruht auf dem Gedanken, dass bei wechselseitigen Beleidigungen möglicherweise zugunsten beider Täter oder zugunsten eines der Täter Gründe vorliegen, die das Strafbedürfnis so weit reduzieren, dass von einer Bestrafung abgesehen werden kann. Dem Erstbeleidiger ist durch die Erwiderung des von seiner Beleidigung Betroffenen bereits ein Übel zugefügt worden, das Vergeltungscharakter hat, gewissermaßen als Surrogat der öffentlichen Strafe angesehen werden kann (RGSt. **7** 100, 102; **70** 329, 332; *Küper* JZ **1968** 654; *Rudolphi* SK 1). Für den Zweitbeleidiger spricht die **„reaktive Verknüpfung"**: Seine Schuld ist gemindert, wenn er, provoziert durch den Ersttäter, in affektiver Erregung nach der Maxime verfährt „wie du mir, so ich dir" (RGSt. **7** 100, 102; **38** 339, 341; **70** 329, 331; OLG Hamburg NJW **1965** 1612; **1966** 1977, 1978). Man mag bei ihm auch von einer Minderung des Unrechts sprechen (*Küper* aaO 655ff; *Rudolphi* aaO; *Sch/Schröder/Lenckner*[26] 1), darauf hinweisen, dass seine Reaktion einen Übergangsfall zur Notwehr darstelle (*Kern* ZStW 64 [1952] 287), dass der Erstbeleidiger durch seine Tat „die Schutzwürdigkeit seiner Ehre gemindert habe" (*Rudolphi* aaO). Entscheidend für die Kompensation ist die **psychische Situation** des Zweitbeleidigers: der Abbau der Hemmschwelle und der motivatorische Anstoß durch die Tat des Erstbeleidigers. Deshalb muss dieser Aspekt die Interpretation bestimmen.

II. 1. Die Formulierung, dass beide Beleidigungen strafbar sein müssen (RG JW **1930** 918 Nr. 22), ist zumindest missverständlich. Derjenige, der für straffrei erklärt werden soll, muss sich strafbar gemacht haben und seine Beleidigung muss verfolgbar sein. Fehlt es an einer Voraussetzung der Strafbarkeit oder der Verfolgbarkeit, ist er freizusprechen oder das Verfahren einzustellen. Da er ohnehin nicht bestraft werden kann, kommt, wenn es sich um den Erstbeleidiger handelt, auch eine das Strafbedürfnis reduzierende Ausgleichsfunktion der vom Zweittäter begangenen Beleidigung nicht in Betracht (*Küper* aaO 658). Liegen beim **Ersttäter** die Voraussetzungen für eine Bestrafung vor, dann genügt es, um ihn für straffrei zu erklären, dass die gegen ihn gerichtete Beleidigung rechtswidrig ist (OLG Hamm GA **1974** 62, 63). Er muss eine solche Beleidigung nicht von Rechts wegen hinnehmen. Sie hat auch Vergeltungscharakter (*Küper* aaO 659; *Sch/Schröder/Lenckner*[26] 6). Liegen beim **Zweittäter** die Voraussetzungen für eine Bestrafung vor, dann reicht es ebenfalls aus, dass die Beleidigung, die sich gegen ihn richtete, tatbestandsmäßig und rechtswidrig ist, weil die nicht rechtmäßige Tat des Ersttäters durchaus provozierend ist und überdies auch den Gesichtspunkt der notwehrähnlichen Lage zum Tragen kommen lässt (*Küper* aaO 660). Da aber für den Zweittäter der ausschlaggebende Gesichtspunkt in der **psychischen Situation** liegt, wird ihm eine Straffreierklärung zu versagen sein, wenn er wusste, dass der Erstbeleidiger schuldunfähig ist (vgl. auch BayObLG NJW **1991** 2031; *Kiehl* S. 204). In einem solchen Falle muss erwartet werden, dass er das beleidigende Verhalten des Ersttäters „affektiv verkraftet" (*Sch/Schröder/Lenckner*[26] 7). 2

2. Aus diesen Grundsätzen folgt, dass ein Strafausschließungsgrund auf seiten des Gegners (z. B. Indemnität, § 36) oder ein Verfolgungshindernis (z. B. Immunität oder Wegfall des Strafantragsrechts) der Straffreierklärung des Täters nicht entgegenstehen (OLG Braunschweig SJZ **1948** 769; *Sch/Schröder/Lenckner*[26] 7). In der Konsequenz dieser (in Rdn. 1 und 2 erörterten) Grundsätze liegt es aber auch, dem **irrenden Zweitbeleidiger** die Möglichkeit der Straffreierklärung nicht zu versagen, wenn nach seiner Sicht der Dinge das Verhalten des Ersttäters, das seine Erwiderung auslöst, eine tatbestandsmäßig-rechtswidrige Tat darstellt und er den Ersttäter für schuldfähig hält (OLG Hamburg NJW **1965** 1611; **1966** 1977, 1978; OLG Hamm GA **1972** 29; **1974** 62; **aA** *Tröndle/Fischer*[52] 5; *Rudolphi* SK 2; *Zaczyk* NK 6, der für analoge Anwendung des § 35 Abs. 2 plädiert). Es kann auch nicht darauf ankommen, ob der Irrtum **vermeidbar** war. Die psychische Situation des Zweittäters ist die Folge seiner Vorstellungen und damit auch seiner Irrtümer. Der Bagatellcharakter des Delikts erübrigt es, zwischen vermeidbaren und nicht vermeidbaren zu differenzieren (**aA** mit unterschiedlicher Begründung OLG Hamburg NJW **1966** 1977, 1978; *Küper* aaO 660; *Rudolphi* SK 8; *Sch/Schröder/Lenckner*[26] 7). Ob der Richter in Fällen unschwer zu vermeidenden Irrtums von § 199 wirklich Gebrauch macht, ist Sache seines Ermessens. 3

3. Die Frage, ob die **Gegenbeleidigung erwiesen** sein muss, wenn der Täter für straffrei erklärt werden soll, hat in BGHSt. **10** 373 (= JZ **1958** 373 mit Anm. *Kern*) ihre zutreffende Beantwortung erfahren: § 199 gehört in den Bereich der Strafzumessung. Auch in diesem Bereich muss ein Zweifel, der dahin geht, ob ein dem Täter günstiger Umstand vorliegt, pro reo entschieden werden. Mit Recht wird in BayObLGSt. **1958** 244, 248 (= NJW **1959** 57) darauf hingewiesen, dass auch ohne die Vorschrift des § 199 die (Möglichkeit der) Gegenbeleidigung bei der Strafzumessung berücksichtigt werden müsste, wenn und soweit sie für den Unrechtsgehalt der Tat und die Schuld des Täters Bedeutung hätte. Der Widerspruch aus kriminalpolitischen Erwägungen (*Hartung* NJW **1959** 640) vermag an der eindeutigen Rechtslage nichts zu ändern (wie hier z. B. *Lackner/Kühl*[25] 2; *Sch/Schröder/Lenckner*[26] 4; **aA** *Schwarz* NJW **1958** 10). 4

Ohne Bedeutung für die Zulässigkeit der Straffreierklärung ist es, wenn der Gegner schon rechtskräftig verurteilt wurde (OLG Hamm NJW **1957** 392). Die Straffreierklärung des Zweitbeleidigers scheitert nicht daran, dass der Erstbeleidiger von dem Vorwurf (zuerst) beleidigt zu haben, rechtskräftig freigesprochen worden ist (OLG Celle MDR **1959** 511 mit dem zutreffenden Argument, dass die Rechtskraft auch den Freispruch desjenigen nicht hindere, der – möglicherweise – in Notwehr handelte, wenn im Verfahren gegen den „Angreifer" ein gegenwärtiger rechtswidriger Angriff verneint wurde).

5 **III. 1.** Eine Straffreierklärung kommt nur in Betracht, wenn eine Beleidigung auf der Stelle erwidert wird. Von einer **Erwiderung** kann nur bei ursächlichem (reaktivem) Zusammenhang die Rede sein. Dass die Beleidigungen zwischen denselben Personen gewechselt worden sind, wird nicht verlangt. Der Zweitbeleidiger kann für den Ehepartner oder für einen nahen Angehörigen kompensieren (KG JW **1930** 1316; KG JR **1957** 388; *Lackner/Kühl*[25] 3; *Sch/Schröder/Lenckner*[26] 8a). Nach OLG Hamburg NJW **1965** 1611 genügt es, wenn der Ehebrecher einen Angriff auf die „Geschlechtsehre" seiner Freundin erwidert, falls den Erstbeleidiger die ehebrecherischen Beziehungen nichts angehen. Die Gegenbeleidigung des Betroffenen oder des „Kompensationshelfers" muss sich aber gegen den Ersttäter richten (OLG Hamm JR **1951** 694). Hat der Ersttäter mehrere Personen beleidigt, so kann er nicht für straffrei erklärt werden, wenn nur eine von ihnen erwidert hat, es sei denn, dass nur sie Strafantrag gestellt hat (RGSt. **70** 329, 331). Anders kann es sein, wenn von beleidigten Ehegatten nur der eine antwortet (KG JW **1930** 3002). Trifft mit einer der Beleidigungen eine andere Straftat (z. B. eine Bedrohung) tateinheitlich zusammen, so wird § 199 dadurch nicht ausgeschlossen. Es versteht sich von selbst, dass der Täter wegen der anderen Straftat bestraft werden kann (OLG Nürnberg NJW **1950** 835).

6 **2. Auf der Stelle** erwidert ist eine Beleidigung, wenn die Gegenbeleidigung durch die Gemütsbewegung hervorgerufen wurde, die durch die ehrenrührige Äußerung des Ersttäters ausgelöst worden ist (RGSt. **70** 329, 331). Erforderlich ist weder eine Erwiderung Zug um Zug (RGSt. **38** 341), noch ein unmittelbarer zeitlicher Zusammenhang. Es genügt ein **psychischer** (reaktiver) Zusammenhang in einem engen zeitlichen Rahmen (BGH StV **1995**, 23; OLG Schleswig SchlHA **1975** 187; BayObLG NJW **1991** 2031). Der Umstand, dass die Beleidigungen schriftlich oder durch die Presse erfolgt sind, steht der Anwendung des § 199 nicht ohne weiteres entgegen (RGSt. **2** 281; *Sch/Schröder/Lenckner*[26] 9; *Tröndle/Fischer*[52] 5) Es ist nicht notwendig, dass der Zweittäter ausschließlich durch die Beleidigung, die ihn betroffen hat, motiviert wird. Andere, obgleich nicht beleidigende Äußerungen des Ersttäters können mitauslösend sein (RG aaO).

7 **IV. 1.** § 199 gilt für **alle** Delikte des 14. Abschnitts, auch für die **Verunglimpfung,** weil Angehörige als Zweitbeleidiger kompensieren können (vgl. Rdn. 5; *Rudolphi* SK 2; *Sch/Schröder/Lenckner*[26] 5). § 199 findet auch Anwendung, wenn eine der Beleidigungen auf Grund eines Strafantrags des Dienstvorgesetzten oder des Behördenleiters (§ 194 Abs. 3) verfolgt wird. Es ist keine Voraussetzung, dass beide Beleidigungen Gegenstand eines Verfahrens sind oder sein können. Der Straffreierklärung steht infolgedessen auch nicht entgegen, dass ein Beleidiger der inländischen Gerichtsbarkeit nicht unterworfen ist. Das Gericht kann § 199 von sich aus anwenden. Die Urteilsgründe müssen ergeben, weshalb es entgegen einem Antrag nicht für straffrei erklärt hat (§ 267 Abs. 3 S. 4 StPO). Ob es von der Befugnis Gebrauch machen will, einen oder beide Beleidiger für straffrei zu erklären, steht im pflichtgemäßen **Ermessen** des

Gerichts (*Lackner/Kühl*[25] 4; einschränkend *Kiehl* S. 207). Das Ermessen muss sich an der ratio legis orientieren: Hat der Ersttäter die Erwiderung geradezu bezweckt, der Zweitbeleidiger nicht in affektiver Erregung gehandelt, wird von einer Straffreierklärung abzusehen sein. Wird § 199 angewendet, ergeht kein Freispruch. Es wird vielmehr wegen der begangenen Beleidigung ein Schuldspruch gefällt, aber für straffrei erklärt. Zur Kostenentscheidung vgl. § 468 StPO. Lehnt das Gericht die Anwendung des § 199 ab, so muss es dennoch die Gegenbeleidigung bei der Strafzumessung berücksichtigen, wenn sie nach Lage des Falles ein strafmildernder Umstand ist. Weil die Straffreierklärung die Schuldfrage unberührt lässt, entfällt nicht die Strafbarkeit eines Teilnehmers (RGSt. **17** 346). Als Strafe, von der Abstand genommen werden kann, sind auch Erziehungsmaßregeln und Zuchtmittel des Jugendstrafrechts anzusehen (BayObLGSt. **1961** 171 = NJW **1961** 2029).

2. In Fällen der Straffreierklärung kann eine Anordnung nach **§ 200** nicht ergehen, weil diese Vorschrift eine Hauptstrafe voraussetzt. Das gleiche gilt für die Einziehung, soweit sie Strafcharakter hat. Einziehung von Schriften und Unbrauchbarmachung nach § 74d sind möglich (*Sch/Schröder/Lenckner*[26] 11). **8**

§ 200

Bekanntgabe der Verurteilung

(1) Ist die Beleidigung öffentlich oder durch Verbreiten von Schriften (§ 11 Abs. 3) begangen und wird ihretwegen auf Strafe erkannt, so ist auf Antrag des Verletzten oder eines sonst zum Strafantrag Berechtigten anzuordnen, daß die Verurteilung wegen der Beleidigung auf Verlangen öffentlich bekannt gemacht wird.

(2) Die Art der Bekanntmachung ist im Urteil zu bestimmen. Ist die Beleidigung durch Veröffentlichung in einer Zeitung oder Zeitschrift begangen, so ist auch die Bekanntmachung in eine Zeitung oder Zeitschrift aufzunehmen, und zwar, wenn möglich, in dieselbe, in der die Beleidigung enthalten war; dies gilt entsprechend, wenn die Beleidigung durch Veröffentlichung im Rundfunk begangen ist.

I. Durch das EGStGB v. 2. 3. 1974 (BGBl. I S. 469) sind die Vorschriften im Strafgesetzbuch und im Nebenstrafrecht über die öffentliche Urteilsbekanntmachung einander angepasst worden. § 200 hat seine Fassung durch Art. 19 Nr. 84 EGStGB erhalten. Nach früherem Recht bekam der Verletzte lediglich die Befugnis zugesprochen, die Verurteilung auf Kosten des Beschuldigten öffentlich bekanntzumachen. Es blieb ihm überlassen, „sich sein Recht gewissermaßen selbst zu holen" (BTDrucks. 7/550 S. 235). Nunmehr ordnet das Gericht auf Antrag die öffentliche Bekanntmachung von Beleidigungen an, die eine bestimmte Begehungsmodalität (mit der Folge der Breitenwirkung) aufweisen, und diese Anordnung wird auf Verlangen des Antragstellers **von Amts wegen** vollzogen (§ 463c Abs. 2 bis 4 StPO). Alle Beleidigungen, die einen der Tatbestände des 14. Abschnitts erfüllen (also auch Verunglimpfungen, § 189), und Beleidigungen, die nach § 90 Abs. 1 und nach § 103 Abs. 1 tatbestandsmäßig sind, kommen in Betracht (§ 103 Abs. 2; *Sch/Schröder/Lenckner*[26] 1). Die öffentliche Bekanntmachung der Verurteilung wegen Beleidigung ist eine **strafähnliche Nebenfolge** (*Zaczyk* NK 1 spricht von einer „Nebenstrafe"), die dem Verletzten Genugtuung verschaffen soll (BGHSt. **10** 306, 310; RGSt. **73** 24; BayObLGSt. **1954** 71). Gegen **1**

Jugendliche und bei Anwendung von Jugendstrafrecht auch gegen Heranwachsende darf die Bekanntmachung nicht angeordnet werden (§ 6 Abs. 1 S. 2; § 105 JGG). Auf sie kann jedoch erkannt werden, wenn die Beleidigung in **Tateinheit** mit einer anderen Straftat (z. B. Meineid) zusammentrifft und die Strafe dem anderen Gesetz zu entnehmen ist (§ 52 Abs. 4; BGHSt. **10** 306, 312; RGSt. **73** 148). Wird ein verantwortlicher Redakteur nur wegen Verletzung seiner Überprüfungspflicht verurteilt, so kann § 200 nicht zum Zuge kommen, auch wenn die nicht überprüfte Druckschrift beleidigenden Inhalt hat (RGSt. **13** 319; **66** 33; *Tröndle/Fischer*[52] 2).

2 **II. 1.** Die Beleidigung muss **öffentlich** (§ 165 Rdn. 2; 186 Rdn. 13), durch **Verbreiten von Schriften** (§ 186 Rdn. 14) oder – in den Fällen des § 103 – in einer Versammlung (§ 194 Rdn. 4) begangen sein. Das Gericht muss auf **Strafe** erkannt haben. Infolgedessen entfällt die Anordnung der Bekanntmachung bei Straffreierklärung (§ 199 Rdn. 8). Die Frage ihrer Zulässigkeit bei Verwarnung unter Strafvorbehalt (§ 59 Abs. 1) wird unterschiedlich beantwortet (vgl. § 165 Rdn. 3; *Tröndle/Fischer*[52] 2).

3 **2. Der Antrag** auf Anordnung der Bekanntmachung kann vom Verletzten oder von einem sonst zum Strafantrag Berechtigten gestellt werden (vgl. § 194 Rdn. 2 und 10). In Fällen des § 103 kann der Antrag auch vom Staatsanwalt angebracht werden (Abs. 2 S. 1). Er ist auch in Fällen des § 194 Abs. 1 S. 2 und des § 194 Abs. 2 S. 2 als antragsberechtigt anzusehen (*Sch/Schröder/Lenckner*[26] 2). In Fällen des § 194 Abs. 4 ist die betroffene Körperschaft zur Antragstellung befugt (§ 194 Rdn. 14; § 77e i. V. m. § 77 Abs. 1). Derjenige, der den Antrag nach Abs. 1 stellt, braucht mit dem, der den Strafantrag gestellt hat, nicht identisch zu sein. Es muss sich nur um einen zum Strafantrag Berechtigten handeln (infolgedessen kann der Verletzte den Antrag stellen, wenn der Strafantrag vom Dienstvorgesetzten angebracht worden ist). Den Vollzug der Anordnung (§ 463c Abs. 2 StPO) kann aber nur verlangen, wer sie beantragt hat oder wer antragsberechtigt geworden ist (vgl. § 77 Abs. 2 und Abs. 3). Von mehreren zum Strafantrag Berechtigten hat jeder ein selbständiges Antragsrecht.

4 **III.** Für die Anordnung der Bekanntmachung, ihren Inhalt und ihren Vollzug gilt, was in den Erläuterungen 5 bis 7 zu § 165 ausgeführt worden ist.

www.ingramcontent.com/pod-product-compliance
Lightning Source LLC
LaVergne TN
LVHW081338011026
849161LV00013BB/2951